連合新書
21

アジア太平洋の労働運動

連帯と前進の記録
UNITY-THE WAY FORWARD

鈴木則之 著

明石書店

はじめに

　アジア太平洋地域は、東西冷戦の崩壊後、急激な経済成長を遂げてきました。1990年からの20年間に、開発途上アジアは2005年の購買力平価基準で年平均7%の成長を遂げ、一人当たり国内総生産額は1602ドルから4982ドルに上昇し、一日1.25ドルの貧困ライン以下の人口が1990年の54%から2008年には22%に低下し、7億人が貧困から抜け出す一方、アジアの5分の4の人口が格差拡大を経験し、これがなければ、さらに2億4000万人が貧困から脱出できた、という検証があります。これはアジア開発銀行（ADB）が2014年に公表した「アジア太平洋地域の不平等[1]」に述べられています。ICFTU-APRO/ITUC-APは1997年に発生したアジア金融危機以来、マクロの経済、労働市場についてアジア開発銀行との対話をつづけてきましたが、そのなかでADBの開発戦略にILOのディーセント・ワークの概念をとりいれ、そのベースとして格差の問題を取りあげるべきであることも主張してきました。この研究は各国の経済金融、労働市場政策に影響力をもつアジア開発銀行が、開発と不平等について地域組織と共通の関心をもっていることを示しています。

　現在、全世界のGDPの3割という経済の規模も、2050年には5割を超えるという試算もあり、また人口も、全世界72億人の5割以上がアジア太平洋地域にあり、これからもこの地域は世界の成長センターとして重要な役割を果たしていくに違いありません。しかし成長の背後に起きている不平等の拡大は、経済的公正の実現を目

---

[1]　ADB, *Inequality in Asia and the Pacific*, 2014。これにさきがけ、*ADB. Inequality in Asia, Key Indicators 2007 Special Chapter* がある。

3

ざすアジア太平洋地域の労働組合運動が取り組むべき課題をあきらかにしています。

現在のITUC（国際労働組合総連合）は163カ国・地域331組織2億300万人を擁し、そのアジア太平洋地域組織は、34カ国59組織、実質6156万人を組織し、世界、地域における最大の自由、民主、独立の組織として活動を続けています。たとえば連合が労働法制をはじめ幅広い政策制度の改善や、賃金、労働条件の改善交渉、そして政治活動に努力しているように、どの国においても、加盟組織はその国の賃金、雇用、差別是正、経済・産業のあり方、さらには政治の動向についても重要な役割を果たしています。そしてITUCは、そうした各国の運動を地域において、そして世界レベルにおいて統合して推進するという重要な役割を果たしています。

本書では、そのような多彩な活動を続けるICFTU/ITUCアジア太平洋地域組織を紹介するものですが、その切り口を組織運動とし、新しいナショナルセンターの創設や政治的な動員力の強化という10年、20年にわたる長期的プロジェクト、あるいは本部と地域の調整という規約上の課題に焦点をあてることにしました。

本書では、まず第1章で国際労働運動の構造や目的を概観したのち、地域組織がかかわった活動のなかから、私がとくに重要だと考えた6カ国・地域の事例を第2章でとりあげました。また、運動の原理原則を端的にあらわしている規約の問題とITUCの成立過程についても第3、4章で触れました。この2つの章は説明がこみいりますが、しかし運動をどのように強化するか、またそのためにはどのように組織を整備しなければならないか、ということを議論するためには重要な論点です。

いずれの事例も、本部と地域組織のあいだに、運動や組織のあり方について、真摯な議論や論争があったものです。このような事例の検討により、国際労働運動が地域や各国で活動を展開するうえで地域組織の果たしてきた役割が明らかになるだろうと考えています。

本書は、1990年代から近年までの、歴史的な評価も定まっていないことがらについての現場からの報告です。年表も掲載しましたが、これは、どこの国でも労働運動がそれぞれに特色のある歴史の中から生まれ、そして息づいていることをご理解いただきたいからです。

　私は1999年から2017年までの18年間、シンガポールにおかれた国際自由労連アジア太平洋地域組織（ICFTU-APRO）、そしてその後継組織である国際労働組合総連合アジア太平洋地域組織（ITUC-Asia Pacific＝ITUC-AP）の事務局に勤務し、アジア太平洋地域の労働組合運動の中で活動する機会に恵まれ、さまざまな組織活動、政策活動に関わってきました。本書では、そうした私の経験してきた国際労働運動、地域労働運動がどのように組織活動を進めてきたか、そこにどのような課題があったかについて報告するものです。

　私がシンガポールに赴任する前には、ゼンセン同盟（現UAゼンセン）の労働政策、産業政策、国際局に勤務し、また一時、国際産業別組織のひとつである国際繊維被服皮革労組同盟アジア太平洋地域組織（アジア繊維労連＝TWARO）の書記長も兼務しました。そのなかで日本、アジア太平洋地域のさまざまな組織、指導者、先駆者の方々から運動のこころ、友愛と連帯の大切さ、そして人々の願いに数多く触れる機会がありました。長期研修でアジア、アフリカ、ラテンアメリカの青年と交流し、問題を共有し、そして友情、連帯を培う機会にも恵まれました。

　さらにそれ以前には、ドイツ社会民主党の歴史、社会主義インターナショナル、そして漸進的社会工学を提唱したカール・ポパーの批判的合理主義、さらに南北問題については国際開発問題に関する独立委員会（ブラント委員会）などにふれてきました。

　個人的なことにわたりましたが、こうしたさまざまな事柄、数多くの方々からの啓発のなかから、パンと自由と平和のために、とくに各国内の、そして先進国と途上国の格差（南北問題）を解消していくためには、アジアにおいては各国の特色ある歴史、社会、

はじめに

政治的条件の中におかれたさまざまな諸要素を踏まえたうえで、ICFTU/ITUC 規約の原則を高く掲げ、しかし中長期的な時間軸をもって運動にかかわるべきではないか、という思いを強くしてきました。

　私はこのようなことをベースに、多くの方々のご指導ご支援をいただきながら運動に参加してきました。本書が、国内外の労働組合運動に関心ある方々のご参考になれば幸いです。

著　者

【目　次】

はじめに　3

労働運動組織一覧　12

第1章　**国際労働運動について**　15

1. パンと自由と平和のために　15
　　主要国際労働団体・国際機関　16
2. ICFTU と ITUC：運動の目標と組織　21
　　国際労働運動のめざす理想：社会正義の実現　21
　　ITUC（国際労働組合総連合）のしくみ　23
3. 国際労働運動の展開　26
　　本書のテーマ：組織調整の課題　26
　　アジア太平洋地域労働運動のあり方　27
　◆ICFTU-APRO 素描　31
【補論1】　国際労働運動になぜ参加するのか？　33
　　国際公正労働基準をつくり、実施するための共同行動　33
【補論2】　国際労働運動における連合のポジション　36

第2章　**各国労働運動の課題と挑戦**　39

第1節　**インドネシア**——統制された組合から自由・独立・民主的組織へ....41

プロローグ　41
　◆【インドネシア年表】　植民地支配から民主体制へ　42
歴史の中のインドネシア労働運動：統制のくびき　43
ICFTU-APRO、組織改革の協力へ　45
　◆ICFTU-APRO／ITUC-AP と ITSs（GUFs）、ドナーとの調整　49

7

【目　次】

◆インドネシア繊維衣料労連の組織改革について　51

アジア金融危機と KSPI の成立　52

◆インドネシアの労働組合数　56

KSPI、ICFTU 加盟へ　59

エピローグ　64

第2節　ネパール——民主主義の実現と労働組合の連帯へ..........................68

プロローグ　68

◆【ネパール年表】　王政から連邦民主共和国への歩み　69

ネパール労働組合運動の淵源　71

マオイストの蜂起と政治の混乱　71

ICFTU-APRO、非常事態宣言下の大会　77

ネパール連邦民主共和国への歩み：労働組合共同宣言　86

マオイストの ITUC 加盟　87

エピローグ　91

第3節　ミャンマー——亡命からミャンマー労働組合総連合の結成へ.......93

プロローグ　93

◆【ミャンマー年表】　軍政から民主政へ　93

民主化運動と弾圧、FTUB（亡命）の結成　95

◆第 15 回 ICFTU-APRO 地域大会決議（1992 年）　96

ICFTU/ICFTU-APRO ビルマ支援会議の開催　100

第 1 回 FTUB 大会の開催（亡命）　104

FTUB のミャンマー帰還と労働運動の活性化　104

ITUC ミャンマー事務所の設置　107

エピローグ　111

第4節　カンボジア——ITUC の旗のもとに組織分立の克服へ......112

プロローグ　112

◆【カンボジア年表】　動乱から開発へ　113

ICFTU-APRO、アプローチを開始　114

カンボジア労働組合調整会議（CTUCC）の結成と展開　115

◆ロン・チュンの逮捕と釈放　119

最低賃金交渉の急進化と課題　122

ITUC 加盟に向けた調整　124

◆組織事情調査結果　126

ITUC カンボジア協議会の結成　128

2013 年最低賃金交渉の教訓　130

◆ITUC 規約第 4 条　資格停止と除名　135

エピローグ　136

第5節　中　国——孤立政策から関与政策へ...138

プロローグ　138

◆【中国年表】国際孤立から関与政策へ　139

中国孤立政策から関与政策へ　140

改革開放と天安門事件　140

◆山岸章連合会長意見書　143

◆芦田甚之助連合会長見解〔第 105 回 ICFTU 執行委員会、1994 年 12 月〕　146

香港返還と ICFTU の方針転換　148

◆香港国際連絡事務所　150

ビル・ジョーダン ICFTU 書記長訪中へ　150

中国作業部会の設置　156

中国関与政策の深化と ICFTU-APRO 訪中団への道のり　156

ICFTU-APRO 訪中計画の崩壊　157

ICFTU/ 総工会関係の進展、動揺、回復　160

ITUC-AP 訪中団の派遣　164

エピローグ　166

第6節　アラブ労働組合連盟の結成——アラブの春へのサポート
と中東和平の推進へ..168

プロローグ　168

9

【目 次】

◆【中東年表】 歴史的淵源から現代へ　170

MENA 地域組織の結成：地域組織区分の変更　171

「アラブ」の定義と HISTADRUT 排除　175

ITUC 執行委員会の追認（第 11 回執行委員会、2013 年 10 月）　177

アラブ労働組合連盟の結成　178

エピローグ　180

◆アラブの春とノーベル平和賞　181

第3章　連帯を国際化しよう　185

プロローグ　185

◆【ICFTU、ITUC 関連年表】（第 3、4 章関連）　185

「連帯を国際化しよう」　187

地域組織弾劾　190

◆第 16 回 ICFTU ブリュッセル大会（1996 年）決議　地域組織強化　191

地域大会を廃止する　192

「第 18 回 ICFTU 宮崎大会を返上する」　197

トップダウンか、地域重視か　200

エピローグ　204

◆ICFTU 宮崎大会決定のフォローアップ（第 123 回執行委員会、2005 年 6 月
21、22 日）　205

【補　論】本部・地域の政策、組織運営の課題について　207

第4章　ICFTU から ITUC へ　211

プロローグ　211

ICFTU と WCL：統合前史　212

◆新国際労働組合組織のための基本的原則　214

【統合の課題 1】　自由、民主、独立と多元主義　216

【統合の課題 2】　加盟資格、執行機関、対外代表　220

ITUC 執行委員会・大会代議員構成　222

アジア太平洋地域での統合：多元主義の克服　225

多元主義の問題　225

新地域組織規約の起草　228

　◆ICFTU-APRO/BATU 合意　233

ITUC アジア太平洋地域組織の結成　235

エピローグ　238

終　章　連帯と統一──前進への道　241

　【補　論】それから、そして、これから　246

あとがき　251

【参考資料】

第 14 回連合定期大会メッセージ（2015 年）　255

［資料 1］第 77 回 ICFTU-APRO 執行委員会決議（2004 年）　258

［資料 2］第 81 回 ICFTU-APRO 執行委員会決議（2005 年）　259

［資料 3］ネパールの平和構築に向けた労働組合の積極的関与宣言（2006 年）　260

［資料 4］第 1 回 FTUB 大会宣言（2009 年）　262

［資料 5］CTUM ヤンゴン宣言（2014 年）　265

［資料 6］ITUC カンボジア加盟組織協議会声明（2013 年）　267

［資料 7］第 2 回 ICFTU 中国作業部会による ICFTU 執行委員会への政策提言（骨子）（2002 年）　269

［資料 8］ICFTU/WCL 政治合意（2006 年）　271

［資料 9］ICFTU-APRO 解散決議（2007 年）　272

［資料 10］ITUC の将来──ルールを守り現在の運営を変えよ　275

【索　引】　280

労働運動組織一覧

ACFTU (All China Federation of Trade Unions)	中華全国総工会、総工会
ANTUF (All Nepal Trade Union Federation)	全ネパール労働組合連盟
ATUC (Arab Trade Union Confederation)	アラブ労働組合連合
BATU (Brotherhood Asian Trade Unions)	アジア労働組合友愛会
CCADWU (Coalition of Cambodian Apparel Workers Democratic Unions)	カンボジア衣料民主労組
CCTU (Cambodian Confederation of Trade Unions)	カンボジア労働組合連盟
CCU (Cambodian Confederation Union)	カンボジア労働組合連合
CFDTUC （Confederation of Free and Democratic Union of Cambodia)	カンボジア独立民主労働連合
CFL (Chinese Federation of Labour)	中華民国全国総工会（台湾）
CGU (Council of Global Unions)	グローバル・ユニオン協議会
CITA （Camgbodan Independent Teachers Association)	カンボジア独立教員労組
CITU (Centre of Indian Trade Unions)	インド労働組合センター
CPP （Cambodian People's Party)	カンボジア人民党
CTUCC (Cambodian Trade Union Coordination Council)	カンボジア労働組合調整協議会
ETUC (European Trade Union Confederation)	欧州労働組合連盟
FBSI	全インドネシア労働組合連盟
FSBSI	インドネシア福祉労働組合連合
FSPSI	全インドネシア産別労組連盟
FTUWKC (Free Trade Union of Workers of the Kingdom of Cambodia)	カンボジア王国労働組合連盟
GASUBIINDO	イスラム労働組合連盟
Gefont (General Federation of Nepalese Trade Unions)	ネパール労働組合総連合
GFBTU (General Federation of Bahrain Trade Unions)	バハレーン労働組合同盟
GFJTU (General Federation of Jordanian Trade Unions)	ヨルダン労働組合総同盟

GFOTU (General Federation of Oman Trade Unions)	オマーン労働組合総同盟
GFYWTU (General Federation of Yemen Workers' Trade Unions)	イエメン労働組合総同盟
GOBSI	インドネシア・イスラム労働組合運動
GUF（Global Union Federations)	国際産業別組織
HAK-IS	トルコ真正労働組合連盟
HISTADRUT	イスラエル労働総同盟
HKCTU (Hong Kong Confederation of Trade Unions)	香港労働組合連盟
HKTUC (Hong Kong and Kowloon Trade Union Council)	香港・九龍労働組合評議会
ICATU (International Confedertion of Arab Trade Unions)	国際アラブ労働組合連合
ICFTU (International Confederation of Free Trade Unions)	国際自由労連
ICFTU-APRO(Asian and Pacific Regional Organisation)	国際自由労連アジア太平洋地域組織
ILO (International Labour Organisation)	国際労働機関
IndustriALL	インダストリオール・グローバルユニオン
ITGLWF (Ineretnational Textile, Garment, Leather Workers Federation)	国際繊維被服皮革労組同盟
ITGLWF-TWARO（またはTWARO)	ITGLWF アジア太平洋地域組織
ITS (International Trade Secretariats)	国際産業別組織（2002年にGUFと改称）
ITUC(International Trade Union Confederation)	国際労働組合総連合
ITUC-AP（Asia Pacific)	国際労働組合総連合アジア太平洋地域組織
ITUC-CC (ITUC Cambodian Council)	ITUC カンボジア加盟組織協議会
JILAF (Japan International Labour Foundation)	国際労働財団
JTUCC (Joint Trade Union Coordination Centre)	労働組合調整センター
KBIM	独立イスラム労働組合会議
KSPI	インドネシア労働組合総連合
KTUF (Kuwait Trade Union Federation)	クウェート労働組合同盟

労働運動組織一覧

LFTU (Lao Federation of Trade Unions)	ラオス労働組合連盟
NCP (Nepali Congress Party)	ネパール会議派
NTUC （Nepal Trade Union Congress）	ネパール労働組合会議
NUAWE (National Union of Afghanistan Workers and Employees)	アフガニスタン全国労働者組合
OECD-TUAC (Trade Union Advisory Committee)	経済開発協力機構労働組合諮問委員会
PERC (Pan Europian Regional Committee)	汎ヨーロッパ地域委員会
PGFTU (Palestine General Federaion of Trade Unions)	パレスチナ労働総同盟
PMBI	インドネシア労働組合協議会
PWF （Pakistan Workers Federation）	パキスタン労働者連盟
SARBUMUSI	ムスリム労働組合連盟
SBSI	インドネシア福祉労働組合
SPSI	全インドネシア労働組合
SPTSK	インドネシア繊維衣料労連
TURK-IS	トルコ労働組合総連合
UML (United Marxsit Lennist)	ネパール共産党マルクス・レーニン主義派
VGCL (Vietnam General Confedration of Labour)	ベトナム労働総同盟
WCL (World Confederation of Labour)	国際労連
WFTU(World Federation of Trade Unions)	世界労連

第1章 | 国際労働運動について

1. パンと自由と平和のために

「レセプションにある ITUC バングラデシュ協議会の表示をは
ずしていただきたい」

これは 2007 年 12 月 25、26 日の両日、インドのコルカタでひら
かれた ITUC バングラデシュ協議会[1]総会の前日、協議会から筆者
に伝えられた要請だった。

2007 年 11 月 11 日に、バングラデシュ選挙管理内閣は、総選挙
をまえに治安維持のために労働基本権の停止をふくめ、市民的自由
に大きな制約を課した。これにより労働組合の集会は屋内のみ、し
かも一定時間以内に当局の許可を得ることが必要になった。当然、
ITUC-AP はバングラデシュへの訪問も含めて、その活動に大きな
制約がかかった。そこでインドの西ベンガル州都コルカタで ITUC
バングラデシュ協議会をひらき、対策を協議することになった。協
議会からの要請は、バングラデシュ官憲の目がコルカタまで及んで
いるのではないか、という懸念からであった。

アジア太平洋地域の労働組合は、程度の差こそあれ、基本的人権、
労働組合基本権の制約の中で活動を続けている。これはその一例で

---

[1]　ITUC（旧 ICFTU）バングラデシュ協議会は 1990 年 2 月に和泉孝 ICFTU-APRO
書記長のはたらきかけで当時のバングラデシュの 4 加盟全組織でつくられた調
整機関である。現在は 6 加盟全組織。

第 1 章 国際労働運動について

ある。ILO 87 号条約、98 号条約で団結権、団体交渉権、不当労働行為（組合活動の参加を理由とした不利益取り扱い）の禁止が定められており、両条約の批准の有無にかかわらず ILO 加盟国は労働組合の自由を保障する義務がある。この 2 条約こそは労働組合の自由にとって死活的重要性をもつものだ。しかし、現実はそうではない。

このため、組織化、団体交渉は難航し、ときには労働組合に対する政治的圧迫、迫害さえ発生する。労働基本権がこのような状況であればこそ、格差拡大には歯止めがかからず、雇用の柔軟化と非正規雇用の増大はますます進み、男女不平等、強制労働・児童労働、そして貧困も社会の中に根強くはびこる。社会保障、税財政等についての政策制度も進展が遅い。いや逆行さえしている。結果として労働分配率は低下の一途である。アジア太平洋地域は、世界の成長センターとして脚光を浴びていても、このような現実がある。

こうした状況を改善し、経済的公正（パン）と自由（民主主義）と、そして平和を実現するために、国際労働運動はどのような態勢で行動すべきか。これが本書のテーマである。

主要国際労働団体・国際機関

本書には多くの国際組織や機関が登場するため、はじめに主要国際労働組合組織、アジアにおける運動の特質、国際分野で活動する理由、運動の目ざす理想、構造について、この章の中であらかじめ簡略にふれておきたい。

国際的に多くの組織がそれぞれ独自の運動を進めている。そこにしばしば登場する主要組織・機関を以下に列挙する。

ICFTU（International Confederation of Free Trade Unions= 国際自由労連）
各国ナショナルセンターの国際組織として結成 1949 年、解散 2006 年。

ITUC（International Trade Union Confederation= 国際労働組合総連合）

2006 年に ICFTU と WCL（World Confederation of Labour= 国際労連）が解散したのち、その 2 組織の加盟組織が主体となって結成。

ICFTU-APRO（ICFTU Asian and Pacific Regional Organisation= 国際自由労連アジア太平洋地域組織）

結成 1951 年、解散 2007 年。結成時 1951 年はアジア地域組織（Asian Regional Organisation, ICFTU-ARO）。ICFTU に加盟するアジア太平洋地域のナショナルセンターによって結成。

ITUC-AP（ITUC-Asia Pacific= 国際労働組合総連合アジア太平洋地域組織）

2006 年の ITUC 結成に伴い 2007 年に旧 ICFTU・WCL に加盟していた組織が結成。

GUFs（Global Union Federations= 国際産業別組織）

産業別労働組合の 9 国際組織。BWI（建設林産、旧名称 IFBWW）、EI（教員）、IFJ（ジャーナリスト）、IAEA（俳優、音楽家、メディア、娯楽）、IndustriALL（製造業・化学・エネルギー。国際金属労連 = IMF、国際化学エネルギー鉱山一般労連 =ICEM、国際繊維衣料被服皮革労組 =ITGLWF が 2012 年に合同）、ITF（運輸）、IUF（食品、農業、ホテル、レストラン、たばこ等）、PSI（公務員、公共サービス）、UNI（商業、金融、保険、電信等）。

旧名称は ITSs（International Trade Secretariats）。本書では 2002 年を境に ITSs から GUFs に表記を変えた。各 GUF は、アジア太平洋地域に独自の地域組織、地域代表等の事務局をおいている。ICFTU/ITUC は、国際的に産業を代表する ITSs/GUFs との緊密かつ円滑な関係を維持することを重視してきた。1951 年の ICFTU 第 2 回ミラノ大会で確認された ITSs のオートノミー（自主権）をもとに、主として ICFTU/ITUC は一般的課題への取り組みとともに各種国際組織において加盟組織、ITSs/GUFs を代表してきた。やがて、ILO はもとより、世界銀行や

IMF との対話、貿易と公正労働基準の問題、多国籍企業問題等について共同行動が積み重ねられ、両者の協力関係が深化してきたことにより、ITUC の結成大会決定にもとづき ITUC と GUFs/TUAC は 2007 年 1 月にグローバル・ユニオン協議会（Council of Global Unions）を結成し、有機的な組織的関係を確認した。

なお歴史的に確立した自主権の解釈と運用は、ITSs/GUFs は ICFTU/ITUC から自立しており、ICFTU/ITUC 側に要望や要請あるいは要求を伝えることはできるが、その逆は、極論すれば ITSs/GUFs への干渉ということにもなりかねず、難しい、あるいはありえない、という片務的なものとなっている。

アジア太平洋地域において、GUFs は ITUC/ITUC-AP の大会、執行委員会に出席できることが規約で規定されている。一方、ITUC-AP 書記長は GUFs の地域大会、地域執行委員会には GUFs からの招請があった場合に限って出席する。

OECD-TUAC（Organisation of Economic Cooperation and Development-Trade Union Advisory Committee= 経済開発協力機構労働組合諮問委員会）

OECD の一部として組織されている OECD 加盟国の労働組合による諮問委員会。なお経営側は BIAC（Business and Industry Advisory Committee= 経済産業諮問委員会）をもっている。

国際労働機関（International Labour Organisation=ILO）

1919 年に設立。国連の一機関。国際労働基準の設定と順守、雇用労働政策、労働関係各種事業を実施。総会への各国代表は政労使三者構成（各国における代表的労働組合がその国の労働者代表として参加する）。事務局は ILO（International Labour Office= 国際労働事務局）。

ILO は 1944 年の第 26 回総会で「労働は商品ではない、表現および結社の自由は、不断の進歩のために欠くことができない、一部の貧困は、全体の繁栄にとって危険である」と宣言

（フィラデルフィア宣言）。

1999 年の第 87 回総会で ILO は、労働基準、雇用、社会保障、社会対話の 4 つの戦略的目標を総合してディーセント・ワークとして定めた。具体的にそれは「働きがいのある人間らしい仕事」、あるいは「権利が保障され、十分な収入を生み出し、適切な社会的保護が与えられる生産的な仕事。また全ての人が収入を得るのに十分な仕事があること」を意味する。

ILO87 号条約、98 号条約について

労働組合の団結権、団体交渉権を定めた最も基本的な条約。ILO 条約は加盟国の批准によって当該国の順守義務が生ずるが、この 2 条約ならびに強制労働の禁止、児童労働の禁止、差別禁止の中核的 8 条約については、批准していなくとも尊重、促進、実現する義務を負う（労働における基本的原則及び権利に関する ILO 宣言とそのフォローアップ、1998 年、等）。

ILO 理事会について

連合は、ITUC およびアジア太平洋地域組織の有力組織として、伝統的に ILO 労働側の正理事の任にある。ILO の理事会は、政府側、経営側、労働側の 3 者で構成され、理事会における政労使の正理事数は 28：14：14、副理事は 28：19：19 である。労働側正理事は 14 人中 13 人が、副理事は 19 人全員がITUC 加盟組織から選出されている。ILO の条約・勧告の策定と監視、政策の策定と実施、機関運営において ITUC は全世界の労働者を代表するポジションにある。

ドナー

ITUC、GUFs、各国ナショナルセンターや産別の活動を財政的に支援する非政府組織。TUSSOs（Trade Union Solidarity Support Organisations）と称し、それぞれが組合の自主財源や政府の開発援助資金を用いながら、独自の労働組合開発政策をもとに活動を続けている。具体的には日本の JILAF（国際労働財団）、

第 1 章　国際労働運動について

米国の連帯センター（Solidarity Center）、ドイツのフリードリヒ・エーベルト財団、連合など労働組合やその外部団体等。

　国際労働組合組織は、相互に連携をとりながら幅広い活動を展開してきた。図 1 は連合を中心として描いた主要組織の関係である。
　連合は現在、ITUC、ITUC-AP、OECD-TUAC に加盟している。連合の加盟産別は、それぞれの産業である金属化学繊維衣料、商業金融、建設林産、教員、公務、交通運輸、食品ホテル、ジャーナリストを代表する GUF に加盟している。ITUC、GUFs、OECD-TUAC はグローバル・ユニオンと自称し、調整機関である CGU（Council of Global Unions=グローバル・ユニオン協議会）をもつ。連合は、このように幅の広い労働組合ネットワークのなかに位置している。そして政策、労働基準、人事、財政等において、グローバルレベルでも、地域レベルでも運動の推進と展開に主導的な役割を果たしている。

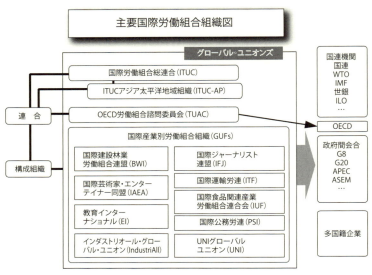

図 1　主要国際労働組合の組織図

2. ICFTUとITUC：運動の目標と組織

国際労働運動のめざす理想：社会正義の実現

それではまず、国際労働運動の根源にある理念を 1949 年、第二次世界大戦後に東西対立が深まっている中で自由世界 53 カ国 4800万組合員により結成された ICFTU に見てみよう。

ICFTU の結成大会で採択された宣言の冒頭が「パンと自由と平和」だ[2]。宣言はこのようにはじまる。

> パン：すべての人に経済的な保障と社会正義を！
> 自由：経済的、政治的民主主義を通じて！
> 平和：すべての人に自由と正義と尊厳を！
> 　すべての国の、すべての人種の、あらゆる信条をもつ労働者は、工場であれ、野外であれ、事務所であれ、働くすべての労働者は国際自由労連のもとに団結せよ。われわれのもとに団結し、人間が自由で安全な社会を実現するために、またすべての国の人々が互いに平和に暮らせるような世界をつくるために。そのためにわれわれはたたかう。そしてわれわれはそれらをかち得る……

パンは経済的公正、自由は民主主義、そして平和は戦争のない社会である。どの一つもが他の二つの条件になっている。民主主義がなければ労働組合運動はなく、平和は脅かされる。パンがなければ民主主義も平和も二の次になる、さらに平和はパンと民主主義の大前提である。

この ICFTU 結成宣言は、第二次世界大戦の荒廃からの復興、東西冷戦の中で掲げられた運動の原点であり、現在もそれは燦然と輝

---

[2]　ICFTU 結成大会報告書、付属文書 V。以下、本文に掲載された ICFTU/ITUC 文書の翻訳は、要約、大意の場合もある。出所等は煩瑣をさけるため省略した。

21

第 1 章　国際労働運動について

いている。すべての労働組合運動の活動がこの「パンと自由と平和」を縦軸、横軸として織りなされている。労働の世界には、労働条件・雇用等にかかわるさまざまな課題が山積している。そのどれもが何らかの形で「パンと自由と平和」にかかわっている。

　「パンと自由と平和」を実現することは、数多くの労働の課題を、一つひとつ解決していくことを積み上げて達成される。ICFTU を継承した ITUC は、上記の基本的理念を引き継いでおり、その規約冒頭におかれた「目的」の章に活動の分野が詳述されている。それらを整理すれば、

- 労働基本権、結社の自由：労働者の権利と利益を守り、増進する。
- 労使交渉、労使関係、政策制度改善：グローバル経済の対抗勢力として、国内における、そして国家間における富と収入の公正な配分、そしてディーセント・ワークをすべての人に確保することを決意する。
- 組織化：労働運動を包括的なものとして、世界のすべてのセクターの労働者の意見やニーズに応える。
- 組織運動強化：これら労働組合のゴールを達成するために、加盟組織と組合員の力、活力、資源、決意、力を動員し、労働組合のインターナショナリズムを日常活動の一部とする。

　抽象的だが、ここには労働組合の課題と運動の方向がすべてあらわれている。こころみに挙げてみよう。労働基本権の確立と推進、労働組合法の改正と個別的不当労働行為の防止と是正、組織化の推進、賃金・労働時間・安全衛生など労働諸条件についての団体交渉、男女平等と青年対策の推進、雇用の確保や創出にかんする政策活動、産業調整と雇用問題への対策、社会保障、税財政政策、環境問題、ILO や国連、G20、東南アジア諸国連合（ASEAN）、南アジア

22

地域協力連合（SAARC）、アジア太平洋経済協力（APEC）、アジア・ヨーロッパ会議（ASEM）、世界銀行、国際通貨基金、アジア開発銀行など国際機関との交渉や対話、各国・地域労使対話の推進等、多種多様であり、それらの運動が ITUC の労働組合インターナショナリズムに統合されている。ちなみに、ITUC-AP の政策（Decisions）はこれらすべてを網羅しており、ホームページに公開されている[3]。また具体的活動は Facebook（ITUC-Asia Pacific）に掲載されている。

ITUC（国際労働組合総連合）のしくみ

　次にこうしたさまざまな課題にとりくむ ITUC の組織構造を規約に即して概観する。

　ITUC は、自由主義圏の各国において代表的な労働組合のナショナルセンターでつくられる世界最大の国際労働組合組織である[4]。2006 年に ICFTU と WCL が合同して設立され、2018 年の組織現勢は、163 国・地域、331 組織、実人員 2 億 300 万人。アジア太平洋、アフリカ、汎アメリカ、ヨーロッパには地域組織と地域委員会がおかれ、ITUC-AP は 34 カ国 59 組織 2300 万人。これは加盟費支払い人員だが、実人員は近年におけるインドでのインフォーマルセクターの劇的な組織化の進展により、6156 万人である。

　ITUC の最高決議機関は 4 年ごとに開かれる大会であり、これは組合員数に応じ小組合に比較的多く配分される代議員で構成される。

　大会間の最高決定機関は大会で選出される執行委員会である。議席数は 70。地域ごとの配分は、アジア太平洋地域 15、アフリカ 11、アメリカ 18、ヨーロッパ 26 である。これに女性委員会 6、

---

[3]　ITUC-AP、ITUC のホームページは、http://www.ituc-ap.org、http://www.ituc-csi.org

[4]　その他には、WFTU（World Federation of Trade Unions= 世界労連）、あるいは、ICATU（International Confederation of Arab Trade Unions ＝国際アラブ労働組合連合）等があるが、国際的にはほとんど影響力を持っていない。

第 1 章　国際労働運動について

写真 1　ITUC 執行委員会（2007 年、ITUC 本部会館）

青年委員会 2、書記長、書記次長（地域書記長を含む）5、GUFs2、TUAC1、ヨーロッパ地域委員会[5]が加わり、総数 88 人である。写真 1 は ITUC の執行委員会である。

　執行委員会につぐ決議機関は、執行委員の中から選ばれる運営委員会である。議席数は 22。地域ごとの配分は、アジア太平洋地域 5、アフリカ 5、アメリカ 4、ヨーロッパ 8 である。これに女性委員会 2、青年委員会 1、書記長、書記次長（地域書記長を含む）5、連帯資金運営委員会委員長、GUFs2、TUAC1、ヨーロッパ地域委員会 1 が加わり、総数 36 人である。運営委員会は、財政と緊急事項を審議する。議席は加盟人員等を反映してヨーロッパが多い。

　執行委員会で選出される会長は、執行委員会を主宰し、また各種機関、関係会議に出席する権利をもつ。運営委員会は執行委員会が選ぶ会長代理が議長をつとめる。女性委員会（委員数 33）、青年委

---

[5]　欧州労働組合連盟（ETUC）は独立組織であり、欧州・ロシア圏のITUC加盟組織は規約上の組織として汎ヨーロッパ地域委員会（Pan European Regional Committee = PERC）を組織している。

員会（委員数16、35歳以下、男女同数）は、規約にもとづく常設委員会である。組織構造と運営方法について ITUC と ITUC-AP は、ほぼ同じ内容の規約をもつ[6]。本部執行委員会に選出されている地域からの委員は、地域の執行委員に自動的に就任し、こうして本部、地域の両執行委員会のあいだには、人的にも組織的にも有機的関係がつくられている。

　組織の代表は大会で選ばれる書記長である。書記長は執行委員会の信任があるかぎり次期大会まで任にとどまる。本部には書記次長（Deputy General Secretary、通常 2 名）がおかれる。書記長と書記次長のうち少なくとも 1 名は女性でなければならない。地域書記長は自動的に本部の書記次長の地位をもつ。なおアジア太平洋地域では、地域書記長の発議で執行委員会が副書記長（Assistant General Secretary）を任命することができると規定されており、その任用は規約上の義務ではない。

　ITUC への加盟は、ITUC 執行委員会が審査する。加盟を申請する組織は民主的で、自由独立、かつその国において人員、政策、行動力について代表的な組織であることを証明しなければならない。ただし、政府や経営者の弾圧を受けつづけている組織を守るために特に必要な場合などには「代表的」という基準に例外を認めることもある。ITUC の加盟組織は地域組織への加盟を奨励される。地域組織への加盟は義務ではない。つまり、まず ITUC に加盟が認められ、その後、地域組織に加盟することになる。その逆はない。

　地域組織は、本部の決定事項を実施する義務があり、また活動について ITUC 執行委員会に報告し、承認をうけなければならない。地域組織は、地域固有の課題についてはオートノミー（自主権）をもつ。組織運営の基幹的部分は、加盟費でまかなわれる。地域組織は加盟費を徴収できるが、本部から一般会計、活動費について交付

---

[6]　ITUC 規約 2014 年、ITUC-AP 規約 2015 年から。規約については第 4 章で紹介する。

第 1 章　国際労働運動について

金をうける。地域の財政報告は、ITUC 執行委員会の承認をうけな
ければならない。

　以上にのべた ITUC、その地域組織の仕組みは、運動がグローバ
ルレベルであれ地域レベルであれ、それぞれにおいて十分な協議を
行い、民主的な合意をつくりながら進められることを担保してい
る。本部と地域組織の関係は第 3 章で議論するが、加盟承認権が本
部にあり、また地域組織が本部に加盟する組織で構成されること、
また本部の資金で運営されることなど、本部が組織運営のすべてを
統括する構造となっている。

3. 国際労働運動の展開

本書のテーマ：組織調整の課題

　ITUC、ITUC-AP は、以上のような目的と組織構造をもち、日々、
さまざまな活動を展開している。それを区分すればおおよそ政策の
分野と組織の分野に分けられよう。それらには互いに重なる部分も
ある。

　政策の分野は、たとえば労働法改正、労働条件、雇用政策、社会
保障、税財政、男女平等、青年対策など、労働組合が政策を形成
し、推進する領域であり、これらは、公開されているグローバルレ
ベル・地域レベルの政策集あるいは時々の声明、決議で詳細に知る
ことができる。その時々の政策課題については、大会ごとに出版さ
れる「大会決定集」や大会報告で詳細にのべられている。

　組織の分野については、まず組織化をはじめ個別具体的な組織化
や不当労働行為に対する、あるいは政府・経営者に対する組合員動
員による組織行動の分野がある。これらは ILO での議論や個別的
ケーススタディをふくめて公開情報で詳細な内容をとらえることが
できる。

　こうした多種多様な課題の中から、本書では、組織の分野のなか

26

でも通常とりあげられることがない中長期的な組織問題を紹介し、ICFTU/ITUC の地域組織が果たしてきた役割を概観する。具体的にはナショナルセンターの設立、加盟問題、非 ICFTU/ITUC 組織との関係、さらには ICFTU/ITUC と地域組織の運動の調整にかかわる事例を紹介したい。これらは、時には数十年の年月をかけて行う重要な活動であり、ひとつの組織調整について開始から終了までのプロセスがまとめられて概観されることは稀である。それは、事柄が政治的、組織的にきわめて錯綜しているという理由のほかに、長期にわたり時系列的に追うための資料が多岐にわたっており、さらに文字になっていない記憶も多い。しかしこれらを総合的にみることによって国際労働運動のあり方や運動の原理原則、またそれらをめぐる本部と地域のあいだの見解、対策の相違、ひいては運動の発展のためにどのような組織構造が望ましいか、どのような組織・政策対応をすべきか、ということがもっとも明瞭にあらわれる。

アジア太平洋地域労働運動のあり方

　問題や課題のあらわれ方、深刻さや切実さは国によって千差万別であることはいうまでもない。加盟組織は、それぞれの優先課題をもち、それぞれのおかれた労使関係、政治社会のなかで固有の活動を積みかさねる。そのプロセスの総和が国際労働運動だ。そして ITUC およびその有機的一部である地域組織[7]は、その時々の運動の優先課題、共通の課題を設定してグローバルレベルで、また地域において統一性のあるキャンペーンを推進する。いずれにしても、主役は加盟組織である。筆者は、加盟組織の状況を掌握し、加盟組織が十二分に力量を発揮できる状況をつくりあげるために必要なサポートを提供し、その過程で運動をグローバルレベルに統合していくということが、のぞましい組織運動のあり方と信じて活動してきた。

---

[7]　ITUC 規約第 27 条 (a)

第1章　国際労働運動について

　大切なことは、労働者の基本的権利をかかげ、一歩でも高い労働条件を目指すために、多様な現実の中で苦闘をつづけている仲間への共感と長期的時間軸をもったサポートの継続である。ITUC（旧ICFTU）の掲げる労働者の基本的権利や、自由、独立、民主の組合原則には妥協は許されない。地域でも各国でも、労働運動はそのために存在する。逮捕、投獄、時には殺人という弾圧には敢然とたたかいを挑みつづけなければならない。それと同時に、望ましい権利の状況や労働条件は、数十年単位の年月がかかる。国際組織の支援や共同行動は一過性のものであってはならない。

　要するに、政治的、経済的に厳しい労働の現場で苦闘をつづける指導者が何を必要としているかについて耳をかたむけ、状況をつぶさに検討し、そして労働基準と自由・民主・独立というITUCの原理原則を堅持しつつ、長い時間軸をもってITUCがかかげる「社会正義」という遠大な目標に向って加盟組織と共に歩む、ということである。

　さらに、特に途上国には労働組合が乱立している場合が多い。ナショナルセンターが分立していれば、政治的動員力は大きく減殺される。それでは労働法や社会保障法、税制などの改正も困難となり、また安定した一国ベースの労使関係も築きがたい。むしろ分裂は分断のために利用される。したがって、統一をめざしながら共同行動をサポートすることも欠かせない。

　ICFTU-APRO、ITUC-APは日常的にさまざまな活動を行ってきており、その一つひとつが各国、地域にとって重要な意味を持っているが、本書ではそのなかからインドネシア、ネパール、カンボジア、ミャンマー、中国、アラブ労働組合連盟をとりあげた。さらに2000年ころからICFTUを中央集権的に改組しようとの議論があり、またICFTUが解散しITUCが結成された。この動きのなかで地域組織を国際労働運動のなかでどのように位置づけるか、という議論が行われた。以上を概観することで、アジア太平洋地域労働運動の

写真2 ITUC-AP 執行委員会（2013年、バンコク、タイ）

原理、あるいは地域組織の役割が浮かび上がるであろう。

写真2はITUC-APの執行委員会である、演壇にはサヴィットSERC（タイ国営企業労組）書記長。当日朝、組合活動について警察の事情聴取を受けたのち、遅れて駆けつけてくれた。

ここで本部と地域の関係について付言したい。取りあげる事例は、主として地域組織と本部の方針が異なり、その調整にかなりのエネルギーを要したものである。通常の業務、たとえば労働基本権の弾圧に対する抗議、各種会議や教育活動の実施と参加については、本部と地域の方針が確定しており、活動は本部と地域の調整をつうじて円滑に進められている。しかし本書で取りあげる組織問題については、地域の組織事情があり、時によっては妥協が難しいものもあり、そのため本部書記長との議論は激しくなることもあった。それは個人的に異論を唱えているわけではない。本部書記長もグローバルな観点から、そしてさまざまな関係者からの意向をくみながら政策を打ち出さなければ職務が執行できない。これは当然である。ただ地域大会で選出され執行委員会に責任を負っている地域

29

第1章　国際労働運動について

書記長としては、職務上の義務として地域の意見を本部にたいして主張しなければ職責を全うできず、地域執行委員会の信任も得られない。労働組合は上意下達（トップダウン）の組織ではあってはならない。本部と地域組織の関係についても、この労働組合民主主義の原則は真理である。

本書の中で読者は、本部書記長と地域書記長のあいだがギクシャクしていると感じるかもしれないが、それは組織の重要な課題について見解の相違が存在していたというだけのことである。当然のことだが、規約上は、地域書記長は本部書記長の指揮下におかれ、また最終的な組織決定は本部執行委員会によって行われる。

本部・地域大会決定にもとづく通常業務とコミュニケーションは、本部が地域大会で選ばれている地域書記長や、本部と連携して活動すべき地域組織書記局をバイパスしない限り、きわめて円滑に進められていることをあらかじめのべておきたい。

さて、取り上げる事例はいずれも現時点で歴史的に評価の定まりきっていないものである。また、組織対策は複雑な経過をたどり、そのため説明も入り組み、さらに組織調整には見解の相違がつきまとう。筆者の視野が限定的、また組織活動が独断的であること、またそのため思わざるあやまりもあるかもしれない。そうしたことは筆者の限界としてあらかじめお許しいただきたい。

本書のベースとなる資料は、ICFTU/ITUC、ICFTU-APRO/ITUC-AP の大会や執行委員会についての筆者の記録やメモ等による[8]。資料や補足、解説などは囲みに加え、また参考のために年表を付した。そこからは、それぞれの国の運動がそれぞれに特色のある歴史的積み重ねのなかで成立していることが読みとれるであろう。

本書は、過去に歴史の光を当てるということを目的としてはいない。当事者であった筆者にはそのような資格はない。むしろ本書

---

[8]　ICFTU、ICFTU-APRO の大会、執行委員会等の資料は、アムステルダムの国際社会史研究所（International Institute of Social History）に収められている。

は、歴史の手がかりとなるような材料、事実を提供しようとするものである。今それを行っておかなければ、アジア太平洋地域組織の活動の記録、記憶が過去のかなたに消え去ってしまう。そのため「現場からの証言」を記録にとどめるゆえんである。本書はその意味で資料をもとにした回顧録にちかい。

　当然のことだが、文字にならないこと、書き尽くせないことも多い。それは別の方法に譲ることができればと念じている。

ICFTU-APRO 素描

　ここで ICFTU-APRO（旧 ICFTU-ARO ＝アジア地域組織）についてあらかじめ紹介したい。ITUC の結成にともなって ITUC-AP が結成されたが、アジア太平洋地域における運動の原理原則は ICFTU-APRO を受け継ぐ形で現在に至っているからである。

　ICFTU-ARO は第二次世界大戦の荒廃のなか 1951 年にパキスタンのカラチにおいて結成され、1957 年の第 3 回大会で 11 国（インド、パキスタン、フィリピン、マラヤ連邦、シンガポール、タイ、中華民国、香港、韓国、スリランカ、日本）25 組織（うち日本は 14 組織）498 万 9716 人の組織現勢を確認した[9]。

　すでに ICFTU に加盟していたオーストラリア労働組合会議（Australian Trade Union Council ＝ ACTU）とニュージーランド労働組合会議（New Zealand Council of Trade Unions ＝ NZCTU）が ICFTU-ARO に加盟を希望し、1984 年に地域組織の名称を ICFTU －アジア太平洋地域組織（Asian and Pacific Regional Organisation）と改めた。

　以下は、ICFTU-APRO の会長と書記長の一覧である。

---

[9]　ICFTU の地域組織結成をめぐる学術的実証分析は、小笠原浩一『労働外交——戦後冷戦期における国際労働連携』ミネルヴァ書房、2002 年を参照。また ICFTU-APRO, *35 Years of the ICFTU-APRO*, 1987 に結成いらいの運動が記載されている。

第 1 章　国際労働運動について

会長	結成大会	N.H. ジョシ（インド）
	1951 年	R.E. ジャヤティラケ（スリランカ）
	1955 年	J. ヘルナンデス（フィリピン）
	1960 年	P.P. ナラヤナン（マラヤ連邦）
	1966 年	和田春生（日本）
	1968 年	滝田実（日本）
	1969 年	P.P. ナラヤナン（マレーシア）
	1976 年	C.V. デヴァンナイア（シンガポール）
	1982 年	宇佐美忠信（日本）
	1989 年	ゴペシュワール（インド）
	1994 年	K. ダグラス（ニュージーランド）
	2000 年	S. バロー（オーストラリア、初の女性会長）
	2005 年	G. ラジャセカラン（マレーシア）
	2007 年	ICFTU-APRO が解散

書記長

	1951 年	D. ムンガト（インド）
	1956 年	G. マパラ（インド）
	1964 年	堀井悦郎（日本）
	1965 年	V.S. マツール（インド）
	1989 年	和泉孝（日本）
	1999 年	鈴木則之（日本、筆者）
	2007 年	ICFTU-APRO が解散

1951 年の結成以降、組織の長である書記長はすべてアジアから選出された、執行委員会を主宰する会長には太平洋からも 2 度にわたり選出された。これは、運動の範囲がアジアから太平洋に拡大してきたことを反映する。

参考　ITUC-AP
会長　　2007：G. ラジャセカラン（マレーシア）

        2011：S. レディ（インド）

        2015：A. フェリックス（フィージー）

書記長　2007：鈴木則之（日本）

        2017：吉田昌哉（日本）

　この表は ICFTU-APRO にたいしてインドと日本が人的に大きく貢献してきたこと、そして近年、太平洋地域も指導部に参加してきたことを示している。

【補論1】　国際労働運動になぜ参加するのか？

国際公正労働基準をつくり、実施するための共同行動

　国際労働運動とは、労働組合が国境をこえて協力し合うことであり、その目的は、国際的に公正な労働基準をつくりあげることである。国際公正労働基準とは、労働三権や男女平等などをはじめとする権利の分野と、具体的な賃金、雇用などの労働条件の分野にわけられるが、それらは相互に深い関係がある。

　例を挙げてみよう。2013 年 4 月 24 日朝、バングラデシュの首都ダッカ北西 24km のシャバールに世界の有名 27 ブランドを生産する 5 工場が入居するラナプラザ・ビルが、ミシンと発電機の重量と振動で倒壊し、死者 1134 人もの犠牲者が出た。衝撃的な労働災害の発生だった。当日朝、工場の壁に亀裂が入っていたにもかかわらず、操業が強行されたためである。ラナプラザで操業する企業には労働組合がなかった。しかも当日、自然発生的な職場放棄も起こることはなかった。これこそ労働組合基本権——結社の自由、団体交渉とストライキ権の保障——がないために発生した、前例のないほど悲惨な労働災害であった。写真 3 はその惨状である。

　ITUC も GUFs もこの事件ののち、バングラデシュ政府を糾弾し、

33

第1章　国際労働運動について

写真3　ラナプラザ事件（2013年、ダッカ近郊、バングラデシュ、Aljazeeraから）

抗議を続けた。筆者もバングラデシュの労働大臣と輸出縫製品協会会長に厳重に改善を申し入れた。その後、2015年6月にドイツのエルマウでひらかれた先進7カ国首脳会議の声明では、とくにこのラナプラザ事件を議論し、首脳宣言でつぎのように合意した。

「安全ではない、劣悪な労働条件は深刻な社会的、経済的損失をもたらす。（中略）G7諸国はグローバリゼーション・プロセスの重要な部分を担っており、G7はグローバル・サプライチェーンにおいて労働者の諸権利、優良な労働条件、環境保護の増進に重要な役割を果たさなければならない。われわれは、国際的に認められた労働、社会、環境の基準と原則、そしてそれらを守るという約束を、サプライチェーンのなかで一層、効果的に実施するよう努力しなければならない」

国際的に認められた基準とは、ILO の条約や勧告、宣言などをさしている。ここで確認しておくべきことは、ILO の条約や勧告、宣言、たとえば ILO の結社の自由、団体交渉権、ストライキ権を実質的にみとめた ILO の 87 号・97 号条約や ILO の多国籍企業及び社会政策に関する原則の三者宣言などは、国際労働運動が各国ナショナルセンターとの共同行動をベースにして、政労使三者の合意を経てつくられてきたものだ、ということだ。先に引用した G7 エルマウ宣言も、国際労働運動が G7 各国のナショナルセンターに働きかけて、共同で問題提起をしてきた結果、G7 の政策文書として採択された国際公約である。

　このように、国際公正労働基準について具体的に規定する条約、勧告、宣言などの合意文書は、国際的な労働運動、そして各国のナショナルセンターの連携があってはじめてつくりあげることができるものだ。

　ところでそのような国際公正労働基準の文書や合意文書は、実施がなければ紙の上のことでしかない。G7 エルマウ首脳宣言も、各国における実現行動がなければ机上の空論にとどまってしまう。

　現実には国際公正労働基準を実施する活動も、その国の組合がその国の中で孤立して行っているのではない。優れた労働条件をめざすために、労働基本権の確保や不当労働行為の是正、労働諸条件、最低賃金、雇用問題、安全衛生、男女平等など多くの政策課題にかんして、情報交換や運動の進め方についての論議を多種多様なセミナーやワークショップなどをつうじて行い、ITUC や GUFs が文字通り総がかりで取り組んでいる。

　これらは、国際労働基準をつくり改善させようとする、ごく自然な連帯の精神にもとづく国際活動である。しかし、それだけではない。経済のグローバライゼーションのもとでは、労働市場はビジネス、経済の国際化によりグローバル・マーケットに統合されつつあり、経済関係、労使関係は一国内では完結していない。ここにも国

第1章　国際労働運動について

内の労働組合活動が国際労働運動に必然的にリンクしている理由がある。

サプライチェーンのなかで公正な労働条件をめざす活動は、同じサプライチェーンや同一産業や企業間の国をこえた情報交換なしにはありえない。多国籍企業における労使紛争が発生すれば、本国の労働組合は国際公正労働基準の増進のためには、無関心ではすまないであろう。

国際活動には言葉の壁や、なによりも旅費をはじめとする経費の負担も軽くはない。しかし国際労働運動の精神は、以上のべたように、労働条件や労働基本権についての改善が国内の活動にとどまるものではなく、国境をこえて助け合いながら行われてきており、それは、労働組合の連帯や相互扶助の精神、そしてその活動は人間のもつ同胞愛の精神によって、ごく自然に、容易に国境をこえてしまうというところにある。そうした国際公正労働基準の確立と増進は、連合の運動方針と活動実績のなかに深くねざしている。

他方、厚みのある協力関係と長年の交流の実績を踏まえれば、たとえば日米、日韓、日中、日独、日英等の2国間の労組対話を通じ、相互信頼にもとづく友好関係が増進されるのは当然である。労働組合というメンバーシップに基礎を置く、民主的な団体が進めてきている交流は、政府の公的外交関係、産業経済団体、そして各種NGOが行っている重層的な友好関係の深化にも貢献している。

【補論2】　国際労働運動における連合のポジション

筆者がICFTU-ARROに着任したころから、連合の組織力、財政力に警戒感をもつグループがあらわれてきた。加盟費支払い人員で地域組織人員の約30%弱、地域加盟費の60%近く、また地域組織連帯資金はほぼ100%供与、しかも書記長が日本人である。このような事実が連合の「組織支配力」とみなされたのであろう。「連合

排除」ともみえる動きも時にあらわれた。2005 年と 2017 年の地域大会においては筆者に対して対立候補が立てられたこと、あるいは2016 年に設置された「地域規約検討特別委員会」においても、書記長の三選原則禁止、投票権を持つ副書記長の執行委員会による任命などの理由について「連合のパワーを制約するよう規約を改正すべきだ」という理由が率直にのべられたことなどは、その例である。こうした連合による「組織の支配力」についての懸念は誤解である。筆者は在任中、連合から地域組織の具体的な活動や政策、運動方針について「指示やアドバイス」を受けたことはなかった。逆に、地域組織活動への参加、活動資金への協力など、地域組織から要請するさまざまな支援には、連合から可能な限りの連帯支援が送られた。

また連合は ITUC や ITUC-AP、TUAC あるいは ILO など多くの国際組織と関係をもっており、また G20 など多くの国際機関との対話のフォーラムに参加し、国際労働基準や政策の策定に貢献している。そして国際労働運動の推進にあたって連合は、労働法制の改善、労働条件、労使関係等、多くの分野において先進的な基準と運動のパワーをもって、グローバル・地域の両面で主導的役割を果たしてきている。

第2章 各国労働運動の課題と挑戦

　ICFTU-APRO/ITUC-AP の活動は、加盟組織、非加盟組織とさまざまなチャンネルをつうじて日常的に関係各国の組織と関係をたもち、ICFTU/ITUC の労働組合の自由、民主、独立という運動の原則を推進している。加盟組織のある 34 カ国では、組織の強化、あるいは政策活動のための共同行動の促進、分裂していた組織統合へのサポート、さらに新加盟組合の受け入れに伴う調整活動、さらに、パプアニューギニアや東チモールのように準加盟組織を正加盟にするための支援活動、加盟組織のないモルディブ、ブータン、イランなどへのアプローチ、さらに中華全国総工会、ベトナム労働総同盟、ラオス労働組合連盟などとの交流と協力の推進など、運動、活動は多種多様である。

　そのなかから第 2 章では、インドネシア、ネパール、ビルマ（ミャンマー）、カンボジア、中国、アラブ労働組合連盟結成について概観する。

　インドネシアは、20 年以上にわたるナショナルセンター結成のプロセスを、ネパールでは 1950 年当時からの民主化運動が政治的混乱を経てナショナルセンターの共同行動をつくりあげた経過を、ビルマ（ミャンマー）は亡命という特殊な政治的状況の中で非合法労働組合を支援し続けた運動の実績、カンボジアでは政治的・組織的に分立するナショナルセンターの調整機能の確立をテーマとしている。中国については、天安門事件を起点として ICFTU の中国にたいする孤立政策が関与政策に転換していくプロセスについて連合

39

第 2 章　各国労働運動の課題と挑戦

の果たした役割に触れながら概説する。中東・北アフリカにアラブ
労働組合連盟が設立された。これは中東における労働組合構造の地
殻変動ともいえることである。

　これらの事例には 20 年をこえる報告もあり、また入り組んだ論
議も少なくない。本章はそれらを概観し、ICFTU/ITUC の地域組織
がどのような組織方針で活動を続けてきたかを明らかにしようとす
るものである [1]。

---

[1]　年表、各国事情については、BBC, *Country Profile*、外務省「国・地域基礎デー
　タ」ほかを参照した。

第1節　インドネシア——統制された組合から自由・独立・民主的組織へ

プロローグ

　「KSPI の ICFTU 加盟が今、執行委員会で認められました。おめでとうございます」

　これは、2005 年の 12 月に香港で開催されていた ICFTU 執行委員会で加盟審査が終了した直後に、筆者がインドネシア労働組合総連合（KSPI）に電話した時のことである。KSPI 結成の中心人物であり、初代会長であったルスタム・アクサム氏が、感極まり、しばし無言であったことを昨日のことのように思い出す。その無言の中に、アクサム氏がたどってきた ICFTU 加盟に至るさまざまな労苦と努力が語り尽されている。

　インドネシアは、189 万平方キロ、日本の約 5 倍の国土面積を持ち、人口 2 億 5500 万人。大半がマレー系だが 300 種族の構成。イスラム教が国民の 87%、キリスト教が 9.9% という国だ。さまざまな労働組合組織の潮流が入り組むこの国に、自由、民主、独立のナショナルセンターを樹立し、強化する。こうした目的をもって ICFTU-APRO がどのようにアプローチをはじめ、GUFs との共同行動をへて ICFTU への加盟に至ったか、また加盟にあたっては何が論争されたかという、入り組んだプロセスがこの節のテーマである。

41

第 2 章　各国労働運動の課題と挑戦

【インドネシア年表】　植民地支配から民主体制へ

1799 年：オランダ、東インド会社（1602 年設立）を解散、インドネシアを直接統治下に

1942 年：日本軍による占領（~1945 年）

1945 年：インドネシア独立、スカルノ初代大統領就任、オランダとの間で独立戦争（~1949 年）

1958 ～ 1970 年：GASBIINDO、SARBUMUSI、KBIM、GOBSI が ICFTU に加盟

1968 年：スハルト大統領就任（第 2 代大統領）

1969 年：インドネシア労働組合協議会（PMBI）に諸組織が統合

1973 年：全インドネシア労働組合連盟（FBSI）に組織再編

1985 年：ユニタリー構造の SPSI に再編

1990 年：ICFTU/ICFTU-APRO、スハルト大統領と会見

1992 年：SBSI 結成

1995 年：産業別組織強化プロジェクト開始、ICFTU-APRO/ITSs ミッション派遣、SPSI 第 4 回大会、産業別組織への再編を決定

1996 年：SBSI、WCL に加盟

1998 年：アジア通貨危機をきっかけに、ジャカルタを中心に全国で暴動が発生。民主化運動も拡大し、スハルト大統領は辞任。ハビビ大統領就任（第 3 代大統領）、FSPSI- 改革派大会開催

1999 年：ワヒッド大統領就任（第 4 代大統領）

2000 年：ICFTU-APRO/ITSs セミナー {インドネシア労働運動の将来}

2001 年：メガワティ大統領就任（第 5 代大統領）

2003 年：KSPI 結成大会、ICFTU/ICFTU-APRO/GUFs 合同ミッション

2004 年：国民による初の直接投票によりユドヨノ大統領就任（第 6 代大統領）

2005 年：ガイ・ライダー ICFTU 書記長がインドネシア訪問、KSPI が ICFTU に加盟

2006 年：ITUC 結成

2009 年：ユドヨノ大統領再任

2014 年：ジョコ・ウィドド大統領就任（第 7 代大統領）

第1節　インドネシア——統制された組合から自由・独立・民主的組織へ

歴史の中のインドネシア労働運動：統制のくびき

インドネシアは、19世紀初頭からオランダの統治、日本の占領、独立への歩み、スカルノ・スハルト独裁政権、グローバライゼーションの深化、アジア金融危機による政変など、歴史の荒波にもまれ続けた。労働組合の自由が訪れたのは1998年、アジア金融危機のさなかで、政治、経済、社会がおおきな混乱に陥っていた時である。

スカルノ大統領、ついでスハルト大統領の強大な権限のもとに統治されていたインドネシアに、ICFTUは1958年ころから1970年にかけて、イスラム労働組合連盟（GASBIINDO）、ムスリム労働組合連盟（SARBUMUSI）、独立イスラム労働組合会議（KBIM）、インドネシアイスラム労働組合運動（GOBSI）の4組織、公称820万人の組織を有していた[2]。図2は、1960年代からさまざまな組織がそれぞれの

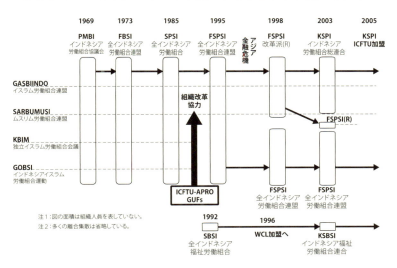

図2 インドネシア労働組合組織の変遷（1969年以降）

---

[2]　KBIMとGOBSIについては運動の系譜を追えないため、以後、解説を省略する。

43

第 2 章　各国労働運動の課題と挑戦

連続性のなかで、これから述べるような再編をつづけて KSPI に至ったプロセスを、複雑な離合集散を除いて単純化したものである。

　労働運動は政治の組織介入を受けつづけた。1969 年にスハルト大統領は信仰、人道主義、インドネシア統一、民主主義、社会正義という建国 5 原則（パンチャシラ）[3] をもとに全 21 労働組合組織を協議会形式のインドネシア労働組合協議会（PMBI）に再編、ついで1973 年にはアウグス・スドノ議長のもとに 21 全国労働組合組織をもって全インドネシア労働組合連盟（FBSI）が結成された。その後スハルト政権は 1985 年に産業別労働組合（以下、産業別組織と略称）を事実上解体して 9 部会とし、次にのべるユニタリー・システムという独特の構造をもつ全インドネシア労働組合（SPSI）へと再編した。このとき GASBIINDO、SARBUMUSI 等は SPSI の中に吸収された。1990 年には 9 部会が 13 グループに再編された。

　ユニタリー・システムという組合構造はきわめて特殊だ。簡略化すれば、労働組合は企業ごとに組織され、チェックオフで徴収された組合費は労働省が管理し、単組、地域、州、全国各レベルにたいし 50：25：15：10 の比率で配分される。軍の関係者も 5 年のクーリング期間を経て組合に天下る。ナショナルレベルの役員が選挙で選ばれている形跡はみられなかった。また労働協約にもひな形があった。このようにインドネシアの労働組合は、スハルト政権のもとで政府まるがかえの統制のもとにおかれていた。

　こうしたなかで ICFTU の 4 加盟組織はスハルト体制のなかに完全に埋没し、いわば人的なネットワークとして存在するにすぎない状況であり[4]、団体交渉で労働者を代表せず、また労働争議で労働者

3　インドネシア建国5原則「唯一神への信仰、公正で品位ある人道主義、インドネシアの統一および代表制と協議により導かれる民主主義、ならびに全インドネシア人民のための社会正義の実現」、インドネシア憲法、島田弦翻訳、2003年。

4　第 14 回 ICFTU-APRO バンコク大会（1988 年）時には、さきの 4 組織はあわせて 43 万人の登録人員があり、スドノ GASBIINDO 議長は ICFTU-APROの執行委員であった。しかし第 15 回 ICFTU-APRO 東京大会（1992 年）で行

第 1 節　インドネシア──統制された組合から自由・独立・民主的組織へ

を代表することもなかった。

ICFTU-APRO、組織改革の協力へ

　1989 年に冷戦が終結。経済のグローバライゼーションの波がイ
ンドネシアにもおよび、経済成長がはじまった。このような政治経
済の転機をとらえ、和泉孝 ICFTU-APRO 書記長はインドネシア労
働組合に対し組織改革と運動再活性化のための積極的アプローチを
すすめた。その重要な一歩が、1990 年 3 月 6 日、ジョン・バンダ
ーベーケン ICFTU 書記長と ICFTU-APRO 和泉書記長によるスハル
ト大統領との会見であった。のちのことになるが、筆者は 2017 年
12 月 1 日、第 17 回 ITUC 執行委員会のためにブリュッセル滞在中
にバンダーベーケン氏に面会しており、「当時のスハルト大統領と
の会談が、それ以降のインドネシア労働運動の方向を決めた」とつ
たえ、同氏が当時、「開発独裁」を敷くスハルト大統領と会見する
という政治決断を下したことへの謝意をのべた。それはバンダーベ
ーケン ICFTU 書記長が、当時の和泉 ICFTU-APRO 書記長の対イン
ドネシア政策に深い信頼をおいていたことの証であると筆者は考
えたからである。なお当時、筆者は和泉 ICFTU-APRO 書記長時代、
同氏の出身組織であるゼンセン同盟国際局長と ITGLWF-TWARO
（国際繊維被服皮革労組同盟アジア太平洋地域組織）書記長の任にあり、
ICFTU-APRO との連携を保ちつつインドネシア労働組合再編のプ
ロセスにかかわった。

　ICFTU とスハルト大統領との意見交換の焦点は、パンチャシ
ラ哲学と国際労働運動の原理にあてられた。バンダーベーケン
ICFTU 書記長は、自由に選択できる労働組合がインドネシアの経
済社会の発展に貢献できること、ICFTU は加盟組織と望ましい共

われた執行委員会選挙においては、インドネシアの執行委員の席は空席とな
った。ここには ICFTU-APRO がインドネシアの 4 加盟組織をもはや認知し
ないという意思があらわれている

通の目標に向かってともに行動する組織であって加盟組織に命令を下す組織ではないこと、さらに ICFTU は多くの国々の加盟組織をもち、それらはインドネシアのものの考え方、慣習、行動様式について敏感に反応するなどとのべた。意見交換の後、スハルト大統領は「われわれは ICFTU の高邁な理想にわれわれ自身を適合させていくことになんの困難もない」とのべ、ICFTU が SPSI と関係を構築することについて青信号を送ったが、バンダーベーケン書記長は ICFTU の組織運動の原理を明確に伝えると同時にインドネシアのもつ特殊性についても批判的に言及しており、これはこののち展開される ICFTU-APRO のインドネシアへのアプローチと、それにともなうであろう困難を示唆するものであった。

　スハルト大統領との会見によって ICFTU との間で成立したコンセンサスは、当時の強大なスハルト政権のもとで統治されていたインドネシアにおいて ICFTU-APRO が活動をするためには、干渉や弾圧を事前に防止するという観点から不可欠の条件であった。こののち ICFTU-APRO は、SPSI と組織改革についての戦略会議を開催した。これは ICFTU-APRO が SPSI を組織再編に向けたパートナーとして認知したことを意味した。

　1990 年にひらかれた共同セミナーには、インドネシア SPSI 側から 69 人、ICFTU、ICFTU-APRO、ITSs から 14 人が参加した。会議の結論には、この会議で議論されたことが列挙されている。すなわち、自由、独立の労働組合主義、ストライキ権をふくむ労働基本権、労働組合活動家の保護、政府の介入なしに規約・政策を決定できる労働組合の自由、国際組織加盟の自由、パンチャシラ労使関係のなかに労働組合の自由と保護の要素をとりいれること、SPSI がグラスルートから成長するために退役軍人が労働組合に天下りすることの是非を次期 SPSI 大会で議論すること、等である。

　議論されたテーマは多岐にわたったが、その中心は国際労働基準にそって組織を改革していくことであり、これが 90 年代の ICFTU-APRO のインドネシア政策のベースとなった。端的に言えば、それ

第 1 節　インドネシア——統制された組合から自由・独立・民主的組織へ

は SPSI の組織内に ICFTU の加盟条件である自由にして独立、民主的という原則を確立するということだった。

　当時、ICFTU-APRO は、SPSI との調整と並行して労働大臣と数次にわたる会談、調整を続けた。この時期、インドネシアの最低賃金が上昇し始めたが、それは労働大臣のイニシアティブに加え、しばしば行われた和泉 ICFTU-APRO 書記長と労働大臣の会談の中で取り上げられた重要な課題でもあった。

　ICFTU-APRO は 1992 年 12 月の第 103 回 ICFTU 執行委員会決定にもとづき、調査チームを 1993 年 8 月に派遣した。チームは、「4 加盟組織の資格停止の継続としかるべき時期における評価、SPSI 内の自由で民主的、財政自主権へ向けた展開をモニターし、1990 年にひきつづき、国際労働基準に関する会議を SPSI と開催する」ことを提言した。これにもとづき ICFTU-APRO は、旧加盟 4 組織を加盟資格停止のまま、SPSI を核とした組織再編の方針を ICFTU の執行委員会に提案し、ICFTU はその方向でインドネシア対策を進めていくことになった。

　ICFTU の執行委員会が SPSI の ICFTU 加盟を審査したのは、1994 年 12 月の第 105 回執行委員会[5] である。翌 1995 年 11 月に SPSI は ICFTU-APRO と連携しながら第 4 回大会を開催し、ICFTU-APRO の組織再編方針をもとにユニタリー・システムから産業別組織を傘下に持つナショナルセンターへと組織再編を行う方向を打ち出し、その名称を全インドネシア産別労組連盟（FSPSI）に変更した。これを受けて第 107 回 ICFTU 執行委員会（1995 年）は FSPSI にたいして「自由で独立、代表性のある民主的組織を樹立する組織の加盟を受け入れる」という原則を提示した。これは FSPSI の加盟に向けた一歩踏みこんだ原則の提示ではあったが、自由、独立を担保する組織改革は短期間には不可能であり、これ以降、FSPSI の組織改革の動きは、紆余曲折を経ていくことになる。

---

[5]　この執行委員会で、SBSI（1992 年設立、非合法組織）の加盟も審査された。SBSI は WCL にも同時に加盟を申請していた。

第 2 章　各国労働運動の課題と挑戦

　翌 1996 年の第 108 回 ICFTU 執行委員会では、「ICFTU-APRO から提出された FSPSI 加盟案件を記録にとどめ、FSPSI の指導部による建設的な改革を歓迎し、ICFTU-APRO の書記長に対し、改革推進のために FSPSI との協力を進め、また ITSs からの情報提供もふくめて 1990 年セミナーの結論についての FSPSI の対応についてさらに検討する」ことを確認した。これは、ICFTU が FSPSI の加盟のために具体的条件を設定するに至ったということである。

　加盟の審査プロセスにさまざまな条件が付されたのは、ICFTU の加盟基準である自由、独立、民主、代表制という基準が高いものであることに加え、スハルト体制の下での労働組合の自由の実態、とくに民主的原則ならびに軍関係者の労働組合への天下りの問題が ICFTU 加盟基準、とくに民主的原則にてらして受け入れがたいためであった。かりに組織改革への方向が定められても、実態として労働組合の自由が許されない国からの加盟を認めることができるか。しかも退役軍人が労働組合に入り込んでいる。労働省が組合費の管理を含め、労働組合の基幹的部分を支配している。こうした内情をかかえる FSPSI が組織改革を進めていくことは容易なものではない。さきに設定された条件は、そう簡単に満たされる性質のものではなく、さきに示された ICFTU 執行委員会による加盟条件とは、そうした課題を一つひとつ乗り越えなければ、ICFTU の執行委員会は加盟を承認しないということであった。

　ここで時をもどして産業別組織の動向について触れると、各 ITS は、それぞれの産業分野においてインドネシアを重点国と認識し、SPSI やそのほかのグループと組織的関係をもちながら対策活動を進めつつあった。こうした事情を背景にして、たとえば、国際繊維被服皮革労組同盟（ITGLWF）アジア太平洋地域組織（TWARO、会長・髙木剛＝当時ゼンセン同盟書記長、書記長・筆者）は 1995 年 1 月から、国際労働財団（JILAF[6]）の支援を受けて、産業別労働組

---

[6]　1989 年に連合によって設立された非政府組織、非営利団体。海外の組合の招聘事業、途上国労働団体に対する研修・教育、社会開発活動などを主要事業

第1節 インドネシア──統制された組合から自由・独立・民主的組織へ

合を対象とした組織強化活動を本格的に開始した。IMF（のちの IndustriALL）、FIET（のちの UNI）、IFBWW（のちの BWI）、EI、ITF などもそれぞれの産業別カウンターパート、活動家にアプローチを開始していた。

ICFTU-APRO は、ITSs の活動との連携を重視していた。すでに和泉孝 ICFTU-APRO 書記長は、ITSs とはインドネシア対策について情報交換と調整の機会をもっていた。

ICFTU-APRO ／ ITUC-AP と ITSs（GUFs）、ドナーとの調整

ICFTU の 1992 年カラカス大会において ICFTU の地域組織と資金供与団体（ドナー、労働組合開発協力団体）との関係強化が決議され、その当時もっとも活動が活発で組織も確立していたと ICFTU が評価していた ICFTU-APRO が 1993 年に、アフリカ、汎アメリカ地域組織にさきがけて第 1 回の調整会議を開催した。ICFTU-APRO は ITSs との非公式調整会議も開始し、やがてドナーの参加をえながら、主として各国における関係組織の活動や女性、青年運動、あるいは労働法や雇用法の改善等、地域組織の活動全般について情報交換をすすめた。この調整メカニズムは意思決定の場ではなく、またグローバル・レベルとは切り離されており、第 1 章でのべたグローバル・ユニオン協議会の地域版になるまでには至っていない。

その一環として ICFTU-APRO は ITSs とともに 1995 年 8 月、インドネシアにコンタクトミッションを派遣した。当時は、SPSI がユニタリー・システムから産業別組織を主体とする FSPSI に組織を再編しようとしている重要な時期であった。筆者も TWARO の書記長として、この時宜を得たミッションに参加した。

チームのプログラムは 2 部にわかれ、まず午前中に SPSI の幹部

としている。

49

第 2 章　各国労働運動の課題と挑戦

との会合で組織改革の方向を確認したが、SPSI 幹部が時間を守らず、会議中も出入りがおおく、筆者は、これで果たして組織の意思決定機関が機能しているのかということを深く疑問に思った。

　午後に SPSI 幹部と ICFTU-APRO グループが退席したのち、産業別組織グループと ITSs 代表との会合が続けられた。そこではインドネシア側から非常に強い幹部批判が繰り出された。SPSI は幹部が政治的に任命されている、SPSI のリーダーと産業別組織のあいだに組織的な有機的関係が存在しない、さらには SPSI の運動がグラスルート（職場）から切り離されている、ということであった。これらは反論のしようがないインドネシア労働運動の現実であった。

　こうした産業別組織グループの SPSI 批判は、ナショナルセンターの組織改革の動きと産業別組織の運動が乖離していたという事実、ひいては ICFTU-APRO による組織改革の協力が産業別組織まで及んでいなかったという厳しい現実の指摘でもあった。このことは同時に、ITSs による産業別強化プログラムと ICFTU-APRO のナショナルセンター改革を共同で進めなければ、SPSI の組織改革は達成されない、そして ICFTU の加盟も実現しないということを意味するものでもあった。ただ当時は、産業別組織の成長、つまりユニタリー・システムからの離脱という困難な作業も始まったばかりであり、ともかくも ICFTU-APRO と ITSs の双方が何らかの調整を続けながら活動を進めていく以外に方法はなかった。端的に言えば、バラバラな運動を、ICFTU-APRO が SPSI の組織範囲を対象としてなんとか一つの方向にまとめようとしている、という状況だった。

　ここで ICFTU と ITSs の組織調整の難しさがもちあがる。ICFTU と ITSs は、自由・民主・独立という共通の労働組合の原則を掲げているが、それぞれが別個の執行機関を持ち、財政も独立している。そして ITSs の加盟組織が ICFTU の加盟組織に含まれないという場合もあった。このような組織関係の中で、ICFTU-APRO と ITSs の協力対象組織や協力の方針が異なることは当然である。実

50

第1節　インドネシア——統制された組合から自由・独立・民主的組織へ

際、当時インドネシアでは、ICFTU-APRO が FSPSI と協力関係を推進するなかで、FSPSI 内部の産業別組織が改革派と FSPSI 派に分離していく傾向がみられ、このため ITSs 側の対応としては、それぞれの協力組織として FSPSI の中の改革派産業別組織を選定した ITSs（例、TWARO）、改革派・FSPSI 派双方の産業別組織を選定した ITSs（例、IMF）、FSPSI 派産業別組織を選定した ITSs（例、ITF）、そして FSPSI と全く関係なく組織展開をはかった ITSs（例、IUF）の4類型があらわれた。さらにそれぞれの ITS の力の入れかたも別々であった。ICFTU-APRO は、こうした複雑な組織関係について情報を交換するための調整会議を開催してきたわけである。

　筆者は、TWARO 書記長として当時、FSPSI 改革派産業別組織と協力していたが、これに対し、たとえばある ITS の書記長や有力ドナーから「旧来の組織との協力をやめるべきだ」という、強い批判や助言を受けたこともあった。ICFTU-APRO と ITSs の調整の難しさの一コマである。

インドネシア繊維衣料労連の組織改革について

　TWARO は古くから組織関係のある GASBIINDO 系 SPTSK（インドネシア繊維衣料労連）を協力プロジェクトの対象組織として、JILAF の支援をうけて教育プログラムを全インドネシアレベルで展開した。このプロセスは、SPSI のユニタリー・システムのなかに埋もれていた人的ネットワークをもとに、産業別組織を確立しようとしたものである。金属、銀行、建設林産などの分野でも同じようなプロセスが進んだ。SPTSK は、1995 年 10 月にルスタム・アクサムを会長に選出し、1996 年には ITGLWF のケアニー書記長がインドネシアを訪問、同 10 年には SPTSK を ITGLWF の準加盟組織とした。翌 97 年 2 月には髙木剛 TWARO 会長がラティエフ労働大臣と会談、TWARO は SPTSK との協力関係について労働大臣からの確認を得た。この会談の意義は、SPTSK を TWARO がサポートし、それは労働協約交渉、組織化、組織運営等についてゼンセン同盟の全面的な支援をうけている

第 2 章　各国労働運動の課題と挑戦

ことをインドネシア政府に伝えることでもあった。会談では、日本
の労働運動に果たしてきたゼンセン同盟の役割や建設的労使関係が
経済社会の発展に貢献していたという歴史的背景も語られた。

　この時期、政府公認の SPSI とは全く別に、非合法のインドネシ
ア福祉労働組合（SBSI）が 1992 年に結成されており、そのムクタ
ール・パクパハン議長は投獄をおそれず、果敢に反スハルト労働運
動を進めていた。もとより ICFTU、ICFTU-APRO は SBSI にたいし
投獄されたパクパハン議長の釈放を政府に要求するなどの支援を送
っていた。ゼロから出発し弾圧を受けている SBSI か、それとも政
治に取り込まれた FSPSI の改革をサポートするか、という選択肢
にたいし、国際社会の共感とサポートは弾圧を受けている SBSI に
向けられたことは論ずるまでもない。結局 SBSI は 1996 年に WCL
（国際労連）に加盟し、ICFTU-APRO から離れていった。なお SBSI
は 2003 年 5 月に第 4 回大会を開催し、名称を インドネシア福祉労
働組合連合（KSBSI）と改称した。なお、KSBSI は ITUC の結成の
ときに自動的に加盟組織となった（第 4 章参照）。

アジア金融危機と KSPI の成立

　ICFTU、ICFTU-APRO、ITSs がこうした活動を推進していたと
き、1997 年にアジア金融危機が発生し、情勢は激変する。
　1998 年 5 月 20 日にスハルト大統領が退陣を表明した。だれもが
予想もしなかったことだ。そして翌日就任したハビビ大統領が 6 月
5 日に ILO87 号条約の批准に踏み切った。労働組合の自由が突然イ
ンドネシアにおとずれた。経済的混乱のなかで数多くのデモンスト
レーションが発生し、社会が騒乱状態に向かっていった。一時は、
TWARO がルスタム・アクサム SPTSK 会長を日本に退避させる準
備もしたほどであった。

52

第1節　インドネシア——統制された組合から自由・独立・民主的組織へ

写真4　デモ隊を激励するアクサム繊維労連会長
（中央、2003年、ジャカルタ、インドネシア）

　このような情勢のなかで、インドネシア政府は32年間のスハルト体制のもとで発生した団結権の侵害をみとめた。5月27日、労働省令第5号でプラントレベル、産業別組織、全国組織はそれぞれ地区、中央の労働省に90日以内に登録することが義務付けられた。急激な政治的な展開である。労働組合の組織整理、組合員の掌握、役員選挙、財政自主権の確保等、大きな組織再編に向かって運動が急激に進みはじめ、産業別組織をベースにしたナショナルセンター結成という可能性がみえてきた。写真4は、インドネシア労働運動再編において中心的な役割を果たしたアクサム繊維労連会長（のちのKSPI初代会長）である。

　実際、産業別組織が独自の動きをはじめ、FSPSIが分裂に向かった。1998年6月、ICFTU-APROと共同行動をすすめていた6産業別組織（繊維、化学、医薬、農園、食品、ホテル）がFSPSI改革委員会を結成し、FSPSIの執行委員会を産業別労働組合で構成すること、FSPSIの地方組織を解散すること、加盟費を産業別労働組合に納入すること、そしてICFTUに加盟することを求め、これらが容認さ

53

第 2 章　各国労働運動の課題と挑戦

れなければ新たなナショナルセンターを結成することを決議した。

　8 月には産業別組織が FSPSI から離脱しようとする動きが広がり、FSPSI 傘下の改革派 13 組織が独自のグループ幹部会をたちあげ、先の改革委員会と同様の宣言を確認し、さらに 11 月までに FSPSI が受け入れなければ、新ナショナルセンターを結成するとの方針を打ち出した。これは、FSPSI の産業別組織が FSPSI の組織を受け継ぐ方向で組織改革に進むことを明らかにしたものである。

　これらの産業別組織は、ITSs の組合再編協力プログラムに参加してきた組織を主体としており、こうした動きは、金融危機の混乱の中で、90 年代半ばからの ICFTU-APRO/ITSs の協力がようやく改革派グループとして形を現してきたといえるものであった。次の課題は、ICFTU-APRO がこのグループをナショナルセンターにむけて統合していくことだった。

　実際、この ICFTU-APRO グループともいえる 13 産業別組織は FSPSI とたもとを分かち、新ナショナルセンターとして FSPSI-改革派（Reformasi＝レフォルマシ）を結成する方向に大きく動いた。1998 年 9 月 10 日には労働省の認可を受け、1998 年 10 月 4~6 日に大会を開催した。大会にはビル・ジョーダン ICFTU 書記長が出席し、ICFTU としてこの組織を FSPSI の改革路線を受け継ぐものとして認知した。ジョーダン書記長はその演説のなかで「経営者と政府からの独立を強調し、雇用、優良な賃金、生活水準のために活動するというメッセージを発し、団結をつよめ、勇敢にたたかうことにより ICFTU、ITS、全世界からの支持をえることができる」とのべ、FSPSI-改革派を激励した。

　他方、この FSPSI-改革派が FSPSI から分離して成立したことで、FSPSI 指導者群による産業別組織・単組の争奪が発生し、インドネシア労働運動に組織的緊張が一気に高まった。たとえば FSPSI のバギンド議長が、1998 年 6 月 11 日に独立志向を強めるインドネシア繊維衣料労連（SPTSK）を強制的に FSPSI に収容する意図があることを TWARO が察知した。これを伝え聞いた和泉 ICFTU-APRO

第1節　インドネシア——統制された組合から自由・独立・民主的組織へ

書記長は直ちにこの策動に対し厳重に抗議し、組織収容を断念させるという一幕もあった。またジョーダン ICFTU 書記長が出席した FSPSI- 改革派大会にも FSPSI が押しかけ、混乱が起きたとの報告もあった。

　労働省によれば、この時点での単組登録数は、FSPSI - 改革派が 1496、SBSI が 10、その他が 2 である。FSPSI は登録に反対していたためにデータはなかった。

　この時期の組織再編を SPTSK に例をとれば、組織再編成は TWARO の協力を得ながら、各事業所で個人に加入届を配布して回収するという徹底的なプロセスをとった。当時 SPTSK は、1998 年 6 月には繊維衣料玩具経営者協会とユニオンショップ、チェックオフ、再登録不介入について合意できる力量を備えていた。SPTSK は FSPSI との組織争奪を経て 1998 年 9 月末までに 680 単組、50 万人の再登録を終了したとアクサム会長は TWARO に報告している。これをもって、同年 SPTSK は ITGLWF（国際繊維被服皮革労組同盟）への正加盟を果たした。

　ICFTU-APRO は、1999 年 3 月にジャカルタ連絡事務所を設置した。組織改革を支援するためのコンタクトポイントとして、労働組合の組織運営等に関する教育プログラム支援、インドネシア政治経済社会事情についての情報収集、ITS や労働組合支援 NGO への情報提供、ICFTU-APRO と ITSs の共同行動に協力するなどの活動を行うためである。事務所長には、SPTSK のアクサム会長が就任した。

　こうして FSPSI- 改革派産業別組織が主軸となって運動を率いていく方向が固まっていった。しかし FSPSI- 改革派のロジャー会長は傘下の産業別組織を掌握するに至らず、組織が弱体化し、結局、FSPSI- 改革派から構成組織である産業別組織が離脱する傾向を強めた。この結果、ICFTU-APRO の改革支援パートナーである FSPSI- 改革派が空洞化してしまうという状況が発生した。これは ICFTU-APRO が、実質的に組織改革を行うパートナーを失いつつ

第 2 章　各国労働運動の課題と挑戦

あることを意味した。

インドネシアの労働組合数

　アジア金融危機と結社の自由の到来により、インドネシア労働運動は、さながら麻のごとく乱れた状況であった。組織実勢については、確たる統計がないが、事情を類推するために、たとえば 2004 年の政府統計によれば、KSPI（インドネシア労働組合総連合）は 12 産業別労働組合 2222 単組 170 万人だが、FSPSI- 改革派は 1 産業別労働組合 294 単組 7 万 6000 人にとどまっていた。なお FSPSI は 17 産業別労働組合 1 万 2234 単組 438 万人という記録があるが、KSPI のような再登録作業を踏まえていない自己申告と判断される。当時、KSPIを除いて組織実勢はあいまいであった。

　「ICFTU-APRO と FSPSI- 改革派」の枠組みではもはや事態に対応できないことは明らかであった。このため ICFTU-APRO は、組織再編のスコープを大きく広げ、ICFTU の運動に参加を希望するすべての組織に呼びかけて再結集するためのプラットフォームを提供することとし、ITSs との調整に入った[7]。具体的には、ICFTU の加盟の要件である自由、民主、独立の原則について同意できるすべての組織を招き、ICFTU の規約をもとに運動の原則を討議しつつ、さらなる改革を促すことにした。

　ITSs の多くがこの構想に賛同し、ICFTU-APRO は ITSs と共催で 2000 年 4 月に「インドネシア労働運動の将来」、ついで 7 月に「インドネシア労働組合組織の再建（リストラクチャリング）」をテーマにワークショップを開催した（写真 5）。このプロセスにはICFTU-APRO と関係があった FSPSI- 改革派、FSPSI、GASBIINDO、SARBUMUSI、そして多くの ITSs のパートナー組織が参加した。フ

---

[7]　和泉孝 ICFTU-APRO 書記長は 1999 年 11 月に退任し、筆者が活動を引き継いだ。

第1節 インドネシア――統制された組合から自由・独立・民主的組織へ

写真5 第2回インドネシア労働組合活性化セミナー（2000年、ジャカルタ）

ォーラムでの討議の焦点は、組織改革の方向を明確にすることであった。具体的には、将来のインドネシアのナショナルセンターは、さきにのべたユニタリー・システムから決別し、組合員をベースとして、財政的にも政治的にも自立した産業別労働組合で構成されること、ICFTU-APROとITSsが新ナショナルセンター設立をめざして連携を継続すること、等であった。参加組織からは、ICFTU-APROとITSsに対し規約、組織構造、行動プログラムについての討議をするためのフォーラムの設置など、多くの要請がよせられた。ICFTU-APROもITSsも、規約の起草、組織運営、財政確立の方策等について協力を進めた。組織確立のための具体的支援の継続と強化である。

結果的に、当初はこのフレームワークに参加していたFSPSIグループは離脱した。これはFSPSIとその傘下にあった産業別組織は、ICFTU-APROが提供したプラットフォームの原則である自由、民主、独立というハードルを越えられなかったということを意味した。こうした作業によって、ICFTUの原則にかなうITSsのパート

57

第2章　各国労働運動の課題と挑戦

ナー産業別組織が結集するというあらたな道筋が開けてきた。このことは、このプラットフォームによってICFTUの規約に掲げられた自由、民主、独立の原則を組織内に確立したか、あるいは確立途上にある産業別組織を、ICFTUの組織原則でふるいにかけ、これにかなった組織でナショナルセンターを結成しようという方向が確定した、ということを意味した[8]。

ICFTU-APROは、この組織改革セミナーののち、ITSsと協力しつつ産業別労働組合の会合を重ね、規約や財政、執行部の人事、機関運営のあり方、そして政策を固めていく作業をすすめた。1995年のICFTU-APRO/ITSsミッションの当時とくらべると、組織が格段に整備されたことが実感できるようになった。この作業をつうじ、この時点で新しいナショナルセンターを構成する11の産業別組織、組織人員292万人を確定することができた。11組織のうち、7組織がITSs——EI、ICEM、IFBWW、IMF、ITGLWF-TWARO、PSI、UNI——に加盟し、また協力関係にあった。

こうして改革派産業別組織は2003年1月31日～2月1日に大会を開き、KSPI（インドネシア労働組合総連合）を結成した。規約の確認、アクサム会長ほか役員の選挙、政策・予算の採択をおえ、ICFTUへの加盟を決議した。

このKSPIは1990年代にICFTU-APROとともにFSPSIが目指した改革の方向を受け継ぎ、しかし組織的にはICFTUの組織原則を確認しながら産業別組織側のイニシアティブによって新ナショナル

---

[8]　なおこの間、SARBUMUSIとGASBIINDOは、それぞれ1999年と2000年に組織が回復した、という理由でICFTUに加盟資格の回復を要請した。これは、ICFTU-APROの組織再編の政策とは相いれず、また組織実人員や活動について信頼すべき情報が得られなかったこともあり、筆者は数次にわたり両組織に面会し、ICFTU-APROの改革フレームワークに参加するよう説得をつづけた。GASBIINDOは、KSPIに加わりながらも加盟資格の回復をめざすという二重政策をとり、SARBUMUSIはのちにICFTU-APROのフレームワークから離れた。

第 1 節　インドネシア――統制された組合から自由・独立・民主的組織へ

センターとして設立されたものということができる[9]。10 年余の組織改革の歩みが、金融危機の混乱と結社の自由の到来という荒波をくぐりぬけ、ICFTU の原則にもとづき、あらたなナショナルセンターが結成された記念すべき大会であった。

KSPI、ICFTU 加盟へ

　KSPI の ICFTU 加盟手続きは、既存の加盟権停止組合の回復の問題などがからみ、複雑な経過をたどった。加盟審査の議案は加盟申請をしてくる国の労使関係に大きな影響力をもつため、ICFTU にとって最も重要な決定事項に属する。したがって、加盟資格の停止や回復にさいしては、きわめて厳格かつ慎重な手続きがとられる。GASBIINDO と SARUBMUSI からは加盟資格の復活請求も出されていた。

　こうして ICFTU/ICFTU-APRO/GUFs 調査団がジャカルタを訪問したのは 2003 年 8 月 25~27 日のことだった。団長はオリヴェイラ（J. O. Oliveira）ICFTU 副書記長、団員は INTUC（インド）、連合、MTUC（マレーシア）、ACTU（オーストラリア）、AFL-CIO（米国）、FNV（オランダ）、英国 TUC 、GUFs からは IFBWW（のちの BWI）、IMF（のちの IndustriALL）、IUF、UNI であり、ICFTU-APRO が事務局をつとめた。チームの派遣目的は、

①　インドネシアの労働運動一般の情勢を検討する。
②　インドネシアの労働法制、労使関係を検討する。
③　加盟権停止におかれた ICFTU 加盟組織の状態を再検討する。
④　労働組合と政治政党の関係を調査する。

9　当時の KSPI のリーダーは GASBIINDO 系であったため、結成大会に出席したスドノ会長も指導部に選挙されることを期待していたようであった。しかしすでに世代交代が進んでいた大会ではスドノ会長の存在は顧みられることなく、やがて退席していった。

第 2 章　各国労働運動の課題と挑戦

　　⑤ インドネシアにおける労働組合協力の立場と戦略を執行委員
　　　会に勧告する。

の 5 点であり、KSPI はとくに①、②、⑤に関係していた。
　調査団の構成をみると、アジアグループは、加盟資格が停止され
ていたとはいえ ICFTU、ICFTU-APRO に所属していた GASBIINDO
に同志的な共感をもってきたという歴史がある一方、欧米豪の
ICFTU 加盟組織は、アジアグループほどにインドネシア労働運動
とは深いかかわりを持ってはおらず、むしろ独自の批判的なインド
ネシア政策、インドネシア観をもって活動していたといってよい。
そのためか、調査団の中の一人は当初、入国を拒否されたものの外
交ルートを通じてビザがおりた、という一幕もあった。
　一行は加盟権が留保された 4 組織、KSPI、KSPSI、KSPSI- 改
革派、KSBSI（1996 年に WCL 加盟）、SBSI 分派、著名なリーダー
であるディタ・サリ女史に率いられ政治的な運動を展開していた
FNPBI（インドネシア労働者闘争全国戦線）を相次いで訪問し、状況
についての認識を深めた。
　ICFTU 加盟を決定していた KSPI については、具体的な資格要
件（自由、民主、独立）についての調査が進められたが、団員の中か
らは、組織改革が不十分であり、人脈的にも旧組織を受け継ぎ、ま
たスハルト体制の基盤政党であるゴルカルの道具であった教員組合
（PGRI）が KSPI の加盟組織になっている、さらに、GUFs への加盟
については PSI、ITF、IUF、IFJ などの関係産業別組合が KSPI に参
加していない、また GASBIINDO と SARBUMUSI を KSPI は包含す
べきである等、否定的な、あるいはこれまでの組織改革の成果を評
価しないような見解が強く表明された。ちなみに PGRI については
GUFs のひとつである教育インターナショナル（EI）が組織改革のた
めのアプローチを続けており、ICFTU-APRO の包摂的方針と GUFs
のオートノミー（自主権）の観点から、ICFTU-APRO の組織改革フ
レームワークから排除することは不可能であったし、またすべきで

第 1 節　インドネシア——統制された組合から自由・独立・民主的組織へ

はなかった。

こうした見解の相違から、調査団は KSPI を ICFTU の協力対象組織として認定するところにさえ到達できなかった。むしろ、FNPBI や過去、非合法時代から活動を続けてきた KSBSI にあつい共感が寄せられた。調査団は KSPI の改革の方向と実績に批判的なグループ（欧米豪）と共感的なグループ（アジア）とに明確に二分された。一方はそれぞれの組織のもつ独自の批判的インドネシア観をもって状況を判断し、KSPI の組織改革に対して否定的であり、他方は、過去の運動の歴史的系譜と、その上に立って改革の努力を評価するというものであった。

調査団から出された KSPI の産業別組織が GUFs のすべてをカバーしていない、という批判に対しては、KSPI は熱心に関係産業別組織に働きかけたものの、たとえば ITF は旧 FSPSI のグループとパートナーシップを持っており、これにたいし現地の KSPI の側から、あるいは ICFTU-APRO 側から変更を求めることは、GUFs のもつオートノミーの原則に照らして組織的に不可能であった。また IUF に対して筆者は、TWARO 書記長のときに、IUF アジア太平洋地域書記長とともに農園組合に共同で訪問するなど、ICFTU-APRO との共同行動をはたらきかけたこともあったが、結局 IUF は独自の組織活動をすすめ、ICFTU-APRO の組織改革活動には参加しなかった。

筆者は、調査団の総括の部分で KSPI に対する批判的議論を聞きながら「1990 年初頭から今まで、さまざまな困難や障害を乗り越えて関係 GUFs と協力しながら、ここまできたという努力と成果を評価してほしい。上から目線で無理を言わず、今後の発展を見守り、KSPI の発展をサポートしてほしい」と痛切に思っていた。

実際のところ、この時期に KSPI は数千人の動員ができるような組織力をもっていた（写真 6 参照）。アクサム KSPI 会長は、指導者として人望もあり、90 年代には決してできなかったような大動員ができたということは、KSPI が組合員を掌握しているというなに

61

第2章　各国労働運動の課題と挑戦

写真6　KSPIの「新労働法」反対デモ（2002-3年、ジャカルタ、インドネシア）

よりの証拠であった。しかし、こうした側面を批判的グループは評価しようとはしなかった。

　結果的に、ICFTU-APROが進めてきた組織改革の成果について、残念ながら調査団は統一的な評価を下すことができなかった。この報告が同2003年12月の第119回ICFTU執行委員会に報告された際にも、オランダの執行委員が議論をリードし、KSPIにたいする批判的見解が議論を支配した。逆にいえば、インドネシアにおける労働組合再編という込み入った議論の詳細について、短時間のうちにICFTU執行委員の理解を得ることは不可能であり、インドネシアにたいする根強い批判的論陣のまえに、KSPI支持グループは沈黙せざるを得なかった、というのが真相であった。結局、最初から完全な組織はありえず欠陥や弱点はどの組織にもあり、そこをハイライトすれば執行委員会では留保意見が出ざるをえず、そのためICFTUがKSPIの組織改革について肯定的な評価にいたることがで

きなかった、ということであった[10]。

　ICFTU 執行委員会での議論をふまえ、ICFTU-APRO は再度、GUFs との調整会議を 2004 年 7 月に開催し、産業別労働組合の組織確立を確認した。参加は、教員、繊維衣料、建設林産、金属、銀行保険商業、食品、公務であった。参加 GUFs は、総意[11]として KSPI の ICFTU 加盟を支持した。このとき KSPI の組織人員は 10 組織 290 万人であり、6 GUFs に加盟・参加する産業別労働組合で構成されていた。

　6 GUFs の KSPI 加盟産業別労働組合がそれぞれ GUFs の加盟基準を満たしていたということは重要なことだ。ICFTU と同じ原則のもとで活動している各 GUF 加盟組織が ICFTU の運動に参加できないことには大きな矛盾があるからだ。筆者はアジア・太平洋地域の GUFs の意向をふまえ、ガイ・ライダー ICFTU 書記長に KSPI の組織改革の経緯を縷縷説明し、加盟のための必要な手続きに進むよう要請を続けた。

　このような動きをふまえ、ライダー書記長は 2005 年 10 月 24、25 日に KSPI および加盟産業別労働組合を訪問した。同行は筆者のみであった。ライダー書記長のインドネシア訪問は、KSPI からの要請とともに、当時、日程にのぼっていた ICFTU と WCL の統合も影響したものと筆者は考えている。インドネシアには KSPI のほかに WCL 加盟組合であった KSBSI（旧 SBSI）が存在し、ICFTU と WCL の政治合意により KSBSI は無条件で新組織の創立メンバーになることになっていた。しかし当時、組織実態、財政、選挙、労使

---

[10]　この第119回ICFTU執行委員会で資格停止となっていたKBMIとGOBSIの加盟資格は最終的に解消された。なお、GASBIINDOとSARBUMUSIについては、執行委員会による除名ではなく、ICFTUとWCLの合同の際にITUC参加組織リストから除外された。両組織は、SPSI時代にはネットワークとしては存在していたが、実態としてSPSIに溶け込んでおり、FSPSIからKSPIの結成に至る過程のなかで、それぞれの組織の連続性を証明することはできなかった。

[11]　このときの IUF の対応は不明。

第2章　各国労働運動の課題と挑戦

交渉、各種動員などの面で着実に成長していた KSPI が ICFTU の認知を得られなければ、インドネシアの ICFTU/WCL の組織バランスが著しく失われてしまう、という懸念があったと思われる。これはあながち無理な推定ではないであろう。現に、2005 年の ILO 理事選挙では、ICFTU と WCL の取り決めに基づき、すでにインドネシアから KSBSI から副理事が選任されていた。また、ライダー書記長の訪問は、GUFs による ITUC への加盟要請は軽視すべきではなく、単独であった理由は、さきの 2003 年ミッションのときのように、「応援団」による議論の応酬は非生産的ではない、とライダー書記長が判断していたためではないかと筆者は推測していた。

ライダー書記長は、KSPI をはじめ、繊維衣料労組、金属労組、建設林産労組、教員組合などを訪問し、組織人員、活動、財政等の実情をつぶさに聴取した。団体協約の写しはもとより、会計帳簿の点検もあった。これによりライダー書記長は産業別組織が確かに成長しているという事実を確認し、組織改革が成功していたという実感を持って ICFTU 執行委員会に加盟承認を提案し、可決された。それは 2005 年の香港 ICFTU 執行委員会のときであった。これが、この節の冒頭部分である。

エピローグ

KSPI は、ICFTU の加盟を果たした直後の 2005 年 4 月にアクサム会長が急逝するという事態が発生、さらに 2007 年の第 2 回大会で指導者間に混乱が生じ、アクサム会長の出身組織であった SPN（インドネシア繊維衣料労組、旧 SPTSK）が一時離脱した。しかし第 3 回大会で選出された FSPMI（インドネシア金属労組）のサイド・イクバル会長のもとで KSPI の運動が活性化し、社会保障制度、非正規労働者の正規化、最低賃金交渉、組織化等でめざましい成果をあげてきた。SPN もイクバル会長のリーダーシップのもとで KSPI に復帰し、組織力を強化することができた。

第1節　インドネシア──統制された組合から自由・独立・民主的組織へ

　KSPI 成立の出発点は、ICFTU/ICFTU-APRO 両書記長のスハルト大統領との会談である。これは、当時の堅牢なスハルト体制とインドネシアの経済開発、さらには既存加盟組織が SPSI のなかに埋没していたという状況認識から、和泉 ICFTU-APRO 書記長が SPSI を改革のパートナーとして選択したことに始まる。それは独裁的権力者の支配下にある SPSI の改革という難しい選択であった。これがスハルト体制に批判的な欧米豪グループからの反発を招いたことも事実であった。だがこの選択は、当時のインドネシアがおかれた状況にとっては唯一、現実的な道であった。ただ当時、よもやスハルト大統領が金融危機で退陣するとは誰も予想できず、その後の混乱の中で FSPSI から FSPSI- 改革派が分離し、そして産業別組織を主体として KSPI が成立していくという波乱にみちた組織的展開をたどることになった。

　ICFTU-APRO が組織改革のパートナーとして SPSI を選択したことには、SPSI が唯一公認された組織であったこと、当時のインドネシアには結社の自由がないなかで唯一の労働組合組織であったこと、さらにそのことにより SPSI が政府との特殊な関係にあったこと、リーダーには政治家や経営者も含まれていた、など多くの問題点があったことは否めない。そのために 2003 年のミッションでは欧米豪の団員から KSPI よりも急進的な組織への共感が強く示された。しかし、どのような組織であれ、改革派はさまざまな負の状況をしのぎながら存在する。しかしそのような改革派グループを見出し、連携を保ち、信頼関係を醸成し、ネットワークの拡大をサポートしていく。これが ICFTU-APRO が選択した SPSI から KSPI に至るプロセスであった。それは組織改革派を特定し、それらの人々のおかれた状況を掌握しながら ICFTU の組織原則を確立していくという、連続と断絶が織りなす複雑なプロセスであった。

　アジア金融危機のなかの組織的混乱を収拾するために開かれた 2000 年のフォーラムが重要な転機であった。このとき、それまでの組織改革の積み重ねをふまえて組織改革の方針が転換した。産業

第 2 章　各国労働運動の課題と挑戦

写真 7　KSPI イクバル委員長とともに（右はシャラン・バロー ITUC 書記長、左は筆者。2015 年、ジャカルタ、インドネシア）

別組織の結集のために ICFTU-APRO がフォーラムを提供し、それを通じて新たなナショナルセンターを立ちあげようとする試みであった。GUFs（ITSs）のサポートにより産業別労働組合を強化しつつナショナルセンターとしての組織を整備する方向が確立したわけである。

　2003 年のミッションでは、インドネシア労働運動の課題や欠陥をあきらかにすると同時に、途上国労働組合運動との協力のあり方について、ぬきさしならない見解の相違が明らかになった。つまり、高いハードルを設定してそこから組織を見るか、あるいは高いハードルを目指してともに努力するか、という運動論の差異、または既存の組織よりも急進的かつ反政府組織が善、あるいはさまざまな問題はかかえてはいても、既存の組織をふまえて改革をサポートしていくか、という対応の違いである。両者の間には、途上国の運動への対応に根源的な差がある。筆者は、アジア太平洋地域組織では後者が現実的な方法であることを信じてきた。もとより、急進的であり反政府的であるため弾圧を受けている組織について支援を惜

第1節　インドネシア——統制された組合から自由・独立・民主的組織へ

しまないことはいうまでもない。

　インドネシアの労働運動についての見解の分断を克服したのは、ライダー書記長による決断であった。仮に、であるが、ライダー書記長自身の状況判断とそれにもとづく単独ミッションがなければ、ICFTU-APRO の組織改革方針については ICFTU 執行委員会の支持を得るに至らず、その後の ICFTU/ITUC のインドネシア政策は急進的な運動、あるいは政治的運動に傾斜するグループに向かっただろうし、そうであったならば今日のような KSPI 運動を見ることができたかどうかはわからない。

　写真7は、2015 年に KSPI のメーデーがジャカルタの国立競技場に7万5千人を集めてひらかれたときのものである。シャラン・バロー ITUC 書記長と筆者は、とどろく歓呼のなかで迎えられた。それは ICFTU-APRO、ITUC-AP によってつづけられてきた組織改革の支援に対する感謝をあらわすものでもあった。そのとき筆者は、初代会長のアクサムさんにこれを見てもらいたかったとの思いを禁じることができなかった。多くの難所を乗り越えて果敢に運動を進める KSPI のイクバル会長は、現在 ILO の労働側副理事である。そして ITUC の加盟組合や関係ドナーのなかには KSPI に対して批判的対応をするものはない。

　メンバーシップと、産業別労働組合強化、組織化と団体交渉、財政確立、政治交渉力の向上等、ICFTU/ITUC の組織原則にもとづいて、多くの課題を 20 年以上にわたり一歩一歩のりこえ、今日の組織を作り上げ、さらに前進を続ける KSPI に心からの敬意を表したい。

第2節　ネパール──民主主義の実現と労働組合の連帯へ

プロローグ

　ネパールは、人口 2650 万人。国土は北海道の 1.8 倍。GDP1 人当たり 848 ドル。最貧国のグループに属する。1990 年代半ばから共産党毛沢東（マオイスト）派の武力蜂起のなかで国は大きな混乱をつづけた。ネパールの労働運動と ICFTU の関係は 1950 年代にさかのぼる歴史がある。ネパールの組合はまず王権との民主化闘争に直面し、ついでマオイストの武装蜂起のなかで混乱をきわめる政治のなかで運動を進めてきた。

　　「マオイスト労働組合、全ネパール労働組合連盟（ANTUF）を
　　ITUC に加盟させてほしい」

　2009 年 11 月にフィリピンのセブで第 3 回 ITUC-AP 地域執行委員会が開催されていたとき、ネパール労働組合会議（NTUC）のラックスマン・バスネット会長が筆者とともにガイ・ライダー ITUC 書記長に要請した。マオイストとは、共産党毛沢東派。その系列に属するマオイスト労働組合を、ほかならぬ自由、民主、独立を掲げる ITUC に加盟させるという突然の要請に、ライダー書記長は驚きを隠さなかった。後にのべるが、ライダー書記長自身、2005 年の第 18 回 ICFTU-APRO カトマンズ大会が非常事態宣言のなかで行われたこと、またそのときのマオイストが武力闘争を敢行していたことを十分承知していれば、なおのこと「それはなぜだ」ということである。NTUC もマオイストの攻撃の対象になっていた。そのなか

第2節　ネパール——民主主義の実現と労働組合の連帯へ

でバスネット NTUC 会長が下した判断には、ネパール民主化をめざす苦渋にみちたプロセスが背景にあった。混乱をきわめる政治状況の下で、民主化と統一にむかうネパール労働運動が何をめざし、そして国際労働運動がどのようにそれをサポートしたか。それが本節のテーマである。

【ネパール年表】　王政から連邦民主共和国への歩み

1769 年：プリトゥビ大王による国家統一

1814 年〜 16 年：グルカ戦争、敗北後英国の強い影響下へ

1846 年：ラナ将軍家による専制政治

1947 年：全ネパール労働組合組織設立（ANTUO、NTUC の前身）

1951 年：ラナ・システムから王政に復古、コングレス政権

1959 年：複数政党憲法制定、コングレス（G. P. コイララ）選挙勝利、ANTUO
　　　　（NTUC の前身）が ICFTU に加盟

1960 年：マヘンドラ国王、議会・憲法・政党政治停止

1985 年：コングレスが複数政党復活のため市民の不服従闘争開始

1989 年：Gefont 結成

1990 年：コングレス・左派政党による民主化行動、ビレンドラ国王が民主的
　　　　憲法に同意

1991 年：コングレスが選挙に勝利、G. P. コイララ政権成立

1994 年：コイララ政権崩壊、共産党政権成立、NTUC、ICFTU 加盟

1995 年：共産党政権停止

1995 年：マオイスト蜂起開始

2000 年：コングレス・コイララ政権（10 年間に 9 代目の首相）

2001 年　1 月：ビレンドラ国王殺害

2004 年：ICFTU-APRO ミッション

2005 年　2 月：ギャネンドラ国王が絶対王政に復古、非常事態宣言布告、
　　　　ICFTU-APRO 第 18 回大会開催

2005 年 11 月：主要政党・マオイストが民主主義復活に合意

69

第 2 章　各国労働運動の課題と挑戦

2006 年　4 月：ギャネンドラ国王が議会復活に同意、5 月、国王の政治権限制限
2006 年 11 月：ITUC 結成、政府とマオイスト間に包括的和平協定締結
2006 年 12 月：主要 4 労働組合による共同宣言
2007 年 1 月以降：暫定憲法成立、マオイスト議会・政権に参加、ANTUF 結
　　　　成、JTUCC 結成
2008 年　5 月：制憲議会発足、ネパール連邦民主共和国に移行、JTUCC 第 1
　　　　回大会
2010 年　5 月以降：制憲議会任期を 4 次にわたり合計 2 年延長
2011 年 10 月：第 2 回 JTUCC 大会
2012 年　5 月：制憲議会任期満了
2012 年　9 月：NTUC・Gefont・マオイスト、共同行動に合意
2013 年 11 月：第 2 次制憲議会選挙
2014 年　1 月：制憲議会発足、第 3 回 JTUCC 大会
2015 年　9 月：新憲法発布

*2007 年内の事項については、順が確認できないものを含む

　ネパールの労働組合は、大きくわけて主要 3 政党の系列に属する。コングレス（Nepali Congress Party= ネパール会議派）系の NTUC（結成 1991 年[1]、35 万人）、ネパール共産党統一マルクス・レーニン主義派（UML）系のネパール労働組合総連合（General Federation of Nepalese Trade Unions=Gefont、結成 1989 年、39 万人）、マオイスト系の ANTUF（結成 2007 年、62 万人）である。この章は、これらの組織がどのように政治状況に対応し、ICFTU/ITUC-AP がどのようにかかわりながら「多様性の中の統一」をめざしてきたかという話である。
　ネパールにはさまざまな労働組合組織があるが、この節では上記

---

[1]　1995年にコングレス内のコイララ派とデウバ派の競合のためNTUCからDecontが分離、のち2003年にWCLに加盟した。両組織は2008年に統合し、組織名はNTUC-Independentとなり、さらに2013年にNTUCに戻った。2006年からの名称の区別は煩瑣になるため便宜的にすべてNTUCとした。

3組織に焦点をあてて組織の動向を概観する。

ネパール労働組合運動の淵源

　話は 1950 年代にさかのぼる。ネパールが王政におかれていた 1959 年に、ギリジャー・プラサード（G. P.）・コイララ（のちコングレス党首、首相）が ICFTU を訪問した。1947 年に結成された、NTUC（ネパール労働組合会議）の前身である全ネパール労働組合組織（All Nepal Trade Union Organisation= ANTUO）の指導者である。ANTUO は 1959 年に ICFTU に加盟するが、ネパールの労働組合は、王政と伝統的長老支配の下で 1990 年に複数政党制が復活するまで自立的活動はできなかった。その後、過去に ICFTU に加盟していたということ、ならびに ICFTU-APRO から組織を立ちあげつつあったネパール労働組合会議（NTUC）にインドの ICFTU 加盟組織 HMS と ITF をつうじて関係が復活したという経緯もあり、NTUC はいち早く ICFTU-APRO の組織整備支援をうけて 1994 年に ICFTU に加盟した。

マオイストの蜂起と政治の混乱

　ネパールは 1768 年、プリトゥビ大王による国家統一、ついで 1846 年からラナ将軍家による専制政治、1951 年に王政復古、1960 年にマヘンドラ国王によるクーデターで政党が禁止され、その後の長期にわたる国王親政の下にあった。1985 年に複数政党政治の復活をもとめてコングレスが抵抗運動を開始した。やがて 1990 年に多数の犠牲をはらいつつコングレスと左派政党による民主化運動が進展、30 年ぶりに制定された新憲法の下で選挙が実施され、コングレスの G. P. コイララ政権が 1991 年に成立した。同時に労働組合運動も活性化し、ひきつづく政治的混乱の中でも組織化、労使交渉などの労働組合活動がつづけられた。

第 2 章　各国労働運動の課題と挑戦

　ネパールの政治は混迷を重ねた。1994 年にコングレスのコイラ
ラ政権が崩壊し、それ以降、政権は安定せず、2000 年まで 9 人の
首相が就任。この間、1995 年にはマオイスト（共産党毛沢東派）が
蜂起し、武力闘争はそののち 10 年間続いた。

　1996 年 2 月、マオイストは 40 項目の政策要求を政府に突きつけ
た[2]。それは、選挙された代表による新憲法の起草、インドとの差別
的外交条約の撤廃、インドとの国境管理の徹底、関税政策の実施、
外資の産業・ビジネス・金融における支配の停止、軍と警察の管
理、世俗国家の宣言、腐敗の根絶、言論出版学問の自由、ネパール
労働者の保護、高地・低地地帯の差別撤廃、土地制度の改革、女性
差別撤廃、農民・貧民・身障者・児童・老人の保護、等々である。
この 40 項目要求は当時のネパールが抱えていた政治、経済、社会
問題の深刻さをあらわしていた。

　マオイストへの回答期限の直前に数カ所の警察が襲撃され "人民
戦争" が始まり、他地区にも広がった。国王側による 1998 年の大
弾圧でマオイストに同情が集まった。マオイストは、道路、橋、学
校を破壊し、勢力圏を確立した地域では "通行税" も徴収した。国
軍からの強奪物も武装に使われた。軍人数 6,000 人といわれるが、
戦闘員はその 10 倍、ともいわれた。

　マオイストの武装蜂起、そして国王の治安部隊の鎮圧作戦により
数多くの犠牲者がでた。NTUC のレポートは状況を赤裸々に語る。

　「2004 年までに 10,007 人が殺害された。6,596 人が治安部隊に、
そして 3,411 人がマオイストによって殺害されたものであった。
政府によれば 2003 年 8 月から 1 年間に 650 人が行方不明になっ
た。しかし蜂起の実態にみれば、7,000 人以上である。今日まで
に 250 人の NTUC 役員、活動家がマオイストにより殺害された。
NTUC が殺害の対象として特定されたかのようである。犠牲者、

---
[2]　Martin Chautari, *Understanding the Maoist Movement of Nepal*, Kathmandu, 2003.

被害者の多くは教員である。授業中に児童の前で殺害された例もある。政治家で殺害されたのは圧倒的多数がコングレスの国会議員である。ジャーナリストや知識人も犠牲になった。マオイストによる食糧、宿所、金銭などの強要に従わない人々も犠牲になった。多くの地区がマオイストに支配されている。村人は、マオイストに入るか、村を去るか、どちらかである。多くは難民になっている。マオイストは、ビザまで出している。マオイストは、コングレスにサポートを強要する。他の共産党諸派は『友人』であり攻撃の対象ではない」

　マオイスト蜂起の標的は国王であるが、同時に国王側とマオイストはともにコングレスをターゲットとしていた。2001年にディペンドラ皇太子がビレンドラ国王一家9人を殺害、ギャネンドラ王弟が即位した。コイララ首相が引責辞任したのち、マオイストは攻勢を強め、国王は同年11月に非常事態を宣言、マオイスト掃討作戦を展開し数百人を殺害した。2002年には国会が解散された。政治抗争の関係は複雑であり、この時期のマオイストには、はじめに国王と手を結び、コングレスを覆滅したのち、国王打倒に向かうという二段がまえの戦略さえあったといわれる。

　このような情勢についてコングレス・コイララ党首は「労働者は国王の憲法停止とその大権、そしてマオイストの板ばさみで苦しんでいる。インドの善意がなければ解決はない。臨時政府を立て、国際監視の下で選挙を実施すべきだ。国連が人権侵害を監視すべきだ」と2004年にネパールを訪問したICFTU-APROチームに力説した。

　この時の事情はつぎのようなものだった。チームは、バスネットNTUC会長の要請で緊急に編成された。訪問は2004年7月27~29日。サンジバ・レディINTUC（インド全国労働組合会議）会長、プロヒートHMS（インド労働者連盟）書記長と筆者である。目的はコングレス・コイララ党首との会見であった（写真8）。インドの両

第 2 章　各国労働運動の課題と挑戦

写真 8　G. P. コイララ・コングレス党首と会談（左から 2 人目から、コイララ党首、レディ INTUC 会長、プロヒート HMS 書記長、筆者。2004 年、カトマンズ、ネパール）

組織を通じたインド政府への実情説明としかるべき政治対応の要請である。緊迫した政治情勢のなかで INTUC、HMS、ICFTU-APRO は急ぎ日程の調整にはいった。

　バスネット NTUC 会長から要請があったとき、筆者は ICFTU 本部事務局に報告したが、ICFTU 事務局からの返答は、「ICFTU と GUFs も参加するから、待て」とのことであった。「大火災発生中」に待つことはできるわけがない。グローバル・ミッションは追って日程を調整することにして ICFTU-APRO 団は見切り発車で緊急訪問した。その後しばらくして ICFTU から数カ月後にグローバル・チームを派遣したいとの申し出があったが、希望日程がネパールの宗教休日にあたっており、訪問は実現しなかった。ICFTU にとっては、訪問することによって民主主義のキャンペーンを世界に知らしめるという意義があったであろう。しかし ICFTU 側には「インド政府からの支援をインドの組合に要請する」という政治的緊急性の理解が決定的に不足していた。ICFTU が何かしなければならない、という意思はわかるが、ミッションの目的は加盟組織にたいす

第2節　ネパール——民主主義の実現と労働組合の連帯へ

る緊急サポートである。ネパールにかぎらず、現地の事態切迫には待ったなしの対応が必要である。

　国王側はこのような混乱の機をとらえて労働組合権を制限してきた。基幹的産業令によりサービスセクターのストライキ権を制限し、政治事情により団体交渉は引き延ばされ、協約は実施されず、またマオイストの暴力が企業閉鎖、経営者の反組合対応の原因とされた。ネパールの政治混乱に終止符を打つための手がかりのため、休戦と対話の開始、そして民主主義の復活は焦眉の急であった。

　政治の混乱は、労働組合の活動に大きな影響を与えずにはおかない。混乱する政治情勢、しかも労働組合が政党と強い関係があり、あるいは政党に直属しているときに、企業内の労使関係が労働組合間の抗争で混乱することは避けられない。

　NTUC は当時、唯一の ICFTU 加盟組織であり、ICFTU-APRO は政治リーダーとの協議、組合の執行委員会への参加、あるいは民主主義や労働組合活動等についてのフォーラムの開催など、激励を続け、また活動をサポートしてきた。政治的に困難な状況でも、労働組合の日常活動、政策活動は営々として続いていた。ちなみにバスネット NTUC 会長が 1997 年に医療、年金などの社会保障法案の提案を行った。政権、諸政党への働きかけは他の労働組合ととともに粘り強くつづき 2017 年に社会保障法は施行された。また、バスネット NTUC 会長は 1997 年から ILO の副理事の任にあり、それは同氏のネパールにおける地位保全のために大いに役立った。

　2003 年当時における NTUC の優先課題はさまざまであるが、同年に ICFTU-APRO 執行委員会に提出された報告によれば、企業内の労働条件交渉は当然として、その他の政策課題については ILO 基本条約 87 号（結社の自由）、183 号（改正母性保障）の批准、労働者の基本権の順守、組織化、社会保障、男女平等、雇用の保障、労働安全、組合員教育等々をあげていた。

　この優先課題の中には、産業平和と単一組合（Single Union）の考えかたも取り上げられていた。この単一組合の考えかたが、政治抗

75

第 2 章　各国労働運動の課題と挑戦

争が激しく、政党との関係が深い労働組合もそれに巻き込まれていたこの時期の NTUC の検討の俎上にのぼったのはなぜか。筆者との私的な会話の中でバスネット NTUC 会長は、繰り返し政治の混乱が労使関係にはね返ってくることを深く憂慮するとのべていた。具体的には、企業内において 2 年ごとに協約改定交渉を行う資格を確認するための組合選挙が、政治抗争になってしまうことである。こうした政治的対立を解消して産業平和をもたらすために、NTUC の優先課題に単一組合という概念がはじめて形をあらわしたわけである。この単一組合の構想は労使関係の安定と投資環境の整備に貢献する重要な概念といえる。なおこのころ筆者は、バスネット NTUC 会長から「労働パーリアメント（議会制）」構想を聞いていた。これは組合間のさまざまな競合を組織人員によって収束、決着をはかろうというものであった。こうしたことが、やがてのちにのべる JTUCC（労働組合調整センター）という形になって実現していく。

　筆者は、この時期にネパールを訪問した際、バスネット NTUC 会長によってコイララ首相・コングレス党首と数次にわたり懇談する機会を得られたが、その際、コングレスはマオイストを民主化プロセスに引き入れつつあること、また王政廃止は民情にてらして尚早と判断しているとの感触を受けていた。

　実際、内戦を終了させるためにマオイストを武力闘争から和平に向けた政治的対話に引き入れるという合意は、コングレスと UML の間に 2002 年には成立していたといわれる。前述の NTUC と Gefont の協力の動きも、政治的に深く進行していたマオイストを武力闘争から政治プロセスに引き入れようという、コングレスと UML の動きと不可分であったと解釈できる。いずれにしても、マオイストの武力闘争のなかで慎重な交渉がさまざまなチャンネルで進行し、同時に労働組合側においても同じような対話が進んでいた。現に、NTUC と Gefont との間では、2000 年にハイレベル・タスクフォースが設置されていた。さらに 2002 年には、両組織の間に労働法や関連

する課題の調整にあたる共同書記局（Joint Board）が設置された。

当時の世論は、マオイストとの即時休戦、双方の発砲停止と対話の開始、国連の積極的支援のもとでマオイストを武力闘争から政治プロセスに導くこと、そしてネパールに民主主義を回復させるように労働組合を含む社会のパートナー間の有意義な対話を開始することを強く望んでいた。そのことは、2004年10月の第77回 ICFTU-APRO 執行委員会決議（資料1）のなかに、マオイストへの警戒感を残しながらはっきりとあらわれていた。

ICFTU-APRO、非常事態宣言下の大会

政治情勢の混乱がつづくなかで、NTUC の招きに応じて ICFTU-APRO は第18回大会をカトマンズで開くことになった。民主主義のためにたたかっているネパール国民とともに行動する ICFTU-APRO の意思を表明するためであった。大会テーマは、「労働者の統一の声をつくろう──パンと自由と平和のために」。

大会は2月2~4日の3日間を予定していた。しかし、2月1日午前に大会準備のために執行委員会を開催していたところ、午前10時に突然、ギャネンドラ国王が全権を掌握、非常事態を宣言したという知らせが飛び込んできた。大会を前にして、国王が集会・結社、言論、出版の自由を停止する緊急事態令を発令し、内閣を解散するという事態を迎えてしまった[3]。非常事態宣言布告と同時に、ICFTU-APRO 大会に主賓として出席予定であったコイララ・コングレス党首はじめ主要政治家は自宅監禁、政治活動家やジャーナリスト等、多数がインドに脱出をはじめた。

空港は閉鎖された。ネパール国外との電話とインターネットは切断され、大会は、衛星回線を除いて外界から切り離されてしまった。

規約にもとづく代議員総数は101人であったが、そのときまでに

---

[3]　*Nepali Times* が当時の事情を詳細に伝えている。

第 2 章　各国労働運動の課題と挑戦

27 加盟組織から代議員 68 名が到着していた。大会の規模はネパールや GUFs からのオブザーバーをふくめて 200 人規模になったが、結局大会直前に到着する予定であった代議員はカトマンズ空港閉鎖のために出席できなくなってしまった。

ガイ・ライダー ICFTU 書記長はカトマンズ大会に向けてブリュッセルを出発していたものの、カトマンズの ICFTU-APRO 大会書記局は、通信遮断のためライダー書記長の行方がわからなくなってしまっていた。しかし偶然、本部と数十秒の連絡がとれ「ライダー書記長がネパールに向かっている」という確認がとれた。その後、空港の閉鎖が一時解除されたときにライダー書記長はからくも到着することができた。

規約では大会に定足数が定められていない。したがってすでに到着していた代議員は開会直後、大会を続行するか、それとも中止するかを決定することになった。もとより代議員は、国王による民主主義への攻撃に屈してなるものか、と全員一致で大会続行を決定。こうして ICFTU-APRO の大会は、国王の非常事態宣言により「民主主義をネパールに」という当初の ICFTU-APRO の意図が根本から否定されるような緊急事態の中で、しかも大会会場が軍隊に囲まれているという、歴史始まって以来の事態のなかで開かれることになった。ちなみに、ホテルは国王の所有であり、そのなかで民主主義を守れという声をあげたことになる。

ライダー書記長は開会冒頭の演説で次のようにのべた。

　　「……ここカトマンズでの大会において ICFTU は、加盟組織である NTUC そしてネパール全労働者にわれわれの連帯をつたえ、騒乱の早急な収拾の希望を表明する機会を得た。現在の紛争は、この美しい国を苦しめ、働く人びとの生活に重大な被害をもたらしている。われわれは、NTUC とバスネット会長がネパールの平和と民主主義に勇敢に立ち上がっていることをたたえ、たたかいを支援することを誓う」

第2節　ネパール——民主主義の実現と労働組合の連帯へ

写真9　ラックスマン・バスネットNTUC会長
（第18回ICFTU-APRO大会、2005年、カトマンズ、ネパール）

　インターネットと電話回線の遮断によって外界との連絡が閉ざされてしまった。しかし、そのときNHKのクルーが大会の模様を収録したビデオテープを持ち出すことに成功し、日本で放映され、ICFTU-APRO大会が非常事態宣言の中で続行されていることが、大会会場でインタビューに応じた笹森清連合会長から伝えられた。また衛星回線を利用してネパールの記者がレポートを外界に送ることができた。こうして世界はネパールで何が起こっているかを知るに至った。

　大会をネパールで開催していた筆者の最大の懸念は、バスネット会長の身の安全であった。南アジアからの代議員は、「こうした事態は私たちの国では日常的なことだから参加者に危害は加えられない、心配はいらない」と言ってはいたが、ネパールにICFTU-APRO大会を誘致したバスネット会長は当然、逮捕対象者である。このため大会期間中、NTUCホテル労組のサポートを得て会場となったホテルの部屋を極秘のうちに転々とし、最後に閉会挨拶のた

めに会場に短時間、姿を現したのち、ただちに潜伏することになった。写真9はそのときのバスネットNTUC会長である。筆者は、ホテルの一室でバスネット会長が脱出する前に面会し、大会が終わったあとの支援の手はずを相談した。

ICFTUとICFTU-APROのみならず、GUFsもふくめた国際労働運動全体にとって緊急事態である。ILO理事でもあったバスネット会長逮捕は、あらゆる手段を講じても防がなければならない。ネパールに民主主義、労働組合基本権は即刻、回復されなければならない。当然のことだが、その過程では組合の指導者と組合員が犠牲となってはならない。

ICFTUのネパール民主化キャンペーンが直ちに開始された。しかし、相手はネパール国王。国軍、治安部隊をもっており容易な相手ではない。ILOの3月理事会にバスネット会長を出席させるための手はずを整えようとしても、本人が潜伏中で、連絡は慎重にも慎重を期さなければならなかった。バスネット会長には、公安から潜伏場所を秘匿するために二人の人物を介さなければ連絡をつけることができなかった。このときILOのカトマンズ所長が同道して公然と出国する、という案もあった。だが、出国時にバスネット会長の拘束を防ぐための確約などはあり得ず、あまりにもリスキーであった。

筆者はバスネット会長に対する支援の手はずなどを直接会って協議するため、リスクを承知の上で極秘に面会する必要が生じ、同氏と連絡がとれる知人に3月某日午後4時にコンタクトするから自宅にいてほしいと連絡、ILOにだけは、万一筆者が拘束されたときのことを考慮してカトマンズ訪問を通報し、ネパールに向かった。ところが、空港に到着したとたんに、空港に勤務するNTUCの組合員に「待っていた」と言われ、情報管理に深刻な問題があったことが判明した。結局、その知人には連絡が取れず、翌日、ただちにカトマンズから出国した。のちに聞いた話では、その知人は連絡予定時刻に警察に呼ばれていたとのことである。

第2節　ネパール──民主主義の実現と労働組合の連帯へ

　ほどなくバスネット会長の出国の意思が確認できた。そこで2月26日、筆者は東チモールから中嶋滋連合総合国際局長に電話連絡を取り、ICFTU-APRO が連合から預託されている連帯活動資金を緊急に発動し、バスネット会長の旅費の一部にあてることを要請した。同氏からは「連合として即刻了解」の返事を受け、これによってバスネット会長の亡命が可能となった。時間との競争であった。その後、筆者は ICFTU 本部書記局とともにバスネット会長がネパールを出国した後のサポートについて協議、確認を行いつつ、固唾をのんで連絡を待った。3月8日、デリーから筆者の携帯電話に「無事脱出」と連絡がはいった。瞬間、安堵し、それからの活動等について簡単に打ち合わせを行った。

　のちにバスネット会長はこの時のことを筆者に語った。

　　「この脱出行は簡単ではなかった。まだ寒い季節のときのことで、カトマンズから単独で歩いて山脈を二つ越え、帽子を目深にかぶり、路肩にうずくまりながら待ち合わせの車を辛抱強く待った。この手配は NTUC のルートでは組合に危険がおよぶ可能性が高く、使えない。自分で個人的に手配した。ようやく車列が近づいてきたが、あろうことか軍の車が先導している。どうしたことか、と絶望にとらわれながら車両がつぎつぎと通り過ぎるのを路肩から見ていると、かねて手配の車が見えた。急いで飛び乗り、警戒の続く国境に向かった。インドとの国境は、両国人は自由に通行できる。しかし国境は開いてはいても監視はある。手配書によって官憲に捕らえられるリスクは非常に高い。そこをすり抜けての脱出だった。そして亡命の途についた」

　その後バスネット NTUC 会長は、ILO はもとより IMF や世界銀行への要請、BBC などのメディア等、あらゆるルートを通じて民主主義回復のためキャンペーンをつづけた。

　ICFTU は3月29日を全世界統一行動デーとして、全世界のネパ

第 2 章　各国労働運動の課題と挑戦

ール大使館にたいし民主主義の回復を要請する大使との面会、大使館前での抗議行動など行うよう全加盟組織に要請した。筆者は、NTUC の手配により全権掌握時に事実上の内閣として設置された閣僚評議会のトゥルシ・ギリ副議長（議長は国王で事実上の首相）と面会し、国際労働運動の深刻な懸念、とくに政治的混乱の原因である貧困からの脱出のために民主主義の回復が必要なことを伝えた。国王側はマオイストの蜂起を鎮圧することが先決であると譲らず、同席していた NTUC の役員の助言で会見は打ち切られた。

　その帰り道、NTUC の活動家が 150 人ほどとらえられていた拘置所を訪問することになった。予定されていなかったことだが、看守に交渉してみる、という NTUC の役員の勧めに即座に応じた。幼稚園の塀を高くしてつくった、にわか仕立ての拘置所に全員が閉じ込められていた。筆者の来訪が拘禁者に知れわたったとき、中から一斉ににぎやかな歓迎の声がわきおこった。扉が開いたとたん多くの手に引きずり込まれてドアは閉鎖。箱の上に立ち、ICFTU や GUF の連帯行動が続いていることを報告し、「最後まで頑張ろう」と激励の挨拶をおくり、出てくることができた。とらわれてはいても、みな意気軒昂であった。

　民主主義は、一時的に後退しても、かならず前進する。これは歴史が証明している。国王と政党の政争は続き、労働組合の行動についての制約も課されたままであった。しかし非常事態宣言は国際社会の圧力で 4 月に解除され、こうした情勢の変化によって労働組合のデモも、屋内集会から屋外へ、シュプレヒコール禁止令も無視して、公然かつ大胆に行われるようになった。

　2005 年 5 月 1 日のメーデーに筆者は GUFs の代表とともに参加した。デモ行進では当然、最前列。いわば弾除けである。このとき、時の勢いで労働組合は公然と、そして労働運動史上はじめて「国王打倒！」の声をあげた。筆者は、こうした組合の行動に、GUFs の代表にも呼びかけながら参加を続けた。それは、ネパールの全ての労働組合への連帯表明であり、また ICFTU の存在を政府

第 2 節　ネパール——民主主義の実現と労働組合の連帯へ

写真 10　全国労働組合拡大集会（2005 年、カトマンズ、ネパール）

と社会に知らしめ、運動の保全を図ることでもあった。状況の変化によりバスネット会長はその年の ILO 総会で ILO 副理事に再選されたのち、6 月 23 日に帰国し、再び民主化運動の先頭にたった。

ところで、このころの ICFTU の加盟組合は NTUC だけであった。ICFTU-APRO には加盟組合を通じて活動するという原則がある。しかし当時はそれでは対応しきれない状況にあった。有力組織として Gefont-UML（ネパール共産党・マルクス・レーニン主義派）があり、また Decont（WCL に加盟していた NTUC の分派）、ANTUF-マオイストも国王との抗争を繰り広げている。しかもこの時には ICFTU が WCL との合併交渉を進めており、Gefont と Decont はそれぞれ独立グループと WCL グループから新組織（ITUC）への加盟が予定さ

83

れていた。各組合組織の関係する諸政党は、反国王で一致しており、それぞれの政治綱領により活動には大きな差があったものの、ICFTU-APRO として活動の枠組みを広げることができる基盤がつくられていた。

　労働組合は分立していたが、課題は共通していた。公務員の団結権禁止反対、労働法を改正して解雇要件を緩和反対、また年金のカット反対などがそれである。民主主義の回復という絶対的な課題とともに、こうした共通課題によって労働組合の共同行動の素地がつくられていた。こうして 2005 年 9 月 9~12 日、ネパールの労働運動が始まって以来はじめて、主要全労働組合の統一集会が「全国拡大労働組合集会——労働者の連帯と民主主義を築こう」というスローガンのもとに開催された。主催は ILO 労働者活動局（ACTRAV）である。このときマオイスト ANTUF が初めて統一集会に参加した。写真 10 はその時の全体集会の模様である。10 日には、街頭行動も行われた。街頭での集会には当局からの規制は感じられなかったが、それでも演説者となるにはためらいがあるような政治状況であった。筆者も、GUFs 代表とともに参加者に激励の挨拶を送ったが、ネパール市民が遠巻きにこちらを見ている、という状況だった。

　ICFTU-APRO は加盟組織を通じて行動するという原則があるが、ILO はすべての労働組合を活動の対象組織とするために、ILO であればすべての労働組合の参加を呼びかけることができる。この集会は、労働組合の共同行動の領域が大きく開いていくことをあらわしていた。この集会では「労働者のより良い生活、そして包含的な、参加型の絶対的民主主義のために決意をかためて前進する」ことを確認した。このような政治的合意を形成するうえで、この拡大労働組合集会の開催によってネパール労働組合の共同行動をサポートしたジム・ベーカー ACTRAV 局長の功績は大きい。

　政治状況が進展する。諸政党がマオイストに民主化へのプロセスに参加するよう要請したことに対し、マオイストが 3 カ月の休戦を表明した。これは、マオイストが武力闘争から政治プロセス、国内

第2節　ネパール──民主主義の実現と労働組合の連帯へ

和平プロセスに転換していく重要な起点であり、ネパール主要7政党連合とマオイストは2005年12月に、ニューデリーで複数政党制、言論の自由、制憲議会の設置で合意した。ここにマオイストの民主化プロセスへの合流が確定した。なおこの時期、コングレスは大会を開催し、綱領で「包摂的民主主義、議会主権、民主社会主義」を確認したが、立憲王政については沈黙した。筆者は、この時コングレスは立憲君主制を放棄した、と解釈した。

　和平、そして民主化のプロセスは一進一退を繰り返しながらすすむ。非常事態宣言から8カ月ほどたったこの時期には、上記のように政党、労働組合間で共同行動の合意が形成されつつあったが、マオイストの武力威圧行動、国王による活動家の拘禁、市民権、労働基本権の停止は、依然として深刻であった。政治的な合意はあっても、実際の労働運動の現場は、混乱が続いた。そうした事情は、2005年10月の第81回 ICFTU-APR 執行委員会決議にはっきりとあらわれていた（資料2）。

写真11　打倒王政の大集会（2006年、カトマンズ、ネパール、Nepali Times から）

85

第 2 章　各国労働運動の課題と挑戦

ネパール連邦民主共和国への歩み：労働組合共同宣言

　国民の民主化要求運動が続き、澎湃（ほうはい）とした反国王勢力の大動員を前にして、2006 年 4 月 24 日、ギャネンドラ国王はついに直接統治を断念し議会を復活、コングレス・コイララ政権が成立した。写真11 は国王が民主化運動に屈する前日の大衆動員の模様である。実のところ国王は、最後まで民主化運動弾圧をあきらめようとはしなかった。2006 年 4 月、内務大臣が巨額の弾圧費用を支出しようとしたが、労働組合が体を張って大臣の署名を妨害し、支出できなかった、という逸話も残されているほどである。こうした一つひとつの行動がつみ重ねられて民主化の動きが進んでいった。その後、同年 11 月、マオイストは政府と包括的和平協定を締結、武力蜂起に終止符を打ち、翌 2007 年 1 月、暫定憲法のもとにマオイストは議会に参加した。また同月、国連安全保障理事会で国連ネパール支援団が設立され、国軍とマオイスト軍の停戦監視にあたった。なお、当時のマオイストの人民解放軍の兵力は 3 万 2000 人といわれ、その武装解除と国軍への組み入れは重要な政治課題のひとつであった。

　2008 年 4 月には制憲議会が成立、5 月 28 日に王政が廃止され、ネパールは連邦民主共和国となった。その後、2015 年 9 月に憲法が制定された。王政廃止以降 2017 年まで、選挙管理内閣もふくめ首相はのべ 10 人。コングレス、マオイスト、UML 各 3 人であり、地理的、人種的な連邦の構造と国会の議席配分などについて憲法草案をめぐる政争の激しさと、それにともなう頻繁な連立の組み替えが起こったことをあらわしている。

　2005 年 12 月の 7 政党とマオイストの合意から 1 年後、主要労働組合 4 組織で重要な宣言が発せられた。それは、ILO のディーセント・ワーク・アジェンダを基本として、貧困の解消、労働基本権の増進、民主化と平和に向けての合意を明らかにしたものだ。これは、ネパール主要労働組合が、共同行動に向けて意思を統一した歴

86

史的合意文書である。第9項に先にのべた NTUC の単一組合の方針がはっきりと打ち出された（資料3）。

この合意は、1990年代からの政治抗争、武力闘争のなかから生まれた労働組合の平和と民主主義の願いを具体的なかたちにしたものである。それはいうまでもなく、多くの犠牲によってあがなわれたものである。

ナショナルセンター共同行動の動きは、この基本合意にもとづいて加速された。2008年には労働組合調整センター（Joint Trade Union Coordination Centre = JTUCC）が組織され、2011年には11組織181万人になった。この JTUCC にマオイスト ANTUF は当初から参加していた。

マオイストの ITUC 加盟

つぎの課題は、マオイスト・ANTUF の ITUC 加盟であった。同じ共産党の系譜をひく Gefont は、政治混乱の続いていた2006年当時、本部の判断によってすでに ITUC の結成に合流し、ITUC の加盟組織になっていた。上述したように、当時はすでに有力3政党がマオイストの民主プロセスに合意していた。ここで重要なことは、3有力労働組合の協力ができれば、政治的連立の枠組みがどうなっても、労働政策は安定するということであった。また、企業内の産業平和ももたらされる。しかし、これは容易なプロセスではない。マオイストとの武力抗争により全体で1万3000人ともいわれる多数の犠牲者が発生していたため、ぬきさしならない恩讐を越えなければ、到底みのらない話であった。それをリーダーが英知を絞ることによって実現した。

2007年、筆者は、ANTUF と初めて面会した。まさに激烈な地下運動を終えてきた闘士群であった。マオイストの武力闘争にふれたが、実は ANTUF の本部の庭にも多くの墓標があった。マオイスト側の犠牲者である。ITUC 加盟とは、このグループを ITUC の自由

第2章　各国労働運動の課題と挑戦

にして民主的な運動のレールに載せる作業であった。これは、マオイストにたいし武力闘争から全面的に転換を迫ることであり、簡単なことではなかった。

　同じ共産主義の系譜を引く Gefont との合意が前提である。その上で NTUC バスネット会長と筆者は、2009 年にライダー ITUC 書記長に ANTUF の ITUC 加盟を要請した。それがこの章の冒頭の場面である。そのときのライダー書記長の表情は、驚愕そのものであった。武力闘争をつづけた共産党急進派の組合を ITUC に加盟させるということであるから無理もない。

　バスネット NTUC 会長とともに筆者は、これまでの政治抗争の経過、国王とのたたかい、そして 3 政党の合意と 3 主要労働組合の合意の重要性を縷縷解説し、3 主要政党と 3 労働組合が共同行動を組まなければ民主主義の将来はないというネパールの事情をライダー書記長に説得しつづけた。共産党 UML 系の Gefont はすでに ITUC 結成時に加盟組織になっていたために、同じ国の共産系労働組合である ANTUF の加盟については、共産主義というイデオロギーは問題にはなりえなかった。ライダー書記長は、バスネット NTUC 会長と筆者にたいし、ANTUF による民主主義の順守と ITUC 規約に忠実であることを絶対条件として提示した。

　このような ITUC 側の条件や事情をマオイストに直接伝えるために、筆者は 2011 年 12 月に、3 労働組合の指導者とともにジャングルで武力闘争を指導してきたマオイストのプラチャンダ党首に面会した。早朝、武装兵で警護されたプラチャンダ党首の自宅を訪ねた。労働組合も筆者も、民主化プロセスに果たす労働組合運動の重要性、そして ICFTU/ITUC がネパールで果たしてきた役割を強調し、プラチャンダ党首からは、ANTUF が ITUC に加盟することに肯定的な心証をつよくうけた。それでも、共産党マオイストの ITUC 加盟はイデオロギー的にも、またそれまでの武力闘争の記憶があり、ITUC 側の理解を得るためには、先のライダー条件を満たすことが必要であった。それがなければ、ANTUF の加盟申請は

88

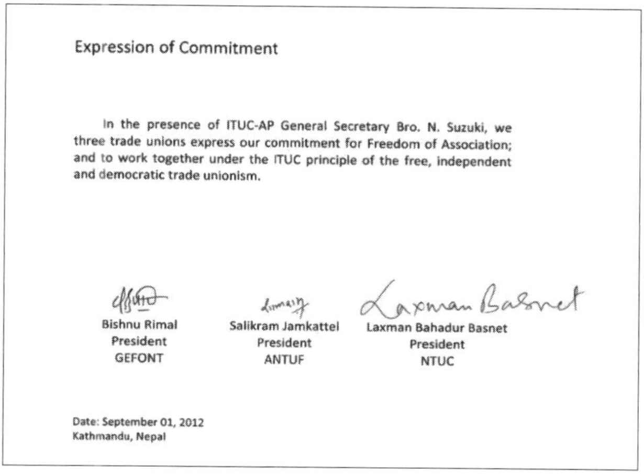

Expression of Commitment

In the presence of ITUC-AP General Secretary Bro. N. Suzuki, we three trade unions express our commitment for Freedom of Association; and to work together under the ITUC principle of the free, independent and democratic trade unionism.

Bishnu Rimal
President
GEFONT

Salikram Jamkattel
President
ANTUF

Laxman Bahadur Basnet
President
NTUC

Date: September 01, 2012
Kathmandu, Nepal

写真 12　3 組織の誓約

ITUC 執行委員会に上程すらできない。

　そのため ANTUF の加盟を審査する ITUC の執行委員会直前に関係 3 組織の会長に会い、NTUC、Gefont、ANTUF の会長により共同行動を確約する合意文書を取り交わした。それほどマオイストの加盟には慎重を要した。ITUC の執行委員会もこのプロセスを歓迎し、2012 年に ANTUF の加盟にこぎつけた。2006 年の基本合意から 6 年を要したわけである。写真 12 はその時の合意文書である。「ITUC-AP の鈴木書記長のもとで、われわれ 3 組織は結社の自由を守るとの誓いを表明し、ITUC の自由、独立、民主的労働組合主義のもとに、ともに活動する」ことを誓い、3 組織の会長が署名した。署名は左からビシュヌ・リマル Gefont 会長、サルクラム・ジャムカッテル ANTUF 会長、ラックスマン・バスネット NTUC 会長である。

　ANTUF の ITUC 加盟は、ネパール労働運動の連帯活動のたまものである。加盟実現ののち 3 組織は、ネパール加盟組織協議会（Nepal Affiliates Council = NAC）を結成し、JTUCC の中核組織として

第 2 章　各国労働運動の課題と挑戦

運動をリードすることになった。

　JTUCC は 2014 年に 11 組織 182 万人を代表する 725 代議員の参加により第 3 回大会を開催した。この大会のスローガンは、「多様性の中の統一」であった。これは多様なイデオロギーや政治哲学の相違にもとづくネパールの社会と同様、労働組合もまた多様な政治志向をもつということを共通基盤にしたうえで共同行動を続けていくことを宣言したものである。JTUCC は、ITUC 加盟 3 組織が会長を 1 年交代のポストとし、また事務局長はそれ以外の 8 組織から同じく 1 年交代で選出する。重要なことは、政府が JTUCC を労使関係上、労働側を代表する組織として認知しており、ILO 総会には会長と事務局長が出席することになっていることである。

　優先課題は、政策制度の改善である。労働法、特に社会保障法と雇用の柔軟性、経営者団体との協議、最低賃金、移民労働、女性への暴力等々である。大会は、主要な労働市場政策について共同して取り組んでいくとの政策を採択した。

　JTUCC の成立は、2008 年の第 1 回大会で結成の方向を打ち出し、2011 年の第 2 回大会で組織構造を検討し、2012 年の最低賃金では JTUCC が労働組合を代表するところまで連帯が進んだ。加えて、JTUCC は当時、論議が進んでいた新憲法に労働基本権の保障、労働組合に 10 ％の議席を配分すること、全国労働委員会の設置なども要請した。そして 2014 年の JTUCC 第 3 回大会を迎えたわけである。90 年代のマオイストの武力蜂起と政党間の抗争、そして労働組合間の組織競合の歴史を経て、ようやく労働組合の共通のプラットフォームが成立した。

　このような組織が政治的混乱を克服しながら成立したことは、世界でも稀有のことだ。文字どおり「ITUC の旗のもとに結集する」ということだ。ただ JTUCC にはまだ、多数決による決定の仕組みがない。単一組織になるためには、各組織の登録人員による代議員制の確立と加盟費支払いの原則が必要である。このステップによってはじめて「単一組合としての JTUCC」が成立することになる。

第2節　ネパール──民主主義の実現と労働組合の連帯へ

ANTUF 大会にて（右からプラチャンド・マオイスト党首、ジャムカッテリANTUF会長、筆者。2016年、カトマンズ、ネパール）

写真13　ANTUF 大会（2016年、カトマンズ、ネパール）

　なお ANTUF の ITUC 加盟の過程で、ITUC-AP は、相互連絡の原則を3組織と確認した。その内容は、各組織は国内外との関係でオートノミー（自主権）を持つが、ITUC-AP の活動に関しては、AP書記局からは分け隔てなく、3組織すべてに連絡し、また、3組織からは、他の2組織に写しを送りながらAPと連絡を取るということだった。このようにして加盟組織の間に疑心暗鬼と相互不信が出てくることを防ぎ、ネパール内での共同行動の素地を固めてきた。

エピローグ

　筆者は、2016年に ANTUF の大会に出席したおり、マオイストの党首、プラチャンダ首相に「2011年にお会いしてからANTUFが ITUC に加盟できた。このことがネパールの政治の安定と社会発

91

第2章　各国労働運動の課題と挑戦

展に貢献していくことを希望しています」と語りかけた。写真13
は ANTUF 大会の模様である。仮定の話になるが、もし ANTUF が
ITUC に加盟せず、共同行動のフレームワークの外側にあった場合、
労働政策、労・労関係、特に企業内における対立がエスカレート
し、それは、2015 年のネパール憲法制定にいたるプロセスに大き
な枷をかけることになったかもしれない。

　生まれも育ちもことなる組織が ITUC の運動の原則にもとづいて
共同行動のフレームワークを形成するプロセスには、これまで見て
きたように、さまざまな紆余曲折があった。しかし、ITUC-AP は
ICFTU-APRO 時代からネパールの組合とともに一貫して「多様性
の中の統一」を追求し、デリケートな政治関係を調整してきた。そ
してこのことによって、ネパールの政治の安定と民主化に労働組合
の立場で貢献することができたと考えている。そして、なによりも
ICFTU-APRO/ITUC-AP と加盟組織の一貫したサポートによってネ
パールの労働組合の指導者の信頼をかちえたことによって、本部、
地域組織とネパール労働運動とのきずなを強めることとなった。

　ちなみに筆者は、2007 年の 8 月、ITUC-AP 結成大会の直前、東
京で ADB（アジア開発銀行）の会議に出席中、突然コイララ・ネパ
ール首相から電話をうけた。組織統合への祝意をいただいたが、そ
の時も首相は、ANTUF の民主化プロセスへの統合の重要性、なら
びに慎重な取り運びが必要であることを強調されていた。同首相か
らは、国際労働運動がネパールの民主化に貢献したことへの感謝状
を ITUC-AP 結成大会に寄せていただいた。

第3節　ミャンマー——亡命からミャンマー労働組合総連合の結成へ

プロローグ

「わが祖国、ミャンマー[1]　にようこそ」

2012年10月8日、ヤンゴン空港に降り立ったITUCのグループにたいしてビルマ労働組合総連合（FTUB）マウン・マウン書記長が語りかけた第一声である。ミャンマーの民族服で一行を待ってくれていた。23年の亡命を終え、ミャンマーで労働組合の組織確立を始めた直後のことである。

この節は、ビルマの非合法亡命労働組合であったFTUBの苦闘と、国際労働運動が送り続けた連帯支援がテーマである。

【ミャンマー年表】　軍政から民主政へ

1886年：イギリス領インドに併合

1942年：日本軍、ビルマに侵攻

1948年：ビルマ連邦として独立

1962年：ネウィン将軍による軍事政権

1988年：88民主化運動、国家秩序回復評議会（SLORC）全権掌握、米国、経済制裁

---

[1]　表記の便宜上、ビルマ、FTUBを2011年まで、ミャンマー、CTUMを2012年から使用する。ミャンマーとビルマは英語の上のことであり、現地語では大きな差異はない。

第 2 章　各国労働運動の課題と挑戦

1989 年：戒厳令
1990 年：総選挙、485 議席中 NLD が 392 議席獲得、EU 経済制裁
1990 年：FTUB 結成
1995 年：第 1 回ビルマ支援会議（マニラ）
1997 年：SLORC、国家平和発展評議会（SPDC）と改名
1997 年：ASEAN 加盟
2000 年：第 2 回ビルマ支援会議（カトマンズ）
2001 年：第 3 回ビルマ支援会議（東京）
2007 年：第 4 回ビルマ支援会議（カトマンズ）
2008 年：サイクロン Nargis（13 万人以上犠牲）、憲法国民投票
2009 年：FTUB 第 1 回大会（亡命、メソット、タイ）
2010 年：第 5 回ビルマ支援会議（東京）
2010 年：総選挙、アウンサン・スーチー NLD リーダーが自宅軟禁から解放
2011 年：政権移管、アウンサン・スーチー NLD リーダー、ティンセイン大
　　　　 統領会談、政治囚 200 人以上解放、労働法成立、ASEAN 議長国、
　　　　 クリントン米国国務長官訪問
2012 年　3 月：ミャンマー政府、ILO と 2015 年までの強制労働廃止に合意
　　　　 4 月補選：上下 45 議席中、43 議席が NLD、EU 経済制裁解除（除武器）
　　　　 6 月：アウンサン・スーチー NLD リーダー、ILO 総会出席、労働側
　　　　 グループ訪問
　　　　 8 月：6165 人のブラックリストから 2082 人解除、マウン・マウン
　　　　 書記長を含む
　　　　 9 月：FTUB（CTUM）マウン・マウン書記長、ミャンマー帰還
　　　　 11 月：オバマ米国大統領訪問、米国、宝石除き禁輸解除（16 年に全
　　　　 面解除）
　　　　 12 月：ITUC ミャンマー事務所開設
2013 年　4 月：EU 武器除き経済制裁解除
2014 年：第 1 回 CTUM 大会（ヤンゴン）
2015 年：総選挙で NLD が大勝、CTUM、政府による登録受理（7 月）
2016 年：NLD 政権発足

第3節　ミャンマー——亡命からミャンマー労働組合総連合の結成へ

民主化運動と弾圧、FTUB（亡命）の結成

　ミャンマーでは1988年に全国的な民主化要求がわきあがり、26年間続いた社会主義計画党政権が崩壊した。国軍は国家法秩序回復評議会（SLORC、のち1997年に国家平和開発評議会=SPDCに改称）を組織し、88民主化運動を鎮圧した。1990年には総選挙が実施され、アウンサン・スーチー率いる国民民主連盟（NLD）が圧勝し、485議席中392議席を獲得した。しかし軍政は政権に居すわり、NLDは厳しい弾圧を受けつづけた。アウンサン・スーチーは2010年までの間、3回、計15年にわたる自宅軟禁に置かれた。こうした厳しい政治状況の中で23年あまり亡命のなかで民主化のたたかいを続けてきたのがマウン・マウン書記長に率いられたビルマ労働組合総連合（FTUBのちCTUMと改称=ミャンマー労働組合総連合）である。

　FTUBのたたかいは自由と民主主義を求めるものだ。労働組合は政治政党ではない。しかし、自由と民主主義がなければ労働組合は活動ができない。ビルマ（ミャンマー）の民主化は、労働組合の手にあまる政治課題であった。しかし、国際労働運動にとっては、こ

写真14　亡命時代のマウン・マウンFTUB書記長（2003年、バンコク、タイ）

第2章　各国労働運動の課題と挑戦

れは労働組合の自由という本質的問題であり、実現するまで決して
あきらめることができないものであった。

　FTUB は、1990 年に 3 人で結成された。その直後に亡命し、国
内外のネットワークを維持しながら、活動を続けてきた。写真
14 は FTUB 事務所内のマウン・マウン書記長である。ICFTU と
ICFTU-APRO は、FTUB との連絡を確保し、支持・支援を送ってき
た。ICFTU-APRO は 1992 年に開催した東京大会にマウン・マウン
書記長をビルマ労働組合の代表として招き、FTUB に対する支援を
表明した。大会では、民主活動家と労働者が政治エリートによっ
て迫害を受けている国としてビルマを名指しして非難、FTUB に対
する強い連帯を決議した。この決議が ICFTU-APRO そして ITUC-
AP の FTUB に対する長期にわたる支援の出発点であった。そのベ
ースは、民主主義の回復、人権、労働組合権の確立、強制労働の排
除、ビルマへの経済制裁、FTUB の組織確立支援であった。

第 15 回 ICFTU-APRO 地域大会決議（1992 年）

　東京で開催された第 15 回 ICFTU-APRO 大会は、1991 年の ICFTU
執行委員会ならびに 1992 年カラカスで開催された ICFTU 大会声明を
想起し、ビルマの軍事政権 SLORC による殺人、強制労働、拷問、適
切な審理なしの拘留、亡命の強制などの人権侵害に戦慄し、アウン
サン・スーチー 1990 年ノーベル平和賞受賞者・民主活動家の無条
件釈放を要求し、各国政府、政府間組織、ITSs に対し、以下を要求、
要請する。
・FTUB に代表されるビルマ労働者と民主活動家に対する連帯
・ビルマに民主的政権が回復されること、また人権と労働組合権にた
　いする完全な尊重のために軍事政権にあらゆる圧力をかけること
・ビルマ軍事政権との外交断絶と援助の停止

　この決議にあげられたビルマにおける強制労働は、ICFTU、ITUC

が人権、労働組合権侵害の観点から ILO の場でビルマ政府を追及し、ビルマ問題についての国際世論の喚起をつづけるうえで決定的に重要な問題であった。

ビルマの強制労働問題ならびに結社の自由と団結権をめぐる問題は、ILO の条約勧告監視機関により批判されてきた。とくに 1995 年と 96 年の条約勧告適用専門家委員会報告は、「ビルマ政府は 1955 年に批准した第 29 号条約（強制労働の禁止）を継続して実施していない」との強い警告を発した。ILO におけるビルマの強制労働批判は、1993 年における ICFTU の告発によるものであり、その後のビルマキャンペーンの軸となった。ILO の舞台で、労働側理事・基準適用委員会労働側委員は、「ビルマ軍政が住民を動員して公共事業などを行わせるのは ILO の強制労働禁止条約違反である」として、粘り強く議論を続けた。時に議論が沸騰し、激昂したミャンマー政府代表が「マウン・マウンはテロリスト」などと口走ったこともあった。この発言は政府が提出した公式見解にも記載されている。このことは追い詰められたビルマ政府の立場をよくあらわしている。なおこの強制労働については、吾郷眞一 ILO 国際労働基準局基準適用審査官（当時）が ILO の書庫のなかから地方行政区（タウンシップ）条例を発掘して告発の根拠を整えたものである。

当時の FTUB についてかたる史料は ICFTU-APRO の記録には乏しい。以下は、当時の情報紙であった ICFTU-APRO レーバーフラッシュからの要約と第 63 回 ICFTU-APRO 執行委員会のビルマ報告である。

1992 年 9 月 18 日：オーストラリア政府は国会で、ビルマ北部の鉄道建設に住民が奴隷労働として徴用されている事実をのべ、外相は、ビルマの軍事政権 SLORC に圧力をかけるために ASEAN にたいしてビルマとの「建設的な関与政策」の実質的内容について明らかにすることを求める、とのべた。

1992 年 9 月 23 日：バンコクに拠点を置く亡命 FTUB は ITF に

第2章　各国労働運動の課題と挑戦

対し、ビルマの航空、船舶企業に対して争議を起こし、SLORC が選挙された代表に政権を移譲しないことに抗議するよう要請した。FTUB は、SLORC が無辜の人々、子供を殺害するような人権侵害をおこし、多くの難民が近隣諸国に逃れている、と指摘している。

1992 年 12 月 29 日：和泉孝 ICFTU-APRO 書記長は SLORC に書簡を送り、FTUB 所属の活動家ナイリンの即時釈放を求めた。ナイリンは 12 月 9 日に逮捕され、審理なしに拘留されている。和泉孝書記長はまた、SLORC にたいし労働基本権、人権の侵害をやめ、ビルマ人に民主的権利を復活させるよう要求した。

1993 年 4 月 30 日：FTUB のメーデー宣言から

「民主主義、労働基本権、人権のための最大の障害は、多国籍有力企業の投資による外貨である。これが軍政を支えている。FTUB は、軍政、著名多国籍企業、外国政府公営企業の協力共謀が少数民族を軍事政権のもとに追いやり、人々の生活と環境を破壊している。FTUB は SLORC にたいし、労働基本権、人権の侵害をやめ、ビルマ人に民主的権利を復活させるよう要求する

第 63 回 ICFTU-APRO 執行委員会（1993 年）**：ビルマ報告**

「ビルマにおける人権について軍事政権に圧力をかけるためにどのような対応をとるべきかという議論を行った。ICFTU は、ITSs と特定の加盟組織にボイコットを呼びかける書簡を送った。次回の ICFTU 人権労働組合権委員会は 1993 年 11 月 29 日にブリュッセルで開催される」

さて ICFTU-APRO、ITUC-AP の行った FTUB に対するサポートは、FTUB の組織化、ネットワーキングの支援、教育活動、時宜に適った FTUB 会議への参加、ならびに国際会議、地域会議の開催による世界的サポートの確保、そして ITSs（GUFs）や ILO 本部、ILO アジア太平洋地域総局等々との情報の交換である。

労働組合は、労働者を組織して経営者と団体交渉し、政府とも政策、立法協議を行う。しかし FTUB は亡命労働組合であるため

第3節　ミャンマー——亡命からミャンマー労働組合総連合の結成へ

写真15　FTUB―カレン訪問（2001年、タイ側のミャンマー国境）

それはできない。FTUBは、非合法活動を続けるビルマ国内活動家との連絡、そのためのサテライト回線支援、ビルマ内および国境地帯でのさまざまな教育活動、ICFTU-APRO、ITUC-APの主宰する青年活動家養成講座や各種教育プロジェクトへの参加、さらにICFTUやICFTU-APROの執行委員会や大会への参加と情勢報告をつづけた。ICFTUとICFTU-APRO、そしてITSsは相互に協力しながら支援を継続した。

1995年の第65回ICFTU-APRO執行委員会報告では、FTUBに対し、カレン地域のグループと連携を確保するために、ジャングル地帯で労働組合基本講座、財政問題、協同組合の短期コースを開催したこと、タイの国境地帯で活動するFTUBの通信員のためにコンピューターを供与したこと等の記録が残っている。写真15はITSs代表とともにFTUB-カレンを訪問したときのものである。

ICFTU-APROのサポートは、FTUB活動家の維持、発掘と、来るべき国内活動に備えるためのものであった。しかし当然のことだが、いつ終わるともしれない軍政をまえに、展望のきかない、歯を

99

第 2 章　各国労働運動の課題と挑戦

食いしばるような活動がつづいた。

ICFTU/ICFTU-APRO ビルマ支援会議の開催

ICFTU-APRO は、1993 年の第 63 回執行委員会でビルマ軍事政権に対するボイコットを決議し、ついで 1995 年 10 月 9~11 日にマニラにおいて第 1 回 ICFTU/ICFTU-APRO/ITSs のビルマ支援合同会議を開催した。会議の冒頭、コラソン・アキノ大統領が連帯の挨拶に立ち、また ICFTU と ITSs の代表が事前にアウンサン・スーチー氏とビルマ内で面会して収録したビデオメッセージが放映された。ビルマ亡命政権のセイン・ウェイン亡命首相も参加し、国際労働運動の連帯に謝意を表明した。ITSs からは APRO-FIET、EI、ICEM、IFBWW、IMF、ITF、ITGLWF-TWARO、IUF、PTTI = 郵便電信、PSIの参加を得た。総勢 130 人の会議は、当時のビルマ問題に対する高い関心をあらわしていた。

第 2 回支援会議は 2000 年に開かれた。当初、会議はバンコクで開催する予定であったが、直前になってタイ政府から不許可の知らせがあり、開催地を急きょコルカタに変更した。準備を整え、書類の発送も終えてから、またしてもインド政府から不許可の知らせがICFTU-APRO に届いた。ビルマ問題は政治問題である。行き場を失った ICFTU-APRO に開催地を提供したのは、ネパールの G. P. コイララ・コングレス（NCP）党首である。同党首は開会式に訪れ「私は牢獄がなんであるかを知っている。アウンサン・スーチーさんはとらわれている。問題は民主主義だ。議論を深め、支援をつづけてください」と参加者、とりわけマウン・マウン書記長と FTUBの仲間にたいし、簡潔でしかも力強いメッセージを送った。

ちなみに、ネパールはインドと中国の大国のはざまにあり、ビルマはきわめて微妙な政治外交問題である。そのネパールの首相を経験した有力政党の党首が、特にインドからの圧力を意に介せずビルマ支援労働組合会議の開催に同意し、さらに開会式に出席して連帯

100

第3節　ミャンマー——亡命からミャンマー労働組合総連合の結成へ

第2回ビルマ支援会議（2000年、カトマンズ、ネパール）

写真16　第4回ビルマ支援会議（中央はガイ・ライダー ITUC 書記長。2007年、カトマンズ、ネパール）

のメッセージを届けるということは、コイララ NCP 党首が民主主義にたいしどれほどの深い信念をもっていたかを教えるものだった。写真16はネパールで開かれた2度のビルマ支援会議である。

　このカトマンズ会議では、FTUB から詳細にわたるビルマの政治動向、組織実態報告が行われた。これにもとづき FTUB の組織拡大と充実、各国ならびに世界銀行、国際通貨基金、アジア開発銀行等国際金融機関による経済的、政治的制裁、強制労働キャンペーンの継続等が議論され、情勢の認識と支援の継続について意思統一をはかった。筆者は、終了後の記者会見の時、「FTUB のリーダーは祖国に帰る権利がある。支援をつづけよう」と訴えたが、実際は、ときとして絶望にとらわれざるを得ないような政治環境での運動で

101

第２章　各国労働運動の課題と挑戦

あった。ましてやマウン・マウン書記長はじめ、亡命のなかでたたかいをつづけている FTUB の仲間の苦闘はいかばかりのものであったであろうか。

　この第２回ビルマ会議では、ICFTU-APRO と ITSs のあいだに、ビルマ調整会議を設けることとした。2000 年６月から 2002 年２月までの間にバンコクで４回の会議を開き、FTUB の活動、政治状況の情報を共有した。マウン・マウン書記長からはビルマ国内のFTUB ネットワークの拡大について、非公開の拠点地図をもとにした心強い報告も受けた。

　挿話になるが、バンコクでひらかれた ITSs とのビルマ調整会議の時、マウン・マウン書記長から「ある人から、今日は行動経路を変えるようにという連絡があった」と聞いた。筆者は「誰から、なぜ」とは問わなかったが、明らかにタイ公安当局が、マウン・マウン書記長に身の安全をはかるよう警告を発したもの、と推察した。本国が軍事政権下におかれている亡命労働運動の厳しさを垣間見る思いであった。

　第３回のビルマ支援会議は第２回の１年後、2001 年に東京で開かれた。これは、2000 年の ILO 総会において ILO 憲章第 33 条にもとづくビルマの強制労働に関する総会決議が、賛成 257 票、反対41 票、棄権 31 票の圧倒的多数で可決されたことを契機に開かれたものだ。決議では、強制労働が広範かつ制度的に行われている、とビルマ政府を批判した。さらに第４回を 2007 年に再度カトマンズで、また 2010 年には民主党政権下の東京で第５回会議を開催した。

　こうした一連のビルマ会議の開催の目的は、第１に情勢についてFTUB から詳細な報告を受けて対策のベースとすること、第２にICFTU/ITUC、ITSs（GUFs）や主要加盟組織がそれぞれ個別に行っている対策について情報を共有し、調整すること、第３に支援会議ごとに決議を採択して、FTUB リーダーに対して連帯を表明し、さらに ICFTU/ITUC が組織をあげて FTUB への支援を国際社会に示すことであった。具体的には世界レベルで ILO を舞台に、また世

第3節 ミャンマー——亡命からミャンマー労働組合総連合の結成へ

写真17 非合法時代のFTUB組織活動セミナー（2004年、トングー、ミャンマー）

界銀行、IMFなどの国際金融機関に対して問題提起を続け、またメディアをつうじて、民主化のための国際世論の喚起に努めた。写真17はFTUBのビルマ国内の組織教育活動（非合法）である。

連合ならびに加盟産別の貢献として特筆すべきは、ビルマへの投資を引き上げるというICFTUのビルマキャンペーンに、日本の関係企業本社を通じて積極的に協力し、投資の撤退をふくめ、ビルマキャンペーンの重要性について政労使の関心を深めるという実績をあげたことである。

ビルマは欧米の経済制裁のもとに置かれていた。他方アジア経済は発展をつづけ、ビルマも加盟国であるASEANは開放政策をとっていた。こうした外部情報の流入を止めることはできない。また民主主義の流れは、一進一退はあっても、前進しつづける。これは歴史の真理だ。

103

第 2 章　各国労働運動の課題と挑戦

第 1 回 FTUB 大会の開催（亡命）

　懸命の組織化の努力が実り、ビルマ国内の FTUB ネットワーク
も充実してきた。亡命開始から 19 年ののち、FTUB は第 1 回亡命
非合法大会を 2009 年 3 月 22 ～ 24 日にビルマ国境沿いにあるタイ
のメソットで開くことにこぎつけた。参加者は約 40 名。ビルマ国
境を非合法で越えての参加である。筆者は ASEAN 労働組合会議の
8 名の参加者とともに会議に出席し、代議員に激励のメッセージを
送った。

　大会は ITUC と ITUC-AP への加盟を決議し、民主主義のために
たたかい続けるという大会宣言を採択した（資料 4）。その宣言は、
FTUB の当面する課題を明らかにすると同時に、FTUB がおかれて
いた厳しい政治社会状況を赤裸々に示している。当然のことだが、
ITUC への加盟は組合員、労働協約、組合財政と選挙など、労働組
合として活動している事実を示さなければならない。非合法では、
それは不可能である。しかし ITUC、ITUC-AP は FTUB の加盟を認
め、ITUC の総意として FTUB を支援していくという決意をビルマ
政府に示すことになった。余談だが、大会を終えて帰国した参加者
数名は、ビルマ公安から事情聴取を受けたということである。

　FTUB の第 1 回大会前には、2007 年に僧侶による祈りの行進、
「サフラン革命」が発生した。敬虔な仏教国で僧侶に軍政が弾圧
を加えた大事件である。これは民心の変化の表れである。つづく
2008 年にはサイクロン・ナルギスにより 13 万人以上が犠牲となっ
た。災害に対するインフラストラクチャの不備が明らかになると同
時に、軍事政権は、政治犯を拘束したまま憲法改正の国民投票を強
行した。

FTUB のミャンマー帰還と労働運動の活性化

　近隣諸国の動向をみれば、中国はミャンマーを通じたインド洋へ

第3節　ミャンマー——亡命からミャンマー労働組合総連合の結成へ

の回廊構築を目指し、さらに「真珠のネックレス」とよばれる香港からポートスーダンまでのシーレーン戦略を推し進めた。このシーレーン戦略はインド洋での権益にかかわり、インド、米国の強い関心を呼んでいた。欧米の経済制裁はつづいたままであった。1997年にはすでに ASEAN に加盟を果たしていたものの、ミャンマーは ASEAN の成長からはるかに遅れていたことは否めない。

　こうした経済、政治の変動がミャンマー国内に波及し、政治、経済が開放に向かって動き始めた。2010年の第5回ビルマ支援会議（東京）の直後、11月にはビルマで総選挙が行われ、その直後にアウンサン・スーチー NLD リーダーが自宅軟禁から解放された。

　このころアウンサン・スーチー NLD リーダーの写真と、裏に署名に加えて「Thank you」と書いてあるラミネート貼りのメッセージが、FTUB の関係者によって、非合法でビルマ国境をこえてタイに運ばれ、筆者に届けられた。当時は、アウンサン・スーチー NLD リーダーは軟禁が解かれた直後であり、軍政は続いていた。そのため自筆で書かれた「感謝」という一言のメッセージには宛先がなく、口頭で筆者あてであることが伝えられた。

　2011年3月には政権移管が行われ、8月にはアウンサン・スーチー NLD リーダーがティンセイン大統領と会談、「和解」に向かうプロセスが進んだ。10月12日には政治犯200人以上が解放され、翌13日には労働法が成立した[2]。FTUB 活動家による合法的組織化がはじまった。

　ビルマは同年11月に ASEAN 議長国となり、11月末、米国クリントン国務長官がビルマを訪問した。2012年の4月の国会補欠選挙では上下両院45議席中、43議席を NLD が獲得、民心の帰すうが明らかとなった。一瀉千里ともいえる政治の急展開である。

---

[2]　2018年現在有効。労働組合の組織登録方法を定めた。単組は30人、従業員10% を最低限とし、2単組で地方行政区登録（タウンシップ）、2タウンシップで州登録、2州登録で産別、2産別で全国連合の順でナショナルセンターまで組織を組みあげていく。

第2章　各国労働運動の課題と挑戦

　つづいて2012年8月に、6165人のブラックリストから2012人が解除された。その中にFTUBのマウン・マウン書記長が含まれていた。このことによって同書記長のミャンマー帰還が現実のものとなってきた。

　このときのマウン・マウン書記長の立場は微妙である。同書記長は、これまで軍事政権に真っ向から対立してきたNLD系の闘士である。そのリーダーが軍事政権の「お膳立て」によってビルマに帰還すること、そして、帰還後は、労働法にのっとった運動を指導することになる。マウン・マウン書記長は、これまでの軍事政権とのたたかいをどのように合法労働運動に転換するかという課題に直面することになった。

　さまざまなルートによる情報を総合し、慎重な判断のもとにマウン・マウン書記長はビルマ帰還を決心し、同年9月4日に23年の亡命活動に終止符を打ち、ビルマに歴史的な帰還を果たした。その直後、ミャンマーを訪れた筆者らを空港に迎えてくれたマウン・マウン書記長との場面が、この章の冒頭部分である。

　CTUM（ミャンマー労働組合連合、帰国後FTUBから改称）の組織づくりが加速した。それまでの活動家ネットワークから組合員をベースにした労働組合組織の立ち上げである。文字どおりのゼロからの出発である。しかし、それまでの亡命時代の経験を活かして、組織化は燎原の火のように進んだ。もとより経営側の抵抗もあり、簡単ではない。争議も頻発し、解雇者の復職対策や生活支援など、対策に追われる状況がつづいた。CTUMのリーダーは、NLDの系列にあるが、CTUMは、政治から距離を置く方針を明確にした。そのため、NLDと強いリンクをもつ活動家グループと競合することになった。

　CTUMの組織方針は、メンバーシップを確定して単組の役員を選挙し、地域から全国レベルへと選挙を積み上げ、指導部を確立、そして政府への登録に向かうという手順を踏んでいる。しかし、他の組織はそうではない。NLD系活動家の集団、ともいうべき組織

実態であった。マウン・マウン書記長は亡命のなかで運動をつづけてきたが、他方、同じ NLD 系であっても国内で投獄されながら抵抗運動をつづけてきたグループと CTUM のあいだに心理的な溝が発生し、それが組織競合を発生させたという事情もあった。そのような時に行われた 2013 年の ILO 総会労働代表選挙は混乱を極めた。

この年、労働側の ILO 総会代表を決定する選挙は、ILO がサポートしたが、政府が確認した単組にたいし、組織人員にかかわらず 1 票ずつ配分することにしたため、選挙に組合員実数が反映されなかった。このため組織人員が確定している CTUM の組織力が選挙結果に反映されず、CTUM が ILO 総会の労働者代表になれないという問題がおきてしまった。しかし当時の混乱した組織化の実態と、労働省の登録行政の在り方からみれば、組合員数を確定して労働者代表を選挙することは不可能でもあった。

ITUC ミャンマー事務所の設置

CTUM の帰還を機に、ITUC は CTUM 支援のために 2012 年から 15 年までの 3 年間、ITUC ミャンマー事務所を置くことを決めた。組織化をはじめとするサポート、政府や ILO との調整、GUFs、各種労働団体との調整がその任務である。所長には、中嶋滋元 ILO 理事・元連合総合国際局長が就任した。中嶋所長は、豊かな専門的経験を活かし、組織化、団体交渉に CTUM とともに活動をつづけた。

当初、ITUC の見通しでは事務所がすぐにでも政府に登録され、中嶋所長の滞在ステータスも正式なものとなるはずであった。こうした楽観的見とおしに相反し、結局、登録は認められなかった。そのため中嶋所長は就労ビザの発給を受けないまま、事務所の銀行口座も開けない、というなかで活動せざるを得なかった。長期滞在ステータスがないため、たとえば農民組合にたいする土壌改良、肥料の選定、耕作の方法等についての営農支援に地方に出れば、当局からビザの種類について問いただされるようなこともあったとい

う。衛生医療水準も低く、また、野外では毒蛇にかまれる危険すら
ある、という実情のなかで、中嶋所長は献身的なサポートをつづけ
た。

　3年間という事務所設置は、CTUMと国際労働運動にたいする国
際公約であった。しかしITUCは2013年10月に突然、財政難のた
めミャンマー事務所を閉鎖する、と通告してきた。これまで20年
以上にわたってつづけてきたFTUB（CTUM）へのサポートの経緯
を覆すような、一方的「はしご外し」であり、関係者にとっては困
惑の限りであった。

　ITUCは強制労働について、たとえばILOの場でミャンマー政府
を強烈に指弾してきた。筆者は、シャラン・バローITUC書記長に
よる声涙下る演説もILOで聞いた。またITUCの財政事情もわかって
いた。しかし国際公約であるCTUMへの3年間の約束を、いと
も簡単に、しかも相談なしに一方的にたがえるようでは、数十年を
かけ国際労働運動総がかりで築きあげてきた信頼と連帯は一瞬に
して失われてしまう。このときの事務所閉鎖という危機は、連合が
ITUCに拠出することになっていた国際連帯資金をITUC-AP経由
でミャンマー事務所に支出することでかろうじてしのぐことができ
た。

　さてCTUM指導部の懸命の努力で、組織は増加をつづけた。
2013年末の単組数は314単組、28,840人、2014年末627単組
44,084人、2015年12月末は681単組51,642人である。単組数で全
体の4、5割の勢力である。組合員数が一桁まで確定していること
が組合員を十分に把握していることを示している。

　2009年に第1回FTUB亡命大会が開催されたことはすでにのべ
た。次は、帰還後の実質上の設立大会の開催である。このときの課
題は、規約である。無理もないことだが、非合法時代が長かった帰
還グループも、国内で投獄されながら運動を進めてきた活動家も、
どのように労働組合員の選挙によって役員を選ぶか、というごく
当たりまえの手続きも十分に理解できない、というのが実情であっ

第3節　ミャンマー──亡命からミャンマー労働組合総連合の結成へ

写真18　CTUM 第1回大会（2014年、ヤンゴン、ミャンマー）

た。そこで機関運営、組合費等の基幹的部分はもとより、規約全体の案をつくるために、大会前に CTUM から若手2名（女性）をシンガポールにまねき、2日間、文字どおりのカンヅメで規約草案を一気に作り上げた。CTUM はこの草案をミャンマー語に翻訳し、組織討議にかけた。そのなかで行われた規約の構造、原則、民主的組織運営についての大衆討議の中で、組織確立のための合意が積み重ねられていくことになった[3]。

祖国ミャンマーでの CTUM 大会は2014年11月29〜30日に開かれた。代議員数104名。写真18は CTUM 大会代議員と ITUC/

---

[3] CTUM以外の組織は規約を持たない。そうした組織は、民主的運動の原理原則についての理解を欠いたまま、「リーダー」主導の活動、いわば組合員に責任を持たないNGO的な運動をつづけている。なおCTUMの規約によって組織の代表者は書記長から会長に変更された。本文での表記は委員長ではなく会長に統一した。

第 2 章　各国労働運動の課題と挑戦

GUFs の参加者である。ここからは、中嶋所長の報告[4]を引用したい。

「CTUM 結成大会は、ヤンゴン宣言採択で始められた。宣言は、FTUB（CTUM）結成以来一貫してビルマ・ミャンマー民主化と自由で民主的な労働運動を追求するたたかいを主導してきた歴史的役割を引きつづき果たす決意を改めて表明した。それを基礎に、団結権、団体交渉権の確立強化、労働関係法の改正、最賃制度の確立、労働安全衛生活動強化、移民、出稼ぎ労働対策強化、児童労働、強制労働廃止、ジェンダー格差撤廃、職業訓練強化などに積極的に取り組んでいくことが確認された。

執行部の選出は、民主的な手続きに従って透明性がきわめて高い方法で執り行われた。その結果、会長マウン・マウン氏、副会長タンスエ氏、書記長タンルイン氏、副書記長サンダー氏（女性）、財政局長カイザー氏（女性）が選出された。5 名中 2 名（副書記長、財政局長）を女性が占めた。彼女たちは若くジェンダーのみならず世代間バランスからも評価される布陣だ（中略）…。

今後 5 年間の CTUM の運動は、マウン・マウン会長を中心とする中央執行委員会、中央委員会、女性委員会代表 2 人と青年委員会代表 2 人（ともに委員長と事務局長）で構成される執行部が中心的な役割を担って進められる。執行部を代表して決意表明したマウン・マウン会長は、冒頭で一瞬、声を詰まらせた。感極まったのだと思う。顧みれば 1988 年の民主化闘争から 25 年にわたった亡命活動、帰国後の組合組織化、気を休める暇もなかった厳しい時を乗り越え、ミャンマー初のナショナルセンター結成を成し遂げたのだから、その感動は想像に余りある。一呼吸後、声を整えたマウン・マウン会長は、"新しい第一歩が踏み出された、私たちはここから前へ進む" と力強くのべた。CTUM の飛躍に期

――――――――――

[4]　「ミンガラーバー！［25］」『月刊連合』2015 年 1 月号、連合

第3節　ミャンマー──亡命からミャンマー労働組合総連合の結成へ

待したい」

エピローグ

　FTUB が 2009 年に亡命大会を開催してから 5 年余にして祖国での第 1 回大会が開催された[5]。昼夜をわかたない組織化が続いた。そして 2015 年 7 月 17 日に、待望の知らせがマウン・マウン会長から届いた。全国組織としての CTUM の登録が政府によって承認された、ということである。単組から地方、そして全国レベルでの組織、組合員数が確定できているという証でもある。筆者は、ただちにお祝いを返信した。ちなみに、CTUM は、ミャンマーで唯一規約をもつ、政府の登録を受けたナショナルセンターである。2014年からは、ILO 総会労働代表の地位を確保している。また 2018 年には自前の労働組合会館も完成した。

　労働組合組織は、どこにおいてもさまざまな組織課題を抱えている。組織運営、競合組織との関係、経営者とのパートナーシップ、政府や政党との関係、そして財政問題等、さまざまである。次世代リーダーの育成も欠かせない。CTUM も例外ではない。

　マウン・マウン FTUB 書記長のもとで長い、苦しい亡命時代をのりこえ、そしていま新しい政治状況の下で運動をはじめた CTUM が、これら一つひとつの課題の解決のために組織内の議論を尽くし、指導部の下に結束して活動をつづけ、ミャンマー労働運動の中心組織として前進していくことを期待したい。

5　FTUB は 2009 年に第 1 回亡命大会を開催していたが、2014 年時点の FTUB はミャンマーに帰還し、当時とは全く異なる組織状況にあった。本来であれば FTUB を解散しなければならないところであったが、そのことは 2009 年当時の組織代表者をもはや招集できないため不可能であった。そこで ITUC の加盟権をふくめた組織的継続性を確認するために、大会の冒頭、CTUM が FTUB のすべての資産を受け継ぐかたちで祖国での第 1 回大会を開催すること、ならびにそのための新規約を採択することを宣言することによって、いわば古い殻から脱皮するように組織と運動の継続性を確保した。

第4節　カンボジア——ITUC の旗のもとに組織分立の克服へ

プロローグ

　　「私は、フィンランドではなく、アメリカに行きたい。何とか聞き届けてほしい」

　これは、筆者が 2004 年の 2 月末ごろ、チー・ヴィチア夫人から受けた電話である。チー・ヴィチア氏は衣料産業を主体とするカンボジア王国労働組合連盟（FTUWKC、設立 1996 年）の会長であった。ほぼ 1 カ月前の 1 月 22 日に暗殺され、夫人は身の危険を感じ、ILO のサポートでフィンランドのヘルシンキにあるカンボジアのコミュニティをたよって、カンボジアを出国した。その途上、バンコクで飛行機を乗り換えるときに行先について心が揺れ、同行者をつうじ筆者に依頼してきたときのことである。

　2 歳の女のお子さんの手を引いてきた産み月の間近いヴィチア夫人とは、組合の事務所で 2 月 26 日にお会いしたばかりだった。電話を受けて、プノンペンにある FTUWKC をサポートしていた NGO の所長にすぐに連絡したが、すでに国連難民高等弁務官事務所（UNHCR）や ILO によって手配が済んでいたということもあり、将来、可能であれば米国への移住も助けていただける、という話をうけ、そのことになかば納得してヴィチア夫人は旅立って行った。

　カンボジアの労働組合は、政治との関係がことのほか強い。労働組合運動は、政治との関連で急進化しがちである。ヴィチア氏の暗

殺の真相は今もってわからない。しかし、彼は野党であったサム・レンシー党の活動家であり、さまざまな政争とは無縁でなかったであろう。

この節は、政治や外国組織との関係で分立する労働組合にたいし、国際労働運動がどのようにアプローチしたか、そしてそこでの論点はなにか、がテーマである。

【カンボジア年表】　動乱から開発へ

1863年：フランス保護領化

1945年：日本軍の占領終了

1946年：フランス再保護領化

1953年：独立、カンボジア王国

1970年：ロンノル政権

1975年：クメール・ルージュ（ポルポト政権）、サイゴン陥落

1979年：ベトナム、プノンペン侵攻

1981年：カンボジア人民革命党総選挙勝利

1985年：フンセン、首相に就任

1991年：パリ和平協定

1993年：総選挙、王党派多数、カンボジア人民党（CPP）第2党（フンセン）

1994年：ポルポト投降

1996年：ICFTU-APRO/TWAROミッション

1997年：フンセン、クーデター

1998年：総選挙、フンセンCPP勝利

1999年：ASEAN加盟

2003年：第3回総選挙

2004年：フンセン第2次政権、シアヌーク国王引退、WTO加盟、ASEM加盟決定

2004～2007年：10%を超える経済成長

113

第2章　各国労働運動の課題と挑戦

2008年：野党指導者サム・レンシー8年の亡命から帰国、第4回総選挙、
　　　　フンセン第3次政権
2011年～：7％経済成長
2013年：第5回総選挙、フンセン第4次政権
2017年：カンボジア国民救国党解散命令

ICFTU-APRO、アプローチを開始

　カンボジアでは、1863年のフランスによる保護領化、第二次世界大戦中の日本の占領、戦後、フランスの再支配、ロンノル政権（1970年）、ポルポト政権（1975年）、ベトナムの軍事侵攻（1978年）という政治、社会の極度の混乱を経て1991年のパリ和平協定で内戦が終結し、政情の安定がはかられた。1990年代に2回の総選挙（1993年、1998年）と1997年のクーデターを経るなかで産業が勃興し、経済発展が始まった。カンボジアは1999年にはASEANに、2004年にはWTOに加盟した。

　国際労働運動とカンボジアの労働組合との出会いは、1996年4月である。当時、TWARO（国際繊維被服皮革労組同盟アジア太平洋地域組織）の書記長であった筆者は、ICFTU-APROとの共同代表団の一員として現地の実情調査に訪れた。組合結成と争議などの情報が伝えられていたためである。

　労働組合は、与党CPP（カンボジア人民党）とサム・レンシー党の系列にはっきりと分かれていた。チームは、立ち上がったばかりの労働組合を数カ所訪問し、ICFTU-APROと協力関係を確認した。現地では、サム・レンシー野党党首が衣料労働者の支持を得て街頭活動を行っている様子も垣間見た。この政党系列労働組合運動が、カンボジア労働組合組織運動の出発点である。

　チームはスイ・セム労働大臣とも面会する機会を得た。大臣からは、労働組合育成のための協力要請があり、ICFTU-APROと

第 4 節　カンボジア──ITUC の旗のもとに組織分立の克服へ

TWARO はそれにこたえると確約した。当然のことだが、一国の労働大臣との約束は長期にわたり双方の義務となる。こうした合意は簡単にひるがえすことはできない。そして国際労働運動のサポートにカンボジア政府は応える道徳的義務を負った、ということでもある。カンボジア政府も ICFTU-APRO/ITUC-AP とは、最低賃金や労働法改正など多くの課題について対話を絶やさなかった。筆者は当時のスイ・セム大臣との約束は生きつづけてきたと考えている。

　この 1996 年の調査団ののち、ICFTU-APRO は 1999 年の 5 月に当時主要ナショナルセンターと目されたカンボジア労働組合連盟（CFTU）、カンボジア労働組合同盟（CUF）、FTUWKC の 3 組織、カンボジア労働者教育協会（CLO）をシンガポールに招請し、状況を聴取、再度 11 月に調査団を派遣した。ICFTU-APRO の結論は「政治的に分裂し、また労働組合が次々に設立されている状況を改善するために、ジョイントプログラムを通じ、統一を目指すべき」というものであった。

　ちなみに、当時 55,000 人といわれた労働組合員は、主として衣料産業とホテルなどに従事していた。ほとんどが非正規雇用（現在も！）である。衣料労働者の最低賃金は月間 40 ドル。160 工場の産業規模であった。当時の労働協約は、争議の解決内容を主体としており、包括網羅的なレベルまでは成長していなかった。

カンボジア労働組合調整会議（CTUCC）の結成と展開

　労働運動は、四分五裂の状態であった。これには組合指導者間の抗争・競合、あるいは政治、経営者等との関係、外国諸団体もふくめた資金の流入など、労働運動が始まる途上国に共通する原因がある。時期は下るが、たとえば 2007 年のナショナルセンターは 6 組織、そこに加盟する労働組合数は、CPP（カンボジア人民党）系で 23、野党（サム・レンシー党）系で 2、資金を外部にたよるプロジェクト系 4、独立系 5 という記録がある。四分五裂そのものであった。

115

第2章　各国労働運動の課題と挑戦

　ちなみに、ITUC や国際援助組織は時の政権と対立し、弾圧や抑圧をうける野党系ないし急進的組合との関係を強化していく傾向がみられる。労働基本権の擁護の観点からそれは当然でもある。カンボジアでは特にそれが著しくあらわれた。しかし野党か与党かは時の情勢であり、労働組合運動は政治の動向にかかわらず存続する。政権交代の時にパートナーを乗り換えるわけにはいかない。さらに、政権に近いことだけを理由に排斥する理由はない。

　政治的競合は労働組合運動の内部に対立をもたらす。それは統一的な運動を阻害する。そこで ICFTU-APRO は、当時コンタクトを保っていた7組織にたいし、カンボジア労働組合調整会議（Cambodian Trade Union Coordination Council=CTUCC））を設立することを提案した。CTUCC は、ICFTU-APRO の活動についての調整と共通課題について行動するプラットフォームであることを目指していた。そしてそれは政治的対立を ICFTU-APRO の介在によって中立化するものであり、さらに政治的立場の違いによる組合間の抗争を防止するための休戦メカニズムでもあった。

　筆者は、門戸開放の組織方針に徹した。つまり ICFTU/ITUC の規約に定められた原理原則に同意し、ともに組織改革、社会改革に取り組む意思がある場合、パートナーとして協力する。時に行動様式が ICFTU/ITUC から外れる場合には、遠慮なくアドバイスをする。ただし、分裂していった組織は、その後、地域組織の活動に参加することを希望しても、原則としてパートナーあるいは加盟候補組織とは認めない。それを認めれば、分裂を促しかねないからである。また筆者は、労働組合が分立しているとき、特定組織とのみパートナーシップをむすび、その組織を通じて地域組織の政策を実行しようとしたことはなかった。それは、結局、組合間の不信と疑心暗鬼を招き、連帯を阻害し、運動の総合力を削いでしまうからである。

　途上国で組織を立ち上げてくるリーダーは、政治との関係、経営者とのデリケートな関係をしのぎながら組織を運営していることが常である。ICFTU/ITUC の基準にかなう組織に成長するためには時

第 4 節　カンボジア——ITUC の旗のもとに組織分立の克服へ

間がかかる。時には数十年である。そのため筆者は、自由にして、民主的かつ独立の組合を目指して協力していこう、ということを組合代表者の集会で繰り返し表明しながら活動を続けてきた。そして、それを理解するリーダーと活動を共にしてきた。

　1996 年から「ICFTU の原則のもとでともに活動しよう」と働きかけをつづけ、2003 年にようやく 7 組織によって CTUCC が設立された。CTUCC の構造は簡素である。「運営に関する覚書」では、労働組合の自由、民主、独立性の重要性を確認し、ICFTU-APRO の活動には共同で参加すること、組織運営の事務局責任は持ち回りとし、ICFTU-APRO 書記長はアドバイザーとして位置づける、ということであった。各組織がそれぞれの組織決定によって行動できるというオートノミー（自主権）を持つことも確認した。

　この CTUCC 結成にあたっては、1998 年から 10 年間 ILO の労働者教育プロジェクトにたずさわったヌオン・リティ所長に多大の支援を受けた。同プロジェクトは労働者教育のために、当時の全組合と関係があり、組織実態と指導者の人脈、ILO や NGO との関係などを詳細に把握していた。また、事務所が警備の厳しい国連の中ではなく、街なかにある一軒家で、どの組合も気軽に訪問し、ILO の労働基準、組合運営の基本等、さまざまな教育訓練を受けていた。同氏は、ポルポト時代の虐殺と家族離散、そして偶然的な家族邂逅という歴史の波にのみ込まれながら青年時代を過ごした温厚な人物である。筆者は、ILO という中立的立場から、労組指導者間の対立と競合、政治の内幕話から各種資金の動向にいたるまで、的確な内部組織情報の提供を受けた。それが CTUCC 設立、ならびに後に課題となる ITUC への加盟審査にあたって、組織実態を把握していくうえで重要な基礎となった。

　CTUCC の主要課題は、最低賃金、雇用法、労働組合法、男女平等などである。今日までの累次にわたる CTUCC の会合においては、各組織の組織状況と労働運動の課題について報告しあい、ICFTU-APRO/ITCU-AP の政策指針とのすり合わせを行ってきた。また、

第 2 章　各国労働運動の課題と挑戦

写真 19　CTUCC の MOU 署名（CTUCC 創設期、プノンペン、カンボジア）
前列左からチュオン・モムトル CCTU 会長、筆者、ロン・チュン CCU 会長、
後列中央ヌオン・リティ ILO 労働者教育プロジェクト所長

可能な限り CTUCC として共同行動を促し、労働法など政策課題について協議を進めてきた。例えば最低賃金のあり方、中長期的賃金政策、雇用契約法の改善、国際基準にもとづく労働組合法の改正、等々である。地域組織の開催する教育活動にも CTUCC 内で調整のうえ参加するよう配慮し、各組織間の信頼醸成と連帯の促進を促してきた。ちなみに、たとえば 2009 年には雇用契約法について、労働裁判所による「2 年契約期間満了後は正規雇用にすべき」との判例があるにもかかわらず、契約更新の回数に制限を設けないという一層の柔軟化が図られたとき、CTUCC は統一して反対し、政府の意図をブロックした。

　なお ICFTU-APRO/ITUC-AP は、主として最低賃金の制度問題、雇用法、労働組合法などの政策制度にかんする分野に活動の焦点をしぼり、組織化と労働条件交渉の具体的活動については GUFs との重複、競合を避けてきた。

　この間サム・レンシー党系のグループは、カンボジア独立教員労

第 4 節　カンボジア——ITUC の旗のもとに組織分立の克服へ

組（CITA、結成 2000 年）と FTUWKC が主体であったが、2004 年にホテル・ツーリズム組合（CSTWFF、結成 2003 年）、カンボジア衣料民主労組（CCADWU、結成 2000 年）が加わりカンボジア独立民主労働連合（CFDTUC）が結成された。こうした組織の拡大をうけて、また参加組織が当初の 7 組織から 2 組織に整理されたことで 2004 年 8 月に「運営に関する覚書（MOU）」を改定し、ここに政府系のカンボジア労働組合連盟（CCTU、結成 2004 年、基幹組合の CUF の結成は 1996 年）、野党系（FDTUC）の 2 組織により CTUCC が安定的に構成されることになった。写真 19 は当時の署名の場面である。

　この CTUCC そしてのちにのべる ITUC 加盟組織協議会（ITUC-Cambodian Council=ITUC-CC）の構成組織のあいだには、たとえば最低賃金の水準をめぐり、見解の相違が噴出し対立が先鋭化することもあったが、組合の乗っ取りのような、ICFTU-APRO/ITUC-AP が介入せざるを得ないような事態は発生しなかった。これは、このプラットフォームが組織間の休戦協定として機能してきたことをあらわしている。

ロン・チュンの逮捕と釈放

　ロン・チュン CCU 会長が人権活動家数名とともに 10 月 15 日に逮捕されたとの一報が ICFTU-APRO に入った（2005 年）。チー・モニー FTUWKC 会長は国外に脱出した。逮捕理由は、カンボジア・ベトナム国境問題に関する両国間の協定について、野党サム・レンシー党のポジションに賛意をあらわしたことが名誉棄損にあたる、ということだった。政治と労働組合は密接な関係があるこの国ならではの事件だ。言論の自由、市民的権利に関わることであり、看過できない。筆者は支援と釈放のためにカンボジアを 2 度にわたり訪問し、政府に対し ICFTU の人権についての立場が政府高官に明確に伝わるように申し入れた。さまざまな国際組織も動き、ロン・チュン会長は 1 月 17 日に保釈されたが、訴追されたままである。しかし「両氏から

第 2 章　各国労働運動の課題と挑戦

> ある種の声明を発することによって訴追を取り下げる」という手筈が整ったとの連絡を政府筋から受け、筆者はスイスのダボスに滞在中であったライダー書記長に、その趣旨をフランスに滞在中のチー・モニー FTUWKC 会長にも伝えるよう依頼し、あわせてその条件が書いてあるカンボジア語の文書をファックスした。1 月 24 日に訴追は取り下げられ、その後、チー・モニー会長も表面上は凱旋帰国を果たした。筆者は情報を CTUCC と共有するとともに、とくに CCTU を通じて政府高官と交渉した。これが釈放と赦免に効果があったと思っている。

　第 4 章でのべるように、2006 年 11 月に ICFTU と WCL が合同し ITUC を結成することになった。この統合がカンボジア労働運動に組織問題を投げかけた。筆者は、CTUCC の構成組合に ICFTU への加盟を働きかけてきていた。しかし、当時の組合の状況からすれば、たとえば財政の自主性、大会の投票権、執行委員会の構成など多くの点ですべての組織が ICFTU の加盟基準に届いてはいなかった。しかし ITUC の結成にあたって ICFTU と WCL は「両組織の加盟組合はすべて新組織の加盟組織として認める」という政治合意を締結したため、WCL に加盟すれば自動的に ITUC の正加盟が果たせることになった。

　このように情勢が展開していくなかで、先に結成された CFDTUC から CCADWU と CSTWF が脱退し、その他の組織をくわえ 2006 年 4 月にカンボジア労働総連合（CLC）が結成され、またたく間にWCL に加盟したのは ITUC 結成の 3 カ月前、2006 年 8 月のことであった。これは実態として「駆け込み加盟[1]」といわざるを得ないも

---

[1]　この「駆け込み加盟」の試みがフィージーでもおこった。WCL は、人種的にフィージー系フィージー人の組合 FITUC（フィージー島嶼労働組合会議）の WCL 加盟を働きかけていた。この組織は FTUC から分かれた人種的な傾向を持つ組織であり、これが結社の自由に反するとして、ICFTU-APRO は

第 4 節　カンボジア——ITUC の旗のもとに組織分立の克服へ

のだった。なおこの CLC の分立により FDTUC はカンボジア労働組合連合（CCU）と改称し、CTUCC の MOU も改定された。

CLC の WCL 加盟、そして ITUC への正加盟となれば ITUC 設立後に同じような多くの組織的欠陥をかかえた組合のあいだで国際組織でのステータスが異なってしまう。これではカンボジアの労働組合の関係に亀裂をもたらし、統一的行動が阻害されてしまう。

そこで WCL 側との交渉において、筆者は 1996 年からの活動と運動の経過を説明し、CLC は準加盟ということで決着した。なお当時 CLC は、CTUCC に参加することにきわめて消極的であった。CLC が受けている外国援助組織からのファンドが CTUCC と共有されかねない、という不安が主な理由である。これについては、オートノミー（自主権）の原則と共同行動の意義について意を尽くして説明し、CLC は 2007 年、ITUC の地域組織結成後、CTUCC に参加することとなった。この結果 CTUCC は CCTU、CCU と CLC の 3 組織で構成されることになった。

なお筆者は、このころ同時並行的に 3 組織にたいし調整会議から単一の組織に統合し、ITUC への加盟を一本化する、連合体的な協議会に進むよう鋭意はたらきかけた。これは、さきにのべた ITUC 結成にともなう組織混乱を回避し、また組合の乱立が将来における ITUC 加盟組織の乱立につながらないようにするためのものであった。カンボジア一国一組織が目標であった。CCTU と CCU は合意した。これは、両政治グループが ITUC の原則の下でともに活動することについて異議なし、というところまで関係が深化したことを象徴的に示した。だが CLC は、やはりドナーからの支援金が共有されかねないということを最後まで懸念し（CLC は財政の 90% を海

WCL を通じて ITUC に加盟しようとすることを排除できた。もしこの組織が WCL を通じて ITUC に加盟していたとすれば、その後のフィージーのクーデターと加盟組織 FTUC 弾圧のために政権側から利用され、フィージー労働運動に厳しい分裂と混乱をもたらしたことは想像に難くない。現在は、FITUC 加盟組織が、FTUC（フィージー労働組合会議）に戻りつつあり、団結と連帯が保たれている。

第 2 章　各国労働運動の課題と挑戦

外の資金援助団体に依存)、結果として筆者の意図は実らなかった。

最低賃金交渉の急進化と課題

　ここで話は最低賃金にうつる。

　衣料産業の最低賃金の推移を見れば、2000 年から 7 年間、月間 45 ドルに据え置きである。これでは、労働組合の要求が先鋭化するのは当然である。また、政党がこれをとらえ、最低賃金を政治課題とするのもうなずける。実際、2010 年、2013 年には交渉が大きな困難に直面した。

　図 3 は 2000 年から今日までの最低賃金と消費者物価指数の推移である。2000 年から 2007 年まで最低賃金が 7 年間も上がらなかったということは、この間の消費者物価上昇率が 27% であったことだけをとってみても、労働組合運動が押さえつけられている、という数字的な証明にほかならない。当時の FTUWKC は、若く正義感に燃えていたチー・ヴィチア会長に指導され、その活動は ICFTU

図 3　カンボジア最賃・CPI の動向

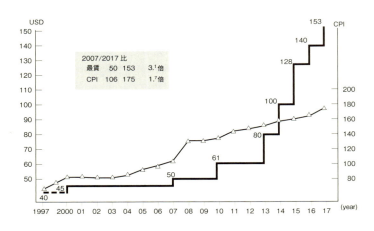

第 4 節　カンボジア——ITUC の旗のもとに組織分立の克服へ

を含め国際的にも高い評価を得ていた。彼も、自信をもって運動を指導していた。しかし、2004 年 1 月 22 日、組合の活動中、頭部、胸部を銃弾が襲った。それがこの節の冒頭の場面につながる。カンボジアの労働運動は、そして ICFTU-APRO は、政治状況と労使関係の緊張のなかで重要な指導者を失ってしまった。FTUWKC の会長は、弟であるチー・モニー氏が引き継いだ。

さて 2010 年に行われた最低賃金交渉は、最低賃金と生活賃金の考え方の違いによって大きな混乱に陥った。

最低賃金は、政労使で構成される労働諮問委員会（Labour Advisory Commitee = LAC）の答申を受けて政府が決定する。7 月の決定は月間 61 ドルであった。この 61 ドルは最低賃金である。組合側は 93 ドルを要求していたが、この水準が最低賃金と生活賃金のどちらを意味するかという点に曖昧さが残っていた。また、当時の基本賃金相場は、人手不足を背景にして 70 から 80 ドルであったといわれる。

交渉の対象について労働組合側の解釈が曖昧のまま LAC は「最低賃金 61 ドル」を答申した。この 61 ドルを受け入れられないとして CLC が問題を提起し、60,000 人の指紋支持署名を集めて 9 月 13 日から 16 日までストライキに入ることを宣言した。ここに CPP グループ、サム・レンシー党グループと CLC の間に答申の水準と賃金実勢、解釈をめぐって亀裂が生じた。

事態を憂慮したカンボジア衣料製造業者協会（Garment Manufacturers Association in Cambodia = GMAC）は、CLC に最低賃金と付加給付について再交渉を来年に行うと表明し、フンセン首相もそれを支持したが、CLC は拒否し、ストライキは敢行された。外国の支援団体等も大衆集会に参加し、こぞってストライキに連帯を表明した。運動は盛り上がったが、成果は得られなかった。結局、ストライキは合法ではなかったため 148 件の裁判を誘発し、さらに 865 人の従業員が停職、解雇となった。損害賠償額は 1500 万ドルに上ったといわれる。

123

第 2 章　各国労働運動の課題と挑戦

　問題は、LAC の手続きと結論の妥当性、決定すべき賃金が最低賃金か生活賃金かという混乱、最低賃金決定の際に政労使で共有されるべきデータの不備、ストライキに至る手続き問題等である。しかし街頭行動は国際労働組合やドナーの関心とサポートを得、逆に、CPP 系組合に対する評価は低下した。この直後、筆者はプノンペンで開かれた TWARO の執行委員会の機会に CTUCC 構成 3 組織の代表と個別協議を進め、上記の交渉の欠陥について指摘し、これからの交渉の準備と改善のための協議を進めることを提案した[2]。だがこの提案は、とくに CLC には十分理解されたとはいえず、最賃の LAC 決定とそれに反対する街頭闘争の敢行という問題は 2013~2014 年に再発する。

ITUC 加盟に向けた調整

　さきにのべたように、CLC は ITUC 結成にともない準加盟の地位を得ていた[3]。このため、WCL の地域組織役員は、CLC が ITUC グループのなかで CCTU と CCU よりもプロジェクトの実施やプログラムへの参加について優越的ポジションを占めるべきと周囲に誇示し、筆者にも伝えてきたことがあった。しかしこれは、たまたま WCL を通じて ITUC に準加盟を果たしたということによる CLC の錯覚でしかなく、実際のところ機関運営、政策、財政等に関する労働組合の実情からすれば、3 組織ともに ITUC の加盟基準に到達していないことはあきらかであった。しかし CLC は準加盟から正加

---

[2]　協議は 2010 年 10 月 3 日に行われた。翌日、CLC ア・トーン会長は、プロジェクト協議のために渡欧した。筆者は、CLC ストライキによって 148 件の裁判、865 人の従業員が停職、解雇となっているとき、組合の指導者は国にとどまっていなければならない、と強く助言した。これにより筆者は、この組合幹部のロイヤルティが組合員ではなく、ドナーにあるということを思い知らざるを得なかった。

[3]　CCTU と CCU は、ICFTU-APRO 時代の協力・信頼関係を重視し、WCL に乗り移って駆け込み加盟をするという方法はとらない、と筆者に伝えていた。

盟を目指すことを公言し、またCLCを支援する欧州のITUC加盟組織のなかには、CLCこそが自由、独立、民主的組合であるとして正加盟への昇格を強く主張するグループがあった。そこでITUC-APとしてはカンボジア組合運動の連帯の保持のために、加盟基準を緩和し、3組織のITUC同時加盟をめざすことで事態を収束せざるをえないことになった。

　具体的には、CCTUとCCUにITUCへの加盟申請を促し、ITUCがそれを受理した後、筆者はCCTUとCCUを準加盟としてCLCとITUC内におけるポジションを同等にするようITUCを説得した。その結果、2011年にはCCTUとCCUに準加盟が認められ、ついで、3組織の正加盟にむけた審査のためにITUC・ITUC-APの調査団7名が2011年末にカンボジアを訪問することになった。

　加盟案件の調査ミッションは、慣例として調査国の労働事情や労使関係についての一般情勢を分析し、そのうえで加盟申請組織の規約、運動、財政等について事実を確認し、それがITUCの加盟基準、自由、民主、独立の基準に合致するかどうかについて執行委員会に答申する。報告書にもとづいて結論を書記長が執行委員会に勧告する。通常、執行委員会は書記長の勧告を、保留はしても否決はしない。そのため、このミッションの結論はITUC書記長判断のベースとなり、加盟の議論を左右する重要な意味をもつ。このときの団の構成は、本部からヤープ・ヴィーネン書記次長、ITUC-APから筆者、加盟組織から、ACTU（オーストラリア）、CSC（ベルギー）、KSBSI（インドネシア）、連合（日本）、SNTUC（シンガポール）であった。

　加盟問題に関する調査団の構成については、本部があらかじめ決めている加盟方針に支持をえるために、団に応援組織を加えることがある。「加盟問題の政治化」として筆者はこのような本部の行動様式を疑問視していたが、この団は、その典型的な事例である。本来であれば本部書記次長と筆者だけで十分であったが、筆者は、本部の「CLC応援団」——この場合はACTU、CSC、KSBSI——に対抗

第2章　各国労働運動の課題と挑戦

するため、調査団に AP からの推薦として JILAF のカンボジア・プロジェクトをサポートしている連合と ASEAN でカンボジア労組と共同行動を続けている SNTUC を加えた。団の結論は多数決で決める筋合いのものではないが、ITUC への加盟問題はこのように「応援団」を引き連れながら調査検討を行うこともあるという事例だ。こうしたことは、地域と本部の見解が異なるとき、あるいは当該国の既存の加盟組織からの反対が予想されるときに、本部が「応援団」の支持をえて結論を導くために行われるということだ。

組織事情調査結果

1. CLC

申告組織現勢は、衣料、ホテル、非正規、建設、農業など7セクター 63,000 人。加盟費支払い人員 21,000 人。CLC は大会決定にもとづいて組織化、賃金、有期契約法制改善、男女平等、教育を優先課題とし、政策文書を英語で提示した。組合の運営は組織的に行われている。しかし大会が3人の役員を選び、執行委員会は事実上会長の指名となっている。財政的な自立を目指しているが、90% の収入をドナー（労働組合支援組織、各種 NGO）から得ている。

2. CCU

申告組織現勢は教員組合 10,000 人、衣料を主力とする FTUWKC 80,000 人。主力組合は教員組合と FTUWKC である。教員組合が構成組織であるため、政府の登録は得られていない。具体的な状況の報告はなかったが、財政的に困窮している。また内部問題のため FTUWKC が CCU を離脱しようとしている。事務局はボランティアにより運営され、社会一般問題にも運動を展開している。

3. CCTU

申告組織現勢は、15 産別 300,900 人。加盟費支払い 10,000 人。6

第4節　カンボジア──ITUC の旗のもとに組織分立の克服へ

> 部局、書記局は 3 人のスタッフで運営している。労働省とは良好な関係を保ち、また LAC の副議長として主導的立場にある。大会は、組織代表者 15 人で構成される。

　調査団に対し、いずれの組合も政治との独立性を強調したが、実際は、CCU は野党、CCTU は与党 CPP との関係が深いことは明らかであり、また、CLC のドナー依存も検証された。3 組織とも政治的、財政的、民主的な組織運営の原則について、濃淡はあれそれぞれが欠陥をもつことが検証された。

　ついで調査団は評価の議論に入ったが、本部と地域、アジアと先進国、旧 WCL 組織と旧 ICFTU 組織という立場の相違により議論は熱を帯びた。便宜的にこれを本部グループ、AP グループと分ければ、本部グループは CLC のみが自由、民主、独立であると強く主張し、CCU に対しては野党系であるがゆえに組織が弱体であることにたいし同情を示し、CCTU に対しては政府寄りという理由により厳しい拒絶感を示した。しかし AP グループは、これまでのべてきたカンボジアの労働運動の成長度合いにみれば 3 組織とも ITUC の加盟基準を満たしてはいない、そのため 3 組織と平等に対応しつつ CTUCC フレームワークを通じて組織改革を促していくべきだ、と主張した。本部グループは CLC の加盟を前提にしつつ CCTU に対しては関係組織のコメントなどを援用しながら批判をつづけ、激論の末、3 組織の同時加盟、しかし、規約、財政（最低限、事務所経費、書記局員の給与は加盟組合費で賄う）、組織運営について条件を付すことで 3 組織同時正加盟で調査団の認識が統一できた。

　具体的には、CLC については事務所運営費の自立に向けた財政計画、選挙される役員数の拡大等を、CCU については、財政の確立、CCTU については大会代議員の構成を 1 組織 1 票から組織人員に応じた代議員制に変更することと事務所経費の明確化を条件とした。後日談だが、CCTU と CCU は調査団の合意に基づき規約変更

第 2 章　各国労働運動の課題と挑戦

を大会で行った。CLC は財政見通しを提出するにとどまり、加盟時点の約束は果たされなかった。その後 ITUC-AP が督促したにもかかわらず本部はこれを不問に付した。思うに規約、機関決定や合意事項の尊重は、組織への信頼、連帯の醸成に欠かせないところであろう。

ITUC カンボジア協議会の結成

　ITUC への同時加盟が果たされた段階で、AP 書記局はバングラデシュやタイの加盟組織で構成している協議会の結成を 3 組織に働きかけた。実質的には組織構造は CTUCC と変わるわけではないが、「調整」という名称をおろし統合体としての組織へと一歩すすめようとするものであった。

　数度にわたる個別折衝を経て、運営規則上の課題が明らかになった。それは、輪番制で事務の責任を負うポジションをどのように表現するかであった。具体的には、事務長（Secretary）か事務局長（Secretary General）のどちらかにするかであるが、CLC は「事務局長」とすれば、その当番組織の権限が強化されること、具体的には組織人員、組織力で他の 2 組織をしのぐ勢力をもつ CCTU の影響力を懸念した。結局、名称で協議会結成が流れてしまう危険性を回避するため、実を取るということで「事務長」で決着した。2013年 1 月のことである。1996 年の ICFTU-APRO/TWARO ミッションからから 17 年目のことである。

　結成当日、ITUC-CC（ITUC カンボジア加盟組織協議会）は、声明のなかで「われわれの集団としての力をもって、ITUC の自由で、独立、民主的な労働組合主義を前進させ、カンボジアにおいて社会的、経済的正義を実現することを決意する」と宣言した（資料 6）。

　組織の事務は輪番制とし、毎年 1 月に各組織 30 名の参加者により総会を開催し、事務局の輪番制を確認し、最低賃金、雇用法、労働法改正等、重要課題について各組織の取り組みを報告することを

第4節　カンボジア——ITUCの旗のもとに組織分立の克服へ

写真20　ITUCカンボジア協議会総会（2015）

つづけてきた。写真20は2015年総会の参加者である。

　筆者は、カンボジア対策を進めていた関係者から「険悪な関係にある3組織が会合できるのか」という質問を受けたことがたびたびあった。そのような問いは、おそらくはメディアを通じた3組織の、時には激しい競合関係にとらわれているのかもしれない。しかし、現実は異なる。ITUC-APやJILAF（国際労働財団）の関係する会合、プロジェクトには、3組織がかけることなく参加した。さまざまな公式非公式会合の場では、さきに紹介したヌオン・リティ氏の調整を得ながら、きわめて率直な意見の交換——共通点と相違点の確認およびITUC-APの政策提言が続けられた。

　多くの国際組織、友好組織は、パートナーを特定しながらプロジェクトを実施していた。それらの組織はパートナーを乗り換えることもあったが、ITUC-APは特定の組織に肩入れせず、ITUCの原理をそれぞれの組織の方針で実施すべきという立場で活動を続けてきた。時には、低いガバナンスや外部勢力との関係に対し、強い助言、警告をしたこともあった。APがこうした信頼醸成のプロセスを続けたことで、CTUCCがようやくITUC協議会へと成長した、と筆者は解釈している。さらにCTUCCの周辺には多くの組合があり、このフレームワークがそうした未加盟組織を吸収する母体とな

129

第 2 章　各国労働運動の課題と挑戦

れるかどうかが課題のひとつである。[4]

2013年最低賃金交渉の教訓

　話は最低賃金交渉にもどる。2013 年 12 月に行われた 2014 年最低賃金交渉は、4 人の死亡者と 23 人の拘禁者を出した。最低賃金交渉が政治的に混乱したためであった。

　年来の議論の蓄積により、経済・労働市場の指標にもとづく交渉の機運が出ていた。そのために組合間で独自の数値を算出し、あるいは政府も指標づくりに取り組むという好ましい環境がかもしだされていた。このようなときに、2013 年 7 月の総選挙で CNRP（サム・レンシー党系、Cambodia National Rescue Party、救国戦線）は、選挙公約のなかに「最低賃金 160 ドル、即時実施」を掲げた。80 ドルから即時倍増するという選挙公約である。

　さまざまな政労使間の協議を経て、年末の LAC（三者構成労働諮問委員会）の結論は月額 95 ドル、2014 以降毎年 20 ドル引き上げ、2018 年に 160 ドルとし、期中の見直しもあり、という合意を含む 4 年間で段階的に倍増する計画であった。最終的にフンセン首相がベースの 95 ドルを 100 ドルにかさ上げした。

　しかし労働側 7 組織のうち反政府系 2 組織が LAC を離脱、自主発生的と言われるストライキに合流、500 事業所以上に及ぶストライキのなかで、12 月 27 日には労使関係が一気に先鋭化した。2014 年 1 月 2 日に野党 CNRP と与党 CPP の交渉が企画されたと伝えられた。これはこの交渉がすでに政治化していた証拠であるが、この政治交

4　労働組合法の改正は、ILO87 号、98 号条約との整合性を図る意味で、どの国でも重要な課題である。カンボジアでも、ICFTU-APRO/ITUC-AP は継続してこの課題を CTUCC、ITUC-CC で協議してきた。また筆者は折に触れ、労働大臣はもとより政権首脳に通ずるルートで ITUC の懸念を伝えてきた。2010 年ころ CTUCC では、法の名称（労働組合法か労働条例か）、適用範囲（公務員、教員、インフォーマルエコノミー、家事労働者を含む）、連合体結成のための必要条件、不当労働行為にたいする保護、チェックオフ、組合登録の問題等について論点を整理しつつ、労働側の統一的立場を形成するよう努力した。

第4節　カンボジア——ITUCの旗のもとに組織分立の克服へ

渉は成立しなかった。2日深夜には暴動が発生し4人の犠牲者が出てしまった。政府は100ドルを最終決定とし、4年倍増を取り消した。

　事態は重大である。ITUC書記長は首相に最賃のレベルが低すぎること、正当な労働組合に対する弾圧を中止すべきとの書簡を送り、またヴィーネンITUC書記次長とITUC-AP（筆者）とスタッフが1月10~13日に調査団としてカンボジアを訪問した。

　GMAC（カンボジア衣料製造業者協会）との会合の冒頭、ITUCは事態収拾のためのMOU（覚書）を提示した。それは暴力を労使紛争に行使しないこと、ストライキによる損害賠償を求めないこと、ストライキによる解雇・停職者の復帰などのほか、最賃を再交渉し新最賃を60日以内に定めることなどを主張していた。なおこのMOUは事前にCLCとCCUに提示され、CCTUには協議をかけていなかった。ITUCの組織選好は明らかであろう。このとき、GMACは、ITUCのフンセン首相あて書簡に含まれていた「（GMACが）政府に対してデモ参加者を鎮圧するよう求めるという、ことのほか有害な役割を演じた」という名指しの批判に対し、事実無根としてきわめて強い拒絶反応を示し、ITUCはGMACと絶縁状態になってしまった。

　ITUCは13日の記者会見で、

- 労働基本権、社会正義、法の統治にもとづくこれからの方向を三者のなかで合意する
- 23人の逮捕者の即時釈放と告発の撤回
- 正当な労働運動に参加して解雇、停職となったものの復職
- あらたに設置される賃金委員会を歓迎するが、60日以内に結論を出すこと、また世帯必要経費が265ドルであること、衣料産業が年51億ドルの収益を上げていることを考慮すること
- 結社の自由を尊重すること

第2章　各国労働運動の課題と挑戦

を訴えた。ITUCの原則的主張はもっともであっても、期限付き最賃再交渉という、当時の政府・経営者にとっては受け入れられないような非現実的な主張が混在した声明であった。なお当時、GUFsは国際的有名ブランドとの直接交渉も提案していたが、ブランドとカンボジアの縫製業団体の力関係、労働組合の四分五裂状況をみたとき、統一的な交渉を組織できるかどうかは未知数であった。またこうした提案は、現地労働組合の第三者依存の傾向を強めかねないものでもあった。

　筆者は以前から、交渉を合理的なものにするためにデータに基づいた交渉をすべきであることをCTUCCにも政府にも主張してきた。その際、重要なことは、何を交渉しているかを明らかにしておくことである。最低賃金か、生活賃金か、最低生活賃金か。当時は、これらの概念が混然としながら交渉が進んだことは否めない。ITUCもGUFsもこの点、曖昧であったため、「高ければよい」という方向に議論が流れていった。たとえば2013年当時、月間賃金177ドルという数値が流れたが、この数値が生活賃金なのか最低賃金なのか、明確ではなかった。こうしたなかで、かねて160ドルというCNRPの選挙公約が耳に残っている労働者が、LACの95ドルという決定に失望するのも当然であろう。

　結局、共通の信頼できる公的データではなく、「力と情念の支配する最低賃金交渉（ミッションレポート）」という不幸な展開、すなわち、「交渉決裂、そして街頭交渉」のなかで犠牲者をだしてしまった。

　賃金は高いほうが良いのは当然である。しかし、交渉相手の状況についての分析も欠かすことはできない。当時、ILOによる最低賃金の水準は、ラオスが78ドル、ベトナムが90から128ドルであり、急激な賃金上昇は衣料産業の移転を促し、雇用問題の発生に至りかねない。現に、経営者団体はミャンマー、バングラデシュ、ベトナムの労働市場を注視していた。ASEAN諸国の平均賃金と生産性のきわめて強い相関関係がILOの統計によって明らかにされており、そうした国際環境のなかで賃金交渉が行われていた。最賃交

渉についての ITUC の対応をみるとき、衣料産業の国際競争のなか
で高い労働条件と雇用の確保を同時にかちとるという観点、具体的
には生産性に関する議論が欠落していたといわざるを得ない[5]。労働
基準、企業の業績、一国の経済、産業、労働市場についての共通理
解をもち、関係者間の公正な分配の原則を共有するという建設的労
使関係が介在しなければ、賃金と雇用の二律背反は容易に解決でき
ないが、そのような視点は ITUC には見られなかった。

　結果論になるが、2013 年の月間最低賃金 80 ドルを基準として 4
年間に 160 ドルにするという結論を受け入れていれば、2017 年で
は 160 ドルになっていたはずだ。現実には 153 ドルである。運動が
騒乱状態になり 4 人もの犠牲者を出した結末がこれである。70 万
人といわれている衣料・製靴産業労働者数をもとに試算すれば、1
人当たり 7 ドルの差額は年合計で 5880 万ドルの機会損失になる。
しかも、カンボジアでは労使関係の混乱のために、次にのべるよう
に衣料産業の労使会議さえ組織できない状況だ。

　この時期、アジア太平洋経営者連盟[6]（Confederation of Asia Pacific
Employers =CAPE）との対話では、CAPE 側から「最低賃金の上昇が
政治の交渉材料になってはならないこと、また生産性に立脚したも
のでなければならない」ということを伝えてきていた。ITUC-AP は、
近隣諸国との競争の観点から、良好な賃金も雇用も同時に確保する
のであれば生産性の議論は避けて通れず、こうした産業と雇用、労
働条件をめぐるさまざまな課題を検討するため CTUCC とカンボジ
ア経営者団体とのフォーラムを提供する用意がある、ということを

---

[5]　第13回ITUC-AP執行委員会（2015年）でヴィーネンITUC書記次長はインドネ
シアの最低賃金交渉に関連して「最低賃金は生産性に関係ない」と言い切っ
た。成果配分の要求には生産性の検討が不可欠であるところ、本部の方針は
「高ければよい」とだけ言っているに等しい。

[6]　経団連のイニシアティブで2001年に結成。CAPEはICFTU-APROを地域の対
話パートナーとして認め、以来、職業訓練、環境問題、雇用政策、青年対策
など、一般的なテーマについて原則としてILO総会の折にジュネーブで会合
を持ってきた。

第2章　各国労働運動の課題と挑戦

写真 21　JILAF 非正規労働対策セミナー
（2012 年、プノンペン、カンボジア）

カンボジアの経営者団体に伝えており、肯定的な回答を得ていた。しかしながら ITUC はカンボジア経営者団体等とは没交渉の状態であり、また ITUC-CC ではこの件についての協議が進んでいなかったため、このフォーラムは形成できなかった。また、ここにのべた ASEAN のなかの最賃あるいは国際的な労務コストと賃金雇用をめぐる議論については、今後における ITUC-CC の重要討議課題である。写真 21 は ITUC-CC を対象とした JILAF のセミナーで、非正規雇用法制の改正について議論している場面である。

　事態はやがて沈静化したが、この最低賃金交渉には、重要な余話がある。2014 年 4 月に開かれた第 15 回 ITUC 運営委員会で、カンボジアの最低賃金交渉に関連して CCTU の独立性について（明確にいえば政府寄りであるとの）批判が提起され、それをふまえ、同年の ITUC 第 14 回執行委員会では CCTU について「書記局は、特に現在の最低賃金交渉の枠組みと活動において、また（労働）法制の変更プロセスにおいて、CCTU の独立性についてモニターをつづけ、次回執行委員会に報告する」という提案が、加盟資格の議事のなか

で可決された。2015 年の第 15 回 ITUC 執行委員会でも再度、これが確認された。このことは CCTU の行動いかんでは、加盟資格を停止することがありうる、という警告である。

ITUC 規約第 4 条　資格停止と除名

　加盟組織が本規約に違反する行動をとった場合、あるいは行動しなかった場合、また、加盟組織の行動が ITUC の利益に反するものと見なされた場合、執行委員会はその資格を停止する権限を有し、また大会はこれを除名する権限を有する。決定を下す前に、執行委員会が定める手続きにもとづいて事情聴取の機会を設けなければならない。決定は、執行委員会または大会代議員の 4 分の 3 の多数決による。

　ITUC は CCTU の最低賃金交渉、労働法改正交渉で政府から独立した行動をとっていないという判定を下し、これが「ITUC の利益に反する」と判断したということだ。政策問題で加盟資格を問うということである。最低賃金についていえば、カンボジアの関係労組が求めた水準はコンセンサスであり、見解の相違によって除名問題を引き起こすような、強制力をもつものではありえない。水準の設定については、労働市場の動向、産業状況、国際環境などさまざまな要素を勘案して進めるべきであり、それがさまざまな交渉プロセスのなかで討議され、結論に至る、というのが通常のプロセスである。しかし第三者である ITUC は、組合の議論の中で提示された高い方の要求水準に軍配をあげ、それを守らなければ加盟資格停止をもって断罪しようとしたわけである。これはいささか粗暴にすぎるのではなかろうか。加盟資格停止を執行委員会に提起し、ITUC の見解を強制するような指導方針は、ITUC の進む王道ではない。

　2016 年の第 16 回 ITUC 執行委員会で ITUC は、CCTU についてはなぜか沈黙した。CCTU が対応を変えたわけではないにもかかわ

第 2 章　各国労働運動の課題と挑戦

らず、である。ITUC は、規約の適用について、しかも加盟資格停
止をかけた重要事項について首尾一貫していないとしか言いようが
ない。そして ITUC が政策課題で加盟資格停止を提起したという高
圧的対応は、ITUC の歴史に残ってしまった。このようなことでは、
弱小組合は首をすくめて ITUC を恐れるであろう。

　なお、2015 年 7 月に ITUC バロー書記長は CCTU に対し、2015 年
の最賃交渉について LAC での交渉における連帯の必要に触れ、2016
年最低賃金に関する大綱合意と連帯が交渉のプロセスで維持される
ことを望む、という意向を伝えた。この加盟資格停止を執行委員会
に提起している最中に行われた「指導」に対し、CCTU は ILO のフ
ォーミュラ——貧困ライン、年次経済成長、インフレ、生産性等——
に学んでいる、と冷静に回答している。2014 年の「情念にもとづく
交渉（ITUC）」からの離脱プロセスを急がなければならない。

エピローグ

　カンボジアの労働運動は、当初、与党、野党の枠組みの中で乱立
し、その状態が組織の再編統合を経て二極化へと整理されてきた。
その後、ドナーの支援を強く受けた運動が加わり、労働運動は、と
くに最賃交渉は時に街頭闘争の観を呈し、そのために犠牲者が出る
ような事態になったこともあった。こうした運動の展開から、カン
ボジアの労働運動の指導者はいかなる教訓を得、これからの運動を
指導していくことになるであろうか。

　本節でのべてきたように、産業化の開始、政治的対立、敵対的な
労使関係、国際労働運動のさまざまな支援や助言のなかで、労働
組合指導者はそれぞれの立場で苦闘してきた。ICFTU-APRO/ITUC-
AP は、そうした指導者群の政治的、財政的苦闘、苦悩を十分に理
解しつつ、自由、民主、独立の運動を築くためのサポートを続けて
きた。その重要なプラットフォームである CTUCC とその後継組織
である ITUC-CC は、上記に見たような困難な状況の中でも崩壊し

第4節　カンボジア——ITUC の旗のもとに組織分立の克服へ

なかった。それは、参加組織が ICFTU-APRO/ITUC-AP のもっている政治的中立性、公平性ならびに統一と連帯の価値を認めていたからではないかと筆者は考えている。またカンボジアの政府、経営者団体も筆者の求めにより随時、懇談に応じてきた。ICFTU-APRO/ITUC-AP の立場と見解を理解し、尊重していたからであろう。

　ところで ICFTU-APRO/ITUC-AP が、反 CPP 政権の立場で急進的な運動を展開していたならば、現状はどうなっていただろうか。もっともそれは、組織間の調整や、産業雇用調整への対応が全く必要とされない「楽な運動」であったであろうが。

　過去5年間のカンボジア労働運動を振り返れば、あきらかに生活条件の向上に貢献してきた。図3にあるように、リーマン・ショック以前の 2007 年と 2017 年の最低賃金と消費者物価指数を比べれば、最低賃金は 50 ドルから 153 ドルへ、消費者物価指数は 106 から 175 であり、それぞれ 3.1 倍、1.7 倍である。かなりの実質賃金の向上を獲得したと評価できる。しかしこの間、運動はしばしば物理的な対立や抗争を経験し、犠牲者さえ出てしまった。ASEAN 各国、バングラデシュとの比較競争条件の問題、雇用契約法が手つかずという深刻な事情など、労働条件と雇用の両方を確保するためには大きな課題が目の前にある。最賃も、これまでのような急カーブでの上昇を続けることには限界も訪れよう。そのときカンボジアの労働組合には、これまでの運動を振り返り、どのような態勢で政府、経営者と交渉に臨んでいけばよいかが課題となるであろう。

　カンボジアはポルポト時代の荒廃から回復し、経済の発展が続く。そのなかで格差拡大の問題が顕在化してきている。その解消のためには、直接的な配分交渉の強化、最低賃金に加えた生活賃金の向上、雇用契約法の抜本改善、社会保障、税財政の改革等、課題は多い。これらは、労働組合が分裂せずに、一丸となって取り組まなければならない重要課題である。そのために ITUC-CC が、それぞれ組織拡大の努力をし、2013 年の結成宣言にもとづいて力をあわせながら ITUC の運動を進めていくことを願っている。

137

第5節　中　国——孤立政策から関与政策へ

プロローグ

　　「そうですか、あなたは芦田甚之助さん[1]のもとで活動していましたか。芦田さんは私の古い友人です。ですから、あなたも私の古い友人です」

　尉健行中華全国総工会主席から筆者へのことばである。2000年に人民大会堂で行われた ICFTU 中国訪問団と中華全国総工会（ACFTU、以下、総工会と略称）との会談の折のことだった。ここにはそれまでの 10 年にわたる連合、ICFTU-APRO と総工会の指導部の間に築き上げられてきた信頼関係が反映している。

　現在、総工会は ILO の労働側正理事という国際労働運動の枢要なポジションにあり、また G20・L20 など、国際労働政策の基幹的フォーラムにも協力している。しかし、このような関係にいたるまでには、ICFTU/ITUC と ICFTU-APRO/ITUC-AP は多くの切所を通らなければならなかった。

　この節は、天安門事件を起点として連合・ICFTU/ICFTU-APRO（ITUC/ITUC-AP）と総工会の関係がどのように展開してきたかをテーマとする。

---

[1]　芦田甚之助元連合会長（1994 ～ 1997）、元ゼンセン同盟会長（1988 ～ 1996）。

第 5 節　中　国——孤立政策から関与政策へ

【中国年表】　国際孤立から関与政策へ

1919 年：中華民国成立

1921 年：中国共産党創立

1925 年：中華全国総工会創立

1937 年〜 45 年：日中戦争

1946 年〜：国共第 3 次内戦

1949 年：中華人民共和国成立

1966 年〜 76 年：文化大革命

1971 年：中国の国連加盟、中華民国の国連脱退

1972 年：ニクソン米大統領訪中、日中国交樹立

1978 年：日中平和友好条約調印、鄧小平体制確立、「改革・解放」路線へ転換

1979 年：米国と国交樹立、深圳・珠海・汕頭・厦門を経済特区に

1989 年：天安門事件

1991 年：岩山連合副会長訪中団

1992 年：鄧小平の南巡講話、山岸連合会長訪中団

1994 年：連合・AFL-CIO 会談

1995 年：連合・AFL-CIO 会談、李奇生総工会副主席訪日団

1996 年：尉健行総工会主席訪日団

1997 年：連合・AFL-CIO 会談、香港返還

2000 年：ICFTU 訪中団

2001 年：WTO 加盟

2002 年：胡錦濤・共産党中央総書記就任

2004 年：ICFTU 第 18 回宮崎大会

2012 年：習近平・共産党中央総書記（13 年国家主席就任）

2015 年：ITUC-AP 訪中団

第 2 章　各国労働運動の課題と挑戦

中国孤立政策から関与政策へ

　総工会は 1925 年に設立。アヘン戦争、香港割譲、1911 年の辛亥革命、1921 年の中国共産党の設立が前史である。その後、日中戦争を経て 1949 年に中華人民共和国が成立、そして 1966 年から 10 年間の文化大革命ののち、1972 年の米中上海コミュニケ、日中共同声明によって日本との外交関係がひらける素地がととのえられた。

　この時期の ICFTU の共産圏諸国労働組合との関係を律していたのは 1972 年の第 59 回 ICFTU 執行委員会 声明「共産党支配下にある労働組合との接触について」である[2]。いわく「ICFTU の基本原則はその政策が自由にして民主的な労働組合の目的と真っ向から対立するような国際・地域機関と関係を持つことは一切許されない（ICFTU 第 10 回大会 = 1972 年決定）、多国間接触には反対する、加盟組織はコンタクトによる情報をもとに ICFTU と協議すべき」というものである。当然ながら東西冷戦が反映されたきわめて対決的なものであった。

改革開放と天安門事件

　1978 年には中国の改革開放政策がはじまり、1989 年 6 月には天安門事件が発生した。多くの数の犠牲者、亡命者が報ぜられ、また独立労組支援のために北京を訪問していた李卓人香港衣料労組書記長[3]が拘禁された。ICFTU そして ICFTU-APRO には強い衝撃が走った。天安門事件直後にひらかれた第 58 回 ICFTU-APRO 執行委員会（1989 年 7 月）は「中国における最近の事件に関する決議」を採

---

[2]　この章ではとくに「連合と中華全国総工会をめぐる資料集 I（1996）、II（1997）」を参考にした。

[3]　李卓人香港衣料労組書記長は 3 日後にホテル監禁から釈放された。同氏は 1990 年に HKCTU（Hong Kong Confederation of Trade Union）を設立、現在まで書記長。90 組織 17 万名。香港返還をのりきり、現在までの香港民主化運動の中心的役割を担ってきている。

第5節　中　国——孤立政策から関与政策へ

択し、「大量虐殺、死刑執行、抑留などの人権違反に嫌悪を表明し、民主化運動に関係した者の弾圧を即時中止すること、国際的に承認されたすべての人権および労働組合基本権を完全に保証すること」などを求めた。

さらに同年 1989 年 12 月の第 96 回 ICFTU 執行委員会は「中華人民共和国に関する決議」において、ICFTU-APRO 決議を承認するとともに、

- 人間の基本的自由および労働組合の自由が尊重されることを目指してたたかっている中国の労働者に対し、最大限の精神的、政治的、物質的援助を与えるための運動を継続すること
- 中国政府に対する経済的、外交的な包括制裁を継続するよう、かつ政治犯および労組活動家が獄から解放され、また人権と労働組合基本権に関する国際基準が完全に尊重される日まで、この制裁を継続するよう自国政府ならびに自国政府を通じて国際組織や金融機関に働きかけること
- そして総工会との関係がある場合は、これを停止し、そして関係を再開する場合は、中国における基本的人権と労働組合基本権の順守について総工会の明白な支持が前提条件であることを鮮明にすること

を決議した。天安門事件は強い衝撃を ICFTU と ICFTU-APRO にあたえた。

1990 年 1 月 10 日に北京の戒厳令が解除された。その翌日、連合は声明「北京の戒厳令の解除にあたって」を公表、「戒厳令の解除は人民に対する武力による秩序維持の緩和であるという意味では評価し」、しかし「中国の人民の自由と民主主義を尊重する政策が必ずしも進められていないのも現実である」とのべ、その上で「昨年の秋以来、世界の流れは東欧を中心に急速に自由と民主改革に向かっており、それが世界平和の基盤を着実に形成しつつある。だがア

141

第 2 章　各国労働運動の課題と挑戦

ジアにおいても自由と民主主義にもとづくアジアの平和を築くことが急務であり、このながれに沿った新たな日中関係を創り上げることが求められている」として「今後の日中関係の展開を政府や財界にゆだねるのではなく、労働者、人民間の接触を深めることが重要になる」との立場から「連合は ICFTU の対応も十分に尊重しつつ、中国の労働組合との友好関係を求めていく」と結論づけた。

連合は、この声明の具体化についてさらに内部討議を進め[4]、1991年 12 月に連合と総工会との今後の交流の可能性を見定めることを目的として岩山保雄連合副会長訪中団を派遣した。両組織は両国の労働組合事情、労働市場、経済などについて意見を交換し、このなかで連合はとくに両組織間の関係について「ILO の国際労働諸基準の確立への努力を両組織の共通の立場にすべき」ことを表明、これにたいし総工会は「中国で人権の問題で整備すべき点が多いのも事実である。努力をつくして、社会主義の要求する人権を実現していきたい」とのべ、「日中国交回復 20 周年を記念して幅広く人事、文化などの実質的交流を展開し、友好、協力関係を築いていきたい」と表明し、連合の訪問団を正式に招請した。

一方 ICFTU は、1992 年 3 月に開かれた第 15 回カラカス大会において「中国の労働組合基本権と人権に関する決議」によって拘禁中の組合活動家その他の民主活動家の釈放、労働組合基本権と人権に関する ILO と国連の条約を完全に尊重することなどを求めた。

総工会の招待に応じて、山岸章連合会長訪中団は 1992 年 5 月に、江沢民中国共産党総書記と会談した。連合は、人権、労働組合基本権の普遍性に関する見解の相違はあるものの、江沢民総書記が連合訪中団にのべた「相違を残し、相互尊重の上に共通点を探る中で、協力を発展させるべきだ」という中国側の立場を受け、総工会との間に「ILO の国際労働諸基準の確立への努力を両組織の共通の立場

---

[4]　例えばゼンセン同盟が加盟していた ITGLWF は中国に対して厳しい批判を続けており、ゼンセン同盟から出席していた筆者は連合国際委員会の場で ITGLWF の政策を率直に紹介しつつ、討議に参加した。

第5節　中　国──孤立政策から関与政策へ

にする」という岩山訪中団の合意事項、ならびに「公式、非公式を
問わず、弾力的に ICFTU と総工会の接触と意見交換の機会を作る
橋渡しの役割を果たすこと」を確認した。

　人権、労働組合基本権のもつ普遍性にかんする両者の見解の相
違、つまり体制の相違にかんする認識、国際基準実施に向かう方法
とそれに必要な時間についての違いを埋めるのは容易ではない。連
合はここに、孤立政策ではなく「接触、交流をつうじて」という立
場を鮮明にした。1993 年 12 月の第 104 回 ICFTU 執行委員会「中
国の労働者の権利侵害に関する決議」の議論の中で、山岸連合会
長は「民主化は必然。中国のメンツを傷つけず民主化の動きを前
進させるべき。中国を正面から非難、批判することはいたずらに
中国を孤立化させる」として総工会と一切の接触をもたないという
ICFTU の方針を見直すべきであるという論陣をはり、ICFTU にた
いしその趣旨の意見書を 1994 年 5 月 27 日に提出した。

山岸章連合会長意見書

- 連合は、ICFTU の人権と労働基本権に関する ICFTU の基本的立場は
最大限尊重する。その立場に立ちつつ、連合は中華全国総工会と一
切の接触を保つべきではないという ICFTU の方針を見直すべきだと
考える。
- 中国の内外で、民主社会実現のために努力している人々を支援する
ことは当然である。それとともに、こうした民主化の努力が中国社
会のなかに受け入れられる条件が生み出されることが重要である。
そのためには、人権、労働基本権の尊重をめぐって、中華全国総工
会と率直な対話の場を持つことが必要であると考える。
- 日本と中国は、隣国として 2000 年におよぶ交流の歴史をもってい
る。現在では、国民各層のあらゆるレベルで中国との交流がもたれ
ている。日本の首相も訪中し、1992 年には、日本の国民統合の象

第 2 章　各国労働運動の課題と挑戦

> 徴である天皇の訪中も実現した。こうした日本社会の中で、日本の
> 労働運動を代表する連合が、中国の労働組合運動とコンタクトを持
> たないというのは奇異な状況であるとみられている。連合加盟の産
> 業別組織や地域組織は中国の労働組合と交流を行っているところも
> あり、これらの組合は連合本部が中華全国総工会と交流することを
> 強く望んでいる。
> ・連合は、ITUC の方針を踏まえ、2 組織間の協定は作らず、また共同
> 声明なども発表しないという原則で対処する。

　他方 ICFTU-APRO は 1994 年 8 月の第 64 回執行委員会で採択さ
れた「総工会との接触に関する決議」のなかで、APEC を舞台にあ
らたなコンタクトを模索していることを示した。決議は次の 6 点を
のべる。

- この地域全体の経済変化の過程が、中華人民共和国とアジア太
  平洋地域の労働者に重大で深刻な意味を持つ新しい状況を作り
  出している、
- 中華人民共和国、特にその「新経済区」における資本投資が、
  労働者を擁護するだけでなく結社の自由、効果的な団体交渉、
  安全な労働条件を確保できる実効ある組合機構の確立を必要と
  していることに留意し、
- 民主的、自由で効果的（effective）な組合がなければ、そのこと
  はアジア太平洋地域の多くの国々の労働者にとってノンユニオ
  ン国からの低コスト商品というダンピングの犠牲となってしま
  う。これは厳しい意味を持つ、
- ICFTU の総工会と接触せずとの政策を認め、
- この立場が維持されなくなった場合、そして加盟組織が総工会
  との関係を確立した場合、加盟組織は、中国の労働者には思想
  と行動の独立性がないこと、また効果的な交渉と代表制の保障

第5節　中　国——孤立政策から関与政策へ

がないという ICFTU の懸念を精力的に提起すべきことを要請し、

・ ICFTU-APRO が総工会と直接接触することは適当ではないが、新しい経済地域としてのアジア太平洋経済協力会議（APEC）が発展する中で、ICFTU はこの問題を提起すべく準備する必要がある。

　最後の2点は「この立場（ノーコンタクト）が維持できなくなった場合」という条件をつけながら、ICFTU-APRO の対中イニシアチブを開始する意思をあらわしている。具体的には次にのべる APEC[5] に関する ICFTU-APRO の活動に総工会の参加を促そうというものであった。

　1995年9月に ICFTU-APRO が主導してメルボルンで第1回アジア太平洋労働組合ネットワーク（Asia Pacific Labour Network=APLN）が開かれた。APLN は APEC 内の労働組合会議で組織し、経営者団体の ABAC（APEC ビジネス諮問委員会）と同等の立場で労働組合のグループを APEC の公式パートナーとして認知することをもとめる運動である。同95年10月には、APLN 代表団がその年の APEC 首脳会議の議長国であった日本の村山富市首相に面会し、労働側の視点からの政策を APEC の方針に反映させるよう求めた。この APLN に経済開発の進む中国から総工会の参加を求めていこうというものであった。

　このころから ICFTU、ICFTU-APRO の執行委員会の議論においては、政治的自由の観点に加え、中国のもつ潜在的経済力に対する対応という観点にたって、総工会との関係を再考しようとの論調が色濃く反映されるようになる。たとえば1995年に ICFTU-APRO は第65回執行委員会決議において、10億以上の人口をもつ中国の巨

5　アジア太平洋地域21カ国・地域で構成。貿易技術の自由化、ビジネスの円滑化、人間の安全保障、経済、技術協力等を推進。世界の GDP と人口、貿易の約半分を占める APEC 地域は、活発な貿易と投資をエンジンとし、世界の成長をリードしている。

145

第2章　各国労働運動の課題と挑戦

大な経済成長の潜在性を指摘し、またITSsやICFTU加盟組織が中国やアセアンに加盟したベトナムとのコンタクトを確立していることにふれ、「ICFTUが中国やICFTU-APRO地域のその他の共産主義国の労働組合とのコンタクトを再検討することを要望」し、さらに「こうした諸国の労働組合とコンタクトを持っているICFTU-APROの加盟組織や友誼組織が、これら諸国の政府に対し、労働法や労働慣行を国際基準に合致させる必要があることを強調し続けていくように要請」した。連合が進める総工会とのコンタクト方針は、このICFTU-APROの決議と歩調をあわせるものであった。ICFTUの執行委員会でも芦田甚之助連合会長が経済の現実を見つめ、孤立政策を変えるべきと、主張した。

芦田甚之助連合会長見解
（第105回ICFTU執行委員会、1994年12月）

- 1989年のICFTU決議は拘束力がある。
- しかしその決議が変更されるための条件が全面的に満たされるまで一切動くべからずということが現実的なのかどうかについては疑問が残る。（中略）流動的な経済的、社会的状況の中でそれぞれに異なった判断が出てくるのはやむを得ない。
- 連合として、中国の現状を是としているわけではない。しかし、中国を孤立させることが今の時点で最良の選択肢であるかどうかについては再考の余地がある。
- 中国は政治的には共産党の独裁政権であるが、経済的には開放政策をとっており、中国は変わっていかざるを得ないと思う。そういう意味からも総工会との接触を行って、自由な労働運動の風を送り、影響をおよぼしていくべきではないか。（中略）レディ氏（INTUC会長）の言うように、中国経済の発展は近隣諸国には脅威であり、全く接触しないというわけにはいかないと思う。一方、ハンドンファン氏らの活動、独立労組への支援は当然行うべきことは言うまでもない。

第 5 節　中　国——孤立政策から関与政策へ

　山岸訪中団が切り開いた対話は、その後の李奇生総工会副主席訪日団（1995 年）、尉健行総工会主席訪日団（1996 年）、芦田連合会長訪中団（1997 年）に引き継がれていった。

　尉健行訪日団（1996 年）と連合の間では、政治経済労働の各分野について広範な意見交換が行われた。芦田連合会長はその総括の中で、「連合の提起した国際基準の問題、人権、労働組合基本権、香港返還問題、台湾海峡における軍事演習にかんするさまざまな懸念、また核実験の問題について（総工会から）懇切な説明があったが、意見の相違する部分もあり、相違点は残しながらも相互理解を深めていく」と総括した。これに対し、尉健行総工会主席は「これから両組織は共通点を求め、相違点を残し、未来に立脚して、率直に意見を交換すれば、これからの両組織の友好の発展に必ず貢献すると信じている」と応じた。この尉健行主席の発言は、先の岩山訪中団に対して江沢民総書記がのべた交流の原則を踏まえるもので、その後もこの原則的立場が踏襲されていく。

　連合は、総工会との対話を続けると同時に、1994 年、1995 年、1997 年に行われた米国 AFL-CIO との会談においても中国政策について説明をつづけた。ICFTU の有力組織であり対中強硬派に属していた AFL-CIO に連合の中国政策に理解を得、ICFTU において幅ひろい合意を形成しようという努力のあらわれである。

　他方、ICFTU 側にも中国政策については、中国の急速な経済成長について考慮すべきとの論調が表面化してきた。1995 年のICFTU 第 107 回執行委員会は、中国問題のアジェンダのなかで、中国国内における政治的自由の問題に触れたのち、次のように論述する。

　「過去 3 年間に 43% の経済成長という劇的な変化を見せている。中国は今後 25 年間の間に世界最大の経済を持ち、世界最大の投資を受け入れる国になろう。今後ほとんど全ての主要な多国籍企業が中国にアクセスを求めていくであろう。自由市場と反

147

労働組合思想という特徴をもつ急激な工業化のなかで、これまでのICFTUの中国に対する孤立化政策は再検討されなければならない。現在の方針に固執することは、自由な労働組合運動を打ち立てるたたかいから離脱することを意味する。（総工会を）単に孤立させるだけのことでは、多国籍企業がそれ自身の課題を活発に追求している世界では、あまりにも消極的と言わざるを得ない。ICFTUは、中国問題と力強く取り組むことによってこの挑戦に対応しなければならず、その方針を再検討する方法と手段を探し求めなければならない」

要するに、中国との接触は「ICFTUが総工会と正常な関係を打ち立てるべきということを意味せず」、と歯切れが悪いが、多国籍企業を通じた情報収集と労働者へのアクセスを確保し、拘禁者の釈放、中国における自由な労働組合を促進しようとする観点から対総工会へのアプローチを修正しようとするものである。この執行委員会後、ビル・ジョーダンICFTU書記長は回状をもって全加盟組合にたいして意見の提出を要請した。

香港返還とICFTUの方針転換

こうして経済的側面からICFTUが総工会との交流に傾斜しつつあるころ、ICFTUには政治的理由による中国との接触を模索する必要も生じた。香港返還である。

1997年7月の香港返還が政治日程にのぼり、ICFTUはICFTU-APROとともに香港の民主主義と労働組合の自由について急速に関心を示すようになる。このころの香港労働組合関係者は、たとえば出国すれば帰国が許されないのではないかという、香港返還後に関する不安を相当強く抱いていた。そのため、あるITSの書記長は筆者に対し、香港労働組合の中心人物であった李卓人香港労働組合連合（HKCTU）書記長をICFTU-APROの副書記長に任命することで身分保全を図ってはどうか、という意見さえのべていた。

第5節　中　国──孤立政策から関与政策へ

　連合と総工会との会談でも香港問題が取り上げられたのはいうまでもない。たとえば1996年に訪日した尉健行総工会主席は、連合の懸念表明に対し「ここであらためて申し上げますが、香港返還後、中華全国総工会と香港の労働組合との関係は、お互いに従属しない、お互いに内部干渉をしない、お互いに尊重しあうという関係になります。1997年に主権を行使しても、香港の労働組合、労働組合基本権は十分に尊重されます。問題はありません」と明言していた。

　香港における労働組合の自由を議論し、香港の加盟組織への連帯を表明するため、香港返還のほぼ1年前、1996年4月27~29日にICFTU/ICFTU-APROが共催で「香港のより良い明日のための合意に関する国際会議」を香港で開催した。参加者規模は200人、クリス・パッテン香港総督も演説した。会議では、香港返還後の自由と民主主義の維持、とりわけICFTU加盟2組織、HKCTUと香港・九龍労働組合評議会（HKTUC）の活動の自由について重大な懸念が表明され、会議の総意としてICFTUに対し「香港の将来に関する国際社会の懸念を伝えるために中国政府との最高位レベルでの会談を探り、労働基本権や労働者をはじめとする自国民その他の人権を尊重することに関して明確な保証をえること」を決議した。

　香港返還後における民主主義と労働組合の自由の保証は、ICFTUにとってきわめて重要な課題であった。こうしたICFTUの懸念を中国政府に伝えるために、孤立政策が妥当かどうか、ということに検討がくわえられることは当然であった。つまり、書簡や声明文と直接的対話を秤にかけ、どちらが効果的かを判断しなければならない、ということである。答えは自明であろう。直接対話である。

　ICFTUは1996年11月の第110回執行委員会において、さきの「香港のより良い明日」に関する国際会議の結論を採択すると同時に、香港の2加盟組合へのサポートを確認するため香港に関する決議を採択した。このなかでICFTUは、香港の将来と国際社会と自由労働運動がもつ香港の将来と労働基本権の尊重についての懸念を伝えるために、中国政府ならびに関係機関との会議を持つよう、書

149

第2章　各国労働運動の課題と挑戦

記長が中国にコンタクトするよう求めた。この決定は中国における
自由と民主主義、労働者の優良な（Decent）労働生活条件を増進さ
せるということを中国との協議事項のなかに加えようとするもので
あった。

　この決定は、1997年1月発行のフリー・レイバー・ワールド
によって「ICFTUは、香港の将来に関して中国のトップから保証
を得るために代表団の派遣を決定した」と報じられた。ここに、
ICFTUの中国政策が孤立から関与に向けて大きく転換することと
なった。

香港国際連絡事務所

　香港返還直後の7月8日に香港支援国際会議が開催され、その際
にIHLO（International Hong Kong Liaison Office）設置が決められた。理
事はICFTU、ICFTU-APRO、HKCTU、IUFから任命された。その役割は、
香港の加盟組合（HKCTUとHKTUC）と国際労働運動との連携を図り、
香港の労働事情について情報提供し、適時適切に政策を提言するこ
と。実際には、中国の労働事情、争議、拘禁者情報等を提供した。
しかし財政難により、2016年に実質的な機能を停止した。

ビル・ジョーダンICFTU書記長訪中へ

　ICFTU-APROは、すでにアジア太平洋地域における非ICFTU加
盟組織との関係についての方針を第17回大会（1996年）で確立し、
組織内合意を得ていた。大会決議は、グローバライゼーションの
プロセスは（すべてが利益を受けるという）中立的なものではなく、
競争条件のベースとしてILOの中核的労働基準を確立するという
原則がなければ労働条件、労働者の権利、生活条件の下方圧力が
強まる、このことを認識したうえで非加盟組織との対話を模索し
ICFTUの立場を広めていく、というものであった。

150

第 5 節　中　国——孤立政策から関与政策へ

　ICFTU 訪中団派遣の決定を受けて、1997 年 4 月に開催された第
9 回シンガポール労働組合会議（SNTUC）大会に出席した総工会の
代表に ICFTU-APRO ケン・ダグラス会長・和泉孝書記長が接触し、
ICFTU/ICFTU-APRO の準備ミッションを 9 月とすることで合意に
達した。このとき同時に、同年 6 月の ILO 総会時に ICFTU ジョー
ダン書記長が総工会と会談し、香港問題、労働組合基本権、労働基
準、さらには多国籍企業問題等について総工会と会談することにつ
いても協議した。

　ICFTU/ICFTU-APRO 準備代表団は 1997 年 9 月に訪中した。ICFTU-
APRO ケン・ダグラス会長・和泉書記長、ICFTU エディ・ローリエ
ッセン副書記長ほかの構成であり、団の協議事項は香港の将来、中
国における労働基本権の状況、経済改革、APLN に関する事項、将
来の総工会と ICFTU/ICFTU-APRO の関係等と定められた。報告書
は 1997 年 12 月の第 111 回 ICFTU 執行委員会に提出された。その
なかに触れられた「総工会を ICFTU のセミナーに招く」という提
案には時期早尚という意見も出たが、執行委員会はハイレベル代表
団を 1998 年に派遣することを承認、ストライキ権、結社の自由、
労働組合基本権その他の人権、多国籍企業、社会条項[6]、拘禁されて
いる労働組合活動家、ILO 強化、総工会と ILO 理事、香港労働組
合事情の 9 項目について協議するため、ICFTU-APRO 書記長が必
要なコンタクトをとるべきことを決定した。その後、ICFTU のハ
イレベル代表団の訪中は 1998 年 7 月 5~12 日ときめられたが、こ
の日程は、ICFTU 側が労働組合拘禁者を議題にするということに
固執したために実現しなかった。

　その後の調整を経てジョーダン書記長は、1999 年 11 月の第 113
回 ICFTU 執行委員会において本部書記長、地域組織 3 書記長、

---

[6]　各種貿易条項の中に労働基本権の順守条項をもりこみ、違反があったときに
は制裁を加えるというメカニズム。たとえば児童労働によるカーペットは児
童労働にかんするILO138号条約違反のため輸入を制限・禁止する、という考
え方である。

151

第 2 章　各国労働運動の課題と挑戦

写真 22　ICFTU 訪中団（2000 年、人民大会堂、北京、中国）

ITSs 代表 1 名によるハイレベル代表団を 2000 年 2 月に派遣することを提案し、これが了承された。

　訪問は 2000 年 2 月 22 から 29 日、構成はジョーダン ICFTU 書記長、ルイス・アンダーソン ICFTU 汎米地域組織書記長、アンドリュー・カイレンボ ICFTU アフリカ地域組織書記長、ウルフ・アスプ IFBWW 書記長と筆者（事務局・記録担当）の 5 名。代表団の目的は、さきの 9 項目の協議事項をもとに ICFTU の政策を総工会に説明し、また総工会の政策と活動について説明を受け、そのことを通じて ICFTU が代表すべき全ての労働者の利益になるような対話の基盤を模索することであった。

　チームは、香港で加盟 2 組織、中華民国全国総工会（CFL＝台湾）および連合の代表と懇談、香港の 2 組織は特に中国内の結社の自由のあり方について強い懸念を表明した。

　代表団は、上海から中国に入って北京に向かい、北京近郊の産業都市である天津もふくめ企業労組、省の総工会支部、経営者団体、労働カレッジ、世界銀行、労働省等、多彩なプログラムによる一連の訪問、総工会との事務レベル協議を進め、中国の政治、経済、社

第 5 節　中　国──孤立政策から関与政策へ

会、労使関係についての論議をふかめつつ、ICFTU 執行委員会に
よって与えられた協議項目にすべて触れた。こうした対話の中で、
ICFTU 団は、中国が統制経済から市場経済へと急速かつ歴史的変
革期にあるという認識を新たにし、また総工会がどのレベルの対話
においても、団体交渉などについて先進諸国と交流したいとの強い
希望があることを実感としてとらえることができた。そののち、人
民大会堂で尉健行総工会主席（中国共産党政治局常務委員）との会談
に臨んだ。写真 22 はそのときの会談の模様である。

　対話のアジェンダは明確にしてあった。総工会側は大要以下のよ
うに主張を展開した。

　「中国では 20 年にわたる鄧路線による中国的解決の道、アジア
　金融危機にてらした経済の健全な発展と改革が重要であり、社会
　主義市場経済の下で労使関係の制度と実践は変化している、中国
　共産党の原則は中国人民に奉仕することであり、労働組合は党と
　政府に支援されている。
　　労働組合の国際的交流は重要であり、共通関心事項は平和、発
　展、労働者の利益である。中国の労働組合運動は、対外活動にお
　いて広範な関係を維持しつつ、独立、決定自主権、平等、相互尊
　敬、内部不干渉を原則的指針とする。総工会は国際労働運動の連
　帯（Unity）を支持する。しかし ICFTU は国際労働運動を独占し
　ようとすべきではなく、連帯は相互扶助・支援、内部不干渉にも
　とづくべきである。中国に対して ICFTU は人権・労働組合基本
　権について異議を唱える権利はなく、また持続する関係は平等と
　相互不干渉にもとづくべきである」

　これに対して ICFTU 側は次のように ICFTU の運動と対中政策の
原則を表明した。

　「経済の現況をみれば市場の圧力が世界を変化させ、不平等は

153

第2章　各国労働運動の課題と挑戦

より大きくなっている。グローバライゼーションの負の側面と緊急にたたかう必要がある。社会的側面を一顧だにしない強大な多国籍企業が変化を駆り立てている。

　国際労働運動にとっては、労働者の権利を守ることは、その侵害がどこで起ころうとも、それは義務であり、干渉ではない。中国はILOの"労働における基本的原則および権利に関するILO宣言とそのフォローアップ（1998年）"により、中国の人権についてこれまで発生してきたことはすべての人の関心事項となる。ICFTUは中核的労働基準が政府の経済社会開発政策、国連、国際金融機関、WTOの活動の中に組み込まれるようキャンペーンを行う権利がある。（ICFTUと総工会）永続する関係を打ち立て、意見とアプローチの相違を排除し、揺るぎのない共通課題を築くため積極的に努力すべきである。例えばAPECのようなフォーラムにおいて共通の戦略をもって作業することは好ましいスタートになろう。ICFTUにとって、ILOの中核的労働基準は根本的なものであり、それは途上国の生活条件を改善し、先進国の保護主義を抑止してきた。さらにILO理事会労働側はICFTUの方針に沿って活動している」

対話を終えたICFTU団の総括は以下のようなものだ。

　「グローバライゼーションの展望と帰結について、さらにグローバライゼーションのもたらすマイナス効果について労働組合が対応しなければならないということについて見解は共通し、将来、特に労働組合基本権、労使関係、団体交渉、社会保障等について対話を継続する必要がある。もとより多くの点についてものの見方、考え方、立場の違いがあるが、それが双方のコンタクトを妨げてはならず、双方とも、目的、目標について共通点を模索すべきである」

第 5 節　中　国——孤立政策から関与政策へ

　このような総括をふまえ訪中を終えたジョーダン書記長は、2000年の第 116 回 ICFTU 執行委員会にたいし、ICFTU と総工会の間に人権と労働組合基本権のとらえ方と実施について根本的な相違があるとしても、多くの領域での進歩を促進するために詳細な論議が必要であり、さらに対話は明確な成果を生み出すものでなければならない、との観点から、総工会との対話を維持増進させるべきとの結論を報告し、執行委員会の判断をもとめた。

　　「ICFTU 訪中団の勧告により、執行委員会は総工会との対話を
　　維持発展させるとの方針を承認する」

　ここに ICFTU の対中国政策は、これまでの孤立から関与と交流に向けて大きな転換を果たした。
　私見になるが、ICFTU 訪中団が上海空港に着いたのは夜半であった。翌日、冬晴れの朝に宿舎からみえた浦東地区に林立するビル、そして夕刻に上海バンドを散歩する人々の様子を一目みれば、中国の経済発展は強い実感として確認できるものであった。「訪問団は驚異的な経済発展が事実によって証明されていることに感銘をうけた」と報告書に書かれたとおりである。筆者は、団員の驚きの表情を見たとき、そのときすでに団員は「中国の孤立政策は有効ではない」と判断していたのではないかと確信している。それほどに上海の経済発展は、団員の予想を超えるものであった。代表団の結論は、そのような団の中国への見方をごく自然に表現したものといえる。
　ところで余談だが、筆者に届けられた中国政策の結論部分の事務局原案は「総工会との対話」ではなく、「中国労働運動との対話」となっていた。筆者はこれに強く異議を唱え、「総工会との対話」とするよう主張した。「中国労働運動との対話」では、中国国内の組織であればなんでもよい、という解釈の余地をのこし、対話の対象とコミュニケーションのチャンネルが拡散しかねない。ICFTU

第 2 章　各国労働運動の課題と挑戦

と総工会の関係を規律する表現がこのようにあいまいでは、誤ったシグナルを中国に送ってしまうところであった。ここにも ICFTU 内には、上記の結論に達する最終局面まで対話派と孤立派の議論があったことがうかがえる。

中国作業部会の設置

その後、第 117 回 ICFTU 執行委員会（2001 年 11 月 21~23 日）では、対話の増進とバランスをとる意味で、ICFTU 人権労働組合基本権委員会のもとに中国作業部会（China Working Party）を設置し 2002 年に活動を開始することになった。中国作業部会の共同議長には FNV（オランダ）と日本（鷲尾悦也連合国際代表、当時）が就任した。中国作業部会は、ICFTU の従来の中国孤立政策を変更するにあたっての妥協の産物といえる。

ところで中国作業部会は自由参加であり、その結論は人権労働組合基本権委員会に報告される。通常それが自動的に執行委員会の決定となる。作業部会には、中国孤立派が中国内の争議、拘禁者、総工会の機能などについて論陣を張り、それがレポートとなって執行委員会に承認される。このため、当初の「対話の維持発展」という ICFTU の方針が、2002 年には「批判的対話」に置き換えられ、対話のあり方について孤立派の色合いを濃くするような、揺り戻し的変化がみられた。ICFTU 内の現実主義的対話派と原理的孤立派の対立の構図は、1990 年代当初から継続してきているものと同質である。こうした ICFTU 内における対立の構図はともあれ、多くの加盟組織は対話路線を進めていたが、中国作業部会では主として連合と ICFTU-APRO が対話の維持発展という立場を堅持し、発言をつづけた。第 2 回中国作業部会の政策提言は資料 7 参照。

中国関与政策の深化と ICFTU-APRO 訪中団への道のり

ICFTU の中国政策が変化をみせていくなかで、総工会は ICFTU-

APRO を通じて APLN に参加してきた。ICFTU の中国関与政策決定のまえに開催された 2000 年のブルネイ会議に総工会は欠席した。2001 年には APEC が中国で首脳会議を主催したが、その当時、ICFTU と総工会の関係は、米国の AFL-CIO を参加組織とする APLN を中国国内で開催できるような段階ではなかったため、APLN の本会議はシンガポールで開催し、鷲尾悦也 ICFTU 運営委員会委員長をリーダーとする少人数の代表団が北京にむかった。総工会はチームにたいし、中南海において銭其琛副総理との会見をアレンジした。その後、2002 年のメキシコ会議、2003 年のバンコク会議、2004 年のサンチアゴ会議と、総工会は連続して APLN の会議に参加をつづけた。このように総工会は、ICFTU と ICFTU-APRO の関与政策に応え続けた。

ICFTU-APRO 訪中計画の崩壊

2000 年の ICFTU 訪中団の結論とその後の ICFTU/ 総工会関係の発展は ICFTU-APRO の歓迎するところであり、ICFTU-APRO としても同種のハイレベル代表団を 2002 年 8 月の第 11 回モンゴル運営委員会の前に派遣することを 2001 年 10 月の第 74 回執行委員会で決定した。これをふまえて ICFTU-APRO 書記局は総工会と協議を進め、テーマを「経済の国際化と WTO」と一般的なものとした。これは、自由討議のスペースを広くとることで意見交換の実をとろうとの方針によるものであった。実際このテーマであれば、先のジョーダン訪中団と同種の論点についてグレーゾーンを広く取りながら自由な意見の交換ができる、との判断があった。

筆者は、その暫定合意アジェンダをシャラン・バロー ICFTU-APRO 会長とジョン・デ・ペイヴァ運営委員長に 2002 年 6 月 15 日に送付しておいた。その後、ILO 総会の折、総工会、バロー会長と筆者の間で最終的確認を終えたが、その直後、事態が急転した。

総工会と APRO の調整会議の後、総工会代表が「バロー会長が突然、中国国内の外人記者クラブで記者会見すること、3 人の拘禁

第2章　各国労働運動の課題と挑戦

写真23　第11回 ICFTU-APRO 運営委員会（モンゴル）

者についてケース・スタディを行うこと、そして共同声明を出すことの3点の提案をしてきた」と通報してきた。この提案は、それまでの総工会と積み重ねてきた交渉を根本から覆すものであった。

　筆者はただちに総工会代表と協議を再開した。総工会と筆者の間で、これまでの協議経過からすればバロー3提案は現実的ではないという理由で7月末のハイレベル代表団の派遣を延期せざるを得ない、という結論に達した。この展開についてはただちにバロー会長とデ・ペイヴァ運営委員長に連絡したことは言うまでもない。バロー3提案とは、総工会とICFTUの対話が、さまざまな論争を経てようやく始まり、それを受けてICFTU-APROが総工会との対話に進もうとした矢先に、バロー会長自身の個人的判断でなされた唐突なものであった。

　筆者は、8月1〜2日にひらかれたモンゴルでの運営委員会（写真23）に事の顛末を説明した。しかしバロー会長は、モンゴル到着前に北京において総工会本部で尉健行主席に会ってきたと説明した。曰く、総工会は会議の延期決定に驚きを表明した、共同声明は総工会が応諾する、拘禁者のケース・スタディは承諾するとはのべ

第 5 節　中　国——孤立政策から関与政策へ

ず、記者会見ではなくプレスリリースであった、鈴木〔筆者〕は延期の理由をバローに伝えなかった、バローの提案は ICFTU の中国作業委員会の決定に沿うものであった、等々である。

　この段階に至るまで慎重に ICFTU-APRO 内の合意を形成し、総工会との調整にあたってきた筆者は、このバロー会長の説明にたいしては、困惑に堪えなかった。すでに中国側との協議で公式にバロー提案は採用しないという合意ができていた。それを北京で再度、総工会主席と独自に協議し、肯定的な回答を得てきた、ということだったからである。

　尉健行総工会主席は、第 15 期中国共産党政治局常務委員会（1997 ～ 2002、江沢民〔総書記〕、李鵬、朱鎔基、李瑞環、胡錦濤、尉健行、李嵐清）の一員でもあった。「常識としても当時、尉健行総工会主席が海外代表団を迎えるのは、総工会本部ではなく人民大会堂であり、さらに共産党政治局常務委員でもあった同氏との会談は、しかるべき手順とプロトコルがある。ICFTU-APRO 書記長をバイパスして、総工会主席・共産党政治局常務委員と面会し、すでに総工会との間で決着がついていた 3 提案を再度提案し、それに総工会主席が賛意を示すことなどはありえない」。筆者はモンゴル運営委員会に出席していたライダー ICFTU 書記長にこのように伝えていた。

　ICFTU-APRO の書記長と会長の説明が運営委員会で食い違ってしまうという深刻な事態が生じた。しかしその後、慎重な検証の結果、バロー会長は北京で総工会主席に会っていないということが確認された。このことにより、バロー ICFTU-APRO 会長が北京で独自に行った 3 点についての「交渉」の基盤は消滅してしまったことになる。そのことは同時に ICFTU-APRO 運営委員会で明らかになった総工会との対話についての相反する説明について、筆者の立場が正しかったということを意味する。このことにより同年 10 月の第 75 回 ICFTU-APRO 執行委員会（マニラ）は、会長の規約上の職務権限と総工会との対話の内容についての独自提案、それによる組織混乱をめぐって極度に紛糾した。結局、積極的関与政策をとって

159

第 2 章　各国労働運動の課題と挑戦

きた ICFTU-APRO はバロー提案後の混乱で、総工会との関係調整
を一時中断せざるを得ないような事態に追い込まれてしまった。

ICFTU/ 総工会関係の進展、動揺、回復

　この間、ICFTU と総工会の関係は成長しつづけた。ICFTU の
2000 年対中方針は、ある意味では、ICFTU 加盟組織と総工会の交
流が進展していたということのあらわれとみることもできよう。当
時、総工会の各国労組へのアプローチにより 2002 年の ILO 理事選
挙では、総工会が ICFTU の直接的関与なくして副理事に当選した。

　ICFTU は総工会との対話促進の一環として、第 18 回 ICFTU 宮崎
大会の直後、2004 年 12 月 13 ～ 14 日に中国で「OECD 多国籍企業
行動指針にかんする国際セミナー＝中国と北東アジアにおける社
会的に責任のある投資」を開催する準備を進めた。会議は、ICFTU
の主導のもとで組織され、具体的にはドイツ労働総同盟（DGB）の
関係する海外労働組合協力団体であるフリードリヒ・エーベルト財団
（FES）と中国の開発調査センターによって準備が進められた。こ
の企画はきわめてハイレベルな対話の可能性を持つものであり、
ICFTU 側の期待もまた高まるものであった。この開催にあたって
は、総工会にたいする笹森清連合会長の強い推奨があったことはい
うまでもない。

　このセミナーは、中国における多国籍企業の行動の課題を論ずる
という点で、ジョーダン訪中団の課題を引きつぐかたちで総工会と
の対話を増進させようというものであった。さらに、米国を含む宮
崎大会に出席する ICFTU の主要先進国組織代表者が OECD 労働組
合諮問委員会」（TUAC）の幹部として中国を訪問することになる。
これは、とくに米国のジョン・スイニー AFL-CIO 会長が団に含ま
れるという意味でも、歴史的な意義を持つ企画であった。

　ところが、宮崎大会直前になって突然、中国政府が会議をキャン
セルしたことが日本側に伝えられた。会議は中国政府によって主宰
されるもので、総工会ではない。キャンセルの責任は総工会にはな

い。理由はさまざまに言われているが、明らかにされてはいない。しかしこの会議に対する期待が高まっていただけに、この第一報によって総工会への失望と批判が一気に高まってしまった。このキャンセルは、総工会との対話を進めてきた笹森連合会長はじめ多くの関係者にとってきわめて残念な結末であった。

　この事件ののち、2005年6月のILO理事選挙では総工会候補者が落選した。ILO理事選挙のときには、ICFTUの地域書記長は本部書記長の指示の下でICFTUリストの支持を加盟組織に働きかける。このときの選挙は、ICFTU-APROの中国関与政策の推進と頓挫、ICFTU宮崎大会後に予定されていたOECD国際セミナーのキャンセルを受けて、きわめてデリケートなプロセスをたどった。結局、この時の落選はICFTU-APRO書記長（筆者）の「反総工会キャンペーン」のためであると断ぜられ、その責任は全く身に覚えのない筆者に全面的に負わされるということになってしまった。

　これ以降、総工会とICFTU-APROとの関係は冷却し、中国との関係樹立に積極的に動いてきたICFTU-APROは、総工会とは「批判的対話」どころかノーダイアローグになり、加えて総工会が、ICFTU-APROが推進していたAPLNの会議に欠席をつづけるという事態を招いてしまった。

　ただし、この選挙結果によってもICFTUの関与政策が閉じられたわけではない。この事件の直後に開催された第123回ICFTU執行委員会（2005年6月）では、中国についての活動計画（Plan of Action）が採択された。その要点は、以下の3点である。

- 総工会は、多国籍企業について国際労働運動と関係を持ちたいとの用意がある。
- 過去の経験にかんがみて、この問題をさらに追求し、総工会各級組織との協力の範囲を決定していくべきである。
- プラントレベルでの活動を増強するために、創造的なイニシアティブが求められる。すでに中国での活動を行っているGUFs

第2章　各国労働運動の課題と挑戦

と可能なかぎり協力していくことが必要である。

こうした活動計画は、それまでの関与政策の延長線上にあるものであった。しかし、「総工会の各級組織との協力」活動をすすめるには、中国の労働組合の構造等を考慮に入れたとき、総工会とICFTUとのフォーマルな関係を増進しなければ不可能である。つまりGUFsも含めてICFTU側が総工会の各級組織と協力していくにしても、総工会本部との連携を前提としなければならず、このICFTUの方針には、そうした組織関係の原則、プロトコルについての認識が薄かった。

次のステップは、2008年のILO理事選挙である。第4章でのべるが、2006年にICFTUとWCLが合同してITUCを結成し、ICFTU-APROとBATUが合同してITUC-Asia Pacificを結成した。その後、ITUCガイ・ライダー書記長は第3回ITUC執行委員会（2007年）において、ITUCの結成が対総工会関係にあらたなダイナミズムをもたらしたという観点にたち、2005年の理事選において総工会が議席を失ったという結果をふまえ、2008年のILO理事選を見通したイニシアティブを開始した。その方針は、中国の国際経済の役割が増大しつづけ、かつITUC加盟組織はITUCが中国について積極的な役割を果たすことを求めている、という認識のもとに、具体的な課題について協力の確約を求めたうえで理事選に臨もうというものであった。

その後ライダー書記長は、日本、英国においてそれぞれ高木剛連合会長、TUC首脳をまじえて総工会の幹部と会談し、総工会から、ITUCが特定する分野での協力に応ずる用意がある、ILOの中核的労働基準にたいする支持と中国およびその他の地における適用について議論する用意がある、ILO労働側理事の責務を理解し、それを十分に果たす、という意思を確認した。具体的には、東京で行った会議での協力分野についての論議をふまえ、ロンドンでの会議においては①ITUCと総工会による多国籍企業と中核的労働基準に関す

162

第 5 節　中　国――孤立政策から関与政策へ

る実務的な協力を議論するためのシンポジウム開催、② ITUC 首脳
の中国訪問、③賃金と団体交渉について ITUC の専門家との意見交
換の 3 点を含むという合意に達した。

　さらにライダー書記長は、2008 年 11 月に訪中して、王兆国総工
会主席と会談し、ITUC 執行委員会決定のフォローアップをつづけ
た。具体的にライダー書記長のあげた課題は、ILO の中核的労働基
準、中国以外の権利侵害に対する総工会の対応、多国籍企業とのグ
ローバル枠組み協定[7]の適用、そして ILO 労働者グループとの協力
と連帯、さらに中国の他国における投資、投資企業との協力等、多
岐にわたった。

　2008 年に ILO のトレーニングセンター（テューリン）でひらかれ
た多国籍企業ワークショップで、総工会は開放的な対応をしたとい
われる。しかし総工会との関係に関する ITUC 側の評価は、期待値
に達しなかったというものであった。特に、中核的労働基準につい
ての対応に実質的な変化はなく、総工会は 2011 年に ILO 労働側正
理事として選出されることを望んでいるが、それは、過去 3 年間の
協力如何にかかっている、というものであった。いずれにしても、
ICFTU はライダー書記長のリーダーシップのもとに執行委員会で
の論議を踏まえ、連合をふくむ加盟組織の協力を得ながら 2005 年
における閉塞状況を着実に克服し、総工会との関係を構築する方向
に向かっていった。

　こののち、ITUC はシャラン・バロー書記長の時代に入り、ライ
ダー書記長の開いた路線をより具体化していく試みがつづいた。
2011 年時点では、ILO 労働者活動局（ACTRAV）の主催する男女平
等、企業管理の民主化、団体交渉などをテーマとする中国でのセ
ミナーなどへの ITUC の専門家派遣、さらに G20、APEC、ASEM、
ASEAN、UNICEF 等、国際レベルでの参加、協力の強化、あるい

---

[7]　有力多国籍企業と GUF の間に締結される労働組合基本権、人権、環境など
普遍的に認知された原則に基づき行動することについての協定。日本では、
UNI と高島屋・イオン、IndustriALL とミズノの協定がある。

第2章　各国労働運動の課題と挑戦

はグリーン・ジョブについての共同イニシアティブなどが挙げられている。ハイレベルの交流も進み、たとえば2011年にはミカエル・ゾンマーITUC会長、バロー書記長と総工会の対話がベルリンでもたれ、また、2012年にはゾンマー・バローのITUCミッションが北京を訪れた。こうした一連の関与政策をふまえ、2011年に総工会がILO労働側正理事に選出された。

　その後、ITUCと総工会の協力関係は発展を続け、2013年には共通関心領域として団体交渉、社会保障、移民労働、不安定雇用、中国のアフリカ投資が特定され、ILO労働者活動局が中国国内で開催する開発特区、国際移民労働政策、賃金保護等のワークショップにITUC専門家を派遣した。テーマ別の課題の協議により、ITUCと総工会の対話の深化が着実に進んだ。

ITUC-AP 訪中団の派遣

　それではITUC-APと総工会の関係はどうなったか。2005年以降、2008年からのILO理事選にみられるITUC・総工会関係の改善を受けて、現在は正常化している。それには、たとえば2011年の京都ILO地域会議やILO総会を利用した非公式な意見交換や、またILOのACTRAVが総工会と共催した「マクロエコノミクスと雇用、社会保障（2011年、北京）」や「労働条件会議（2012年、バリ）」に招かれ、ITUC-APと総工会のあいだで意見交換をふかめたことがベースとなった。

　2013年には、ILO総会のときに、総工会とITUC-AP主要組織との会合がもたれた。これは、2007年にITUC-APが結成されてから初めてのハイレベル会合である。このことは、総工会とAPの関係が改善に向けてすすんでいったことを物語っている。なお、2014年のAPEC中国首脳会議に向けてITUCバロー書記長を団長とする小チームが総工会と北京に会した。

　こうした事情の展開をへて、総工会の招待に応じ地域組織のリーダーが北京を訪問したのはようやく2015年2月11〜13日であっ

第 5 節　中　国──孤立政策から関与政策へ

写真 24　ITUC-AP 訪中団（2015 年、左レディ ITUC-AP 会長、右李建国総工会主席、北京、中国）

た。団長はサンジバ・レディ ITUC-AP 会長（INTUC 会長、インド）、ジョン・デ・ペイヴァ運営委員長（SNTUC 会長、シンガポール）、古賀伸明連合会長、シャヘール・サイード・パレスチナ労働組合総連盟（PGFTU）書記長と筆者ほかである。アジア太平洋地域の 5 選挙区から 1 名ずつの参加を募ったが、太平洋地域からの参加はなかった。写真 24 は ITUC-AP と総工会の会談の模様である。

　一行は、総工会とのセミナーや、各級リーダーとの率直な意見交換、天津訪問を踏まえ、人民大会堂において李建国総工会主席との会談に臨んだ。13 年前の 2002 年に頓挫してしまった会議がようやく開けたわけである。中国の地政学的ポジション、経済成長と影響力の拡大は、アジア太平洋地域にとって重要な関心事項でありつづける。この会議によって、相互の違いを認めたうえで共通の理解を深めていく基盤がようやく固まった。

第 2 章　各国労働運動の課題と挑戦

エピローグ

　総工会との関係樹立は、このように紆余曲折をたどった。ICFTU/ITUC 側の問題意識は、基本的人権、労働組合基本権の実現について、生まれも育ちも違う組織にたいしどのように影響力を行使するか、ということにある。国際労働基準をひろめていくことは ICFTU/ITUC の基本的使命にかかわることだ。そこには、この方針を、相手の存在を否定して孤立させながらすすめるか、それとも違いを認識しつつ共通基盤を模索していくか、ということについてさまざまな選択のオプションがある。

　李建国総工会主席は AP 代表団に対し、「現在の体制は、歴史のなかで中国人民が選び取ったものだ」とのべた。中国との関係においてのみならず、非 ITUC 加盟組合に接する場合、こうした生まれと育ちのファクターを全面的に否定し去れば、対話はなりたたない。もとより人権、労働組合基本権の普遍的価値には一分の揺るぎも妥協もないが、ITUC の自由・民主・独立という労働組合の原則を追求していく方法と時間軸については、状況に応じ最も適切な方法を模索する必要がある。

　現在の ITUC ／総工会関係は、1990 年に連合が構想し、また 2000 年に ICFTU-APRO が目指した方向である。そこに至るまでには、この章で概観したように厳しい論争と対立があった。実は、今もある。たとえば 2015 年に開催された第 3 回 ITUC-AP 大会（コチ、インド）の決議「中国」も、先にのべた総工会を巡る見解について両論を併記して採択された。決議は「総工会が国によって運営される組織であり、労働者を代表することよりも状況を安定させる役割を持ち、中国政府が結社の自由、団体交渉の権利、ストライキ権を露骨に否定してきた」ということを論ずる一方（以上、香港の HKCTU 提案テキスト）、同時に、本稿でのべた関与政策の経緯と実績をあとづけながら「ITUC の中国政策をふまえ、GUFs や TUAC とともに建設的関係の構築に向けた活動をつづけていく（以上、連

166

第 5 節　中　国——孤立政策から関与政策へ

合提案テキスト）」と声明している。

　2000 年の ICFTU-APRO 訪中団が延期されてから 2015 年の訪中
が実現するまで 15 年が経過した。この間、連合、ICFTU-APRO/
ITUC-AP は一貫して本部、地域の執行委員会で対話重視の論陣を
張り、現在では、それが ITUC の政策として推進されている。

　歴史に「イフ（if）」は許されない。しかし、連合がアジア太平洋
地域組織とともに中国との対話の重要性について発言しつづけてい
なかったならば、はたして総工会は国際労働運動の場においていか
なる地位を占めていただろうか。あるいは総工会と ITUC は今日、
どのような関係になっていただろうか。こう思うのは筆者だけでは
ないであろう。

　さらに今日の対話レベルがあるのは、1990 年以前にも、多くの
日本の先駆者が中国との関係を築くために営々と努力をつづけてこ
られたからである、ということも忘れてはならない。井戸を掘った
ひとびと、のことである。

第6節 アラブ労働組合連盟の結成——アラブの春へのサポートと中東和平の推進へ

プロローグ

「ITUC-AP は、5 組織 83 万人を失う。ITUC は中東・北アフリカ（MENA）地域組織を結成する」

これは 2013 年 3 月 18 日、ジュネーブにある ILO の一室で ITUC シャラン・バロー書記長がヤープ・ヴィーネン書記次長とともに中東・北アフリカ地域組織を結成するとの決定を筆者に通告してきたときのことである。このように重大な組織変更が事前の調整や本

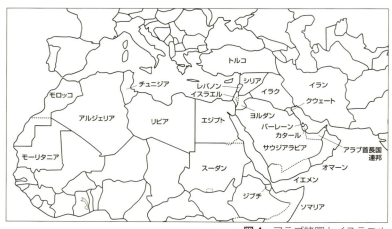

図4 アラブ諸国とイスラエル

第6節　アラブ労働組合連盟の結成——アラブの春へのサポートと中東和平の推進へ

部・地域の執行委員会への報告、協議なしに突然、地域書記長に通告された。まさしく寝耳に水のことだった。書記長が手書きの書面で示した当時の5組織とは、バーレーン労働組合同盟（GFBTU、1万人）、ヨルダン労働組合総同盟（GFJTU、12万人）、クウェート労働組合同盟（KTUF、3万5千人）、パレスチナ労働総同盟（PGFTU、31万8千人）、イエメン労働組合総同盟（GFWTUY、35万人）である。

　2011年初頭から中東、北アフリカ地域で発生した一連の民主化運動がアラブの春だ。発端は2010年12月17日、チュニジアの青年の焼身自殺。路上販売を取り締る当局に抗議してのことだ。その直後から全国規模で政権打倒のデモが拡大し、ベン・アリ大統領が国外逃亡、23年続いた独裁政権が崩壊した。この動きは国境をこえて北アフリカ、中東地域の各国に波及した。2011年2月11日にはエジプト・ムバラク大統領の30年ちかい長期政権が崩壊、2011年8月には42年におよぶリビアのカダフィ政権も崩壊した。こうした運動の高まりに触発され、シリア、バーレーン、オマーン、クウェート、ヨルダン、モロッコ、アルジェリアなどでも反政府、民主化要求の運動が高まった。図4は中東・北アフリカ各国である。

　民主化に向けた政治プロセスのなかで推進するITUCの政策は、いうまでもなく労働組合の自由の確保、それを保障する政治制度である。それによって社会対話を深め、経済を発展させる中で雇用を拡大し、経済格差をなくし、生活水準を高めようというものだ。それが中東・北アフリカ地域組織設立の決定にいきついたわけである。

　本節では、当初の中東・北アフリカ地域組織構想が最終的にアラブ労働組合連盟に到達するプロセスをテーマとして、ITUC規約と執行機関の権限の関係を概観する。

第 2 章　各国労働運動の課題と挑戦

【中東年表】　歴史的淵源から現代へ

紀元前

1250 年：イスラエル古代王国民、地中海東海岸カナーンへ

　961 ～ 922 年：ソロモン王統治、エルサレム神殿建設

　　63 年：エルサレム、ローマ侵攻で陥落

紀元後

　　30 年：イエス刑死

　135 年：ユダヤ人離散

　610 年：イスラム教成立

8 世紀初頭：エルサレムにアル・アクサ（モスク）建造

1099 年：十字軍、エルサレム攻略

1299 年：オスマントルコ成立

1897 年：第 1 回シオニスト大会（パレスチナにユダヤ人国家樹立をめざす）

1914 ～ 1918 年：第 1 次世界大戦

1915 年：フセイン・マクマホン協定（英、アラブに独立を約す）

1916 年：サイクス・ピコ協定（英仏ロによるパレスチナ分割）

1917 年：バルフォア宣言（英、パレスチナにユダヤ人国家を約す）

1918 年：英国、パレスチナ占領統治

1920 年：HISTADRUT（イスラエル労働総同盟）結成

1923 年：トルコ共和国成立

1923 ～ 48 年：英による国際連盟パレスチナ委任統治

1939 ～ 45 年：第 2 次世界大戦

1947 年：国連パレスチナ分割決議

1948 年：イスラエル建国、第 1 次パレスチナ戦争（第 1 次中東戦争）

1953 年：HISTADRUT、ICFTU-APRO に加盟

1956 年：スエズ動乱（第 2 次中東戦争）

1965 年：PGFTU（パレスチナ労働総連盟）が運動を開始

1967 年：第 3 次中東戦争（イスラエル、西岸、ガザ占領）、国連安保理決議
　　　　242 号採択

1973 年：第 4 次中東戦争

1979 年：エジプト・イスラエル中東和平条約調印

1980 年：イラン・イラク戦争

1987 〜 93 年パレスチナ蜂起（インティファーダ）

1991 年：湾岸戦争

1993 年：オスロ合意（イスラエルと PLO＝パレスチナ解放機構の相互承認、暫定自治協定調印）

1995 年：パレスチナ自治政府が西岸、ガザで自治を実施（外務省）

2000 年：アル・アクサ蜂起（インティファーダ）

2002 年：PGFTU、ICFTU に加盟

2003 年：イラク戦争

2008 年：HISTADRUT・PGFTU 協定（イスラエル内のパレスチナ労働者保護）

2011 年：ベン・アリー政権崩壊（チュニジア、1 月）、ムバラク政権崩壊（エジプト、2 月）、シリア内戦（4 月）、カダフィ政権崩壊（リビア、8 月）

2012 年：サーレハ政権崩壊（イエメン）、パレスチナ、国連の非加盟オブサーバー国家の地位獲得、第 10 回 ITUC 執行委員会（アンマン）

2014 年 7 〜 8 月：ガザ戦争

2014 年 10 月：ITUC・アラブ労働組合連盟結成

MENA 地域組織の結成：地域組織区分の変更

　MENA 地域組織設立の通告には、規約と組織運営の点で、多くの課題があった。組織の大きな変更にあたるために必要な地域、本部での執行委員会での議論、設立に至る規約上の手順、ITUC の組織原理との調和など、調整すべきことは多岐にわたっていた。

　ジュネーブでバロー書記長から通告をうける 4 カ月ほど前に、ITUC は 2012 年 10 月 30 日から 11 月 1 日に第 10 回執行委員会をアンマン（ヨルダン）で開催していた。中東・ヨルダンでの開催は、当時の「アラブの春」支援のためである。執行委員会では、バロー書記長が会議の前に訪問したシリア難民キャンプについての報告の

のち、中東・北アフリカ地域の情勢についてのパネル・ディスカッションが行われ、状況の深刻さと支援の強化を確認した。しかし、この時には新たに MENA 地域組織を立ちあげるという提案も議論もなかった。ITUC-AP は、ITUC 執行委員会の前後、10 月 29 日に第 7 回地域運営委員会を、11 月 2 ～ 3 日に第 8 回地域執行委員会を開催した。しかし ITUC 代表からは組織変更についての提案も示唆もなかった。冒頭、通告という表現を使った理由は、翌 2013 年 3 月の ITUC 書記長構想が、アフリカとアジア太平洋地域組織の書記長と本部のあいだに何らの協議がなく一方的に持ち出されたものだったからである。

中東 5 組織 83 万人は、ITUC-AP の全加盟費支払い人員 2000 万人の 5% 未満であっても、この MENA 設立は、ITUC-AP とその前身である ICFTU-APRO が 1951 年の地域組織結成時にさかのぼって確定している「中東」の組織区分を変更するものであり、組織の根本にかかわる大ごとだ。中東・西アジア地域の加盟組合には、イスラエルにイスラエル労働総同盟（HISTADRUT）、トルコにトルコ労働組合総連合（TURK-IS）、トルコ真正労働組合連盟（HAK-IS）がある。とくに中東和平の観点から言えば、MENA であれば当然、イスラエルの HISTADRUT が含まれなければならない。イスラエル建国前の 1920 年に設立され、ICFTU・ICFTU-APRO に 1950 年代から加盟する有力組織である HISTADRUT を、中東・北アフリカ地域組織の創設にあたって排除することは、イスラエル敵視が渦巻く中東で HISTADRUT を孤立させることにつながる。イスラエルもトルコも排除して MENA を設立するような構想には、筆者は ITUC-AP 書記長として異を唱えないわけにはいかなかった。アジア太平洋地域全域の連帯を推進してきた ICFTU-APRO の組織原理にも反するものであり、筆者は本部提案に非常に強い違和感を覚えずにはいられなかった。写真 25 は ICFTU-APRO 運営委員会がパレスチナ労働総連盟（PGFTU）本部を訪れたときのものである。建物には弾痕が数多く残っていた。本節にはそのような中東情勢の背景

第6節　アラブ労働組合連盟の結成——アラブの春へのサポートと中東和平の推進へ

写真 25　ICFTU-APRO 運営委員会チームのパレスチナ訪問
（2005 年、ナブルス、パレスチナ）

がある。

　さて、バロー書記長の構想は、2013 年 5 月 30、31 日にアンマンで開催されたアラブ関係組合での協議に付されたが、その過程で筆者に対する本部の説明は、MENA 構想から以下のようにアラブ・サブリージョンの設置に変化した。「アラブ」を前面に出した構想への転換である。

- アラブ・サブリージョンをアフリカ地域組織とアジア太平洋地域組織にそれぞれ創設する。
- その両サブ・リージョンをリンクづける。
- アンマンに執行書記長を駐在させる。
- 以上のプロセスを ITUC の執行委員会に報告し、承認を得る。
- 上記のためには、ITUC 規約を変更する必要はない。

　ここに含まれる問題は、アフリカ地域書記長と AP 地域書記長が、あらたな組織創設のプロセスとその後の運営に主体的な役割を果た

第 2 章　各国労働運動の課題と挑戦

すとは認識されていなかったこと、さらに本部のトップダウン的組織変更は地域組織の規約違反になってしまうことであった。筆者は次のように主張した。

　　「本部の規約によれば、地域組織は、特別の事情に応じた労働組合の行動のために必要なサブ・リージョンを設置することができ、それは ITUC の執行委員会の承認を要する（第 27 条 -h）となっている。その限りでは本部の提案は本部規約に沿っているが、地域組織の規約にはサブ・リージョン設置の規定がないため、サブ・リージョンを AP 内に設置するためには 2015 年開催予定の第 3 回 ITUC-AP 大会で地域規約を変更するまで待たなければならない。ITUC の第 3 回大会は 2014 年、ITUC-AP 地域大会は2015 年だからである」

　AP 地域書記長として筆者は、地域の規約をバイパスする手続きを了承するわけにはいかなかった。サブ・リージョンの新設は、事後承認で済ませるような問題ではなかった。またアフリカとアジア太平洋地域に設置する 2 つのサブ・リージョンを結合する方法については ITUC 規約に規定がなかった。この点についてはのちにITUC 規約にあらたな規定を設けることで曖昧さを払しょくした。
　こうした手続き上のこと以外に、重要な問題は「アラブ」を組織区分に用いることによる HISTADRUT の排除であった。先に筆者は、MENA 地域組織構想に HISTADRUT が含まれていなことを問題視したことを触れたが、その後「アラブ」を持ち出してきたことには、本部の構想に当初から HISTADRUT 排除があったことを強く暗示するものであった。

「アラブ」の定義と HISTADRUT 排除

　2013 年 5 月のアンマン準備会合では、こうした手続き上の疑問点になんら答えることなく、本部書記次長の承認のもとで中東・北アフリカの 14 組織が ITUC アラブ地域の結成を確認し、アラブ地域組織の加盟組織は両地域組織の加盟関係と齟齬をきたさない、などというあいまいな規定を含む運営規約を採択した。これはアフリカとアジア太平洋地域組織の関与を排除したまま、本部承認のもとで一方的に ITUC アラブ地域組織を結成するともとれるものであった。

　この直後、筆者はバロー書記長に、地域での協議のプロセスが必要であること、この組織がもつべき規約上のポジションを明確にすべきこと、ITUC アラブ地域組織への加盟が、本部・地域の順に加盟が審査される ITUC 規約と整合性を持つ必要がある、という意見書を送った。このとき筆者は同時に、アラブという地域区分についての問題を提起した。

　ITUC の地域区分は、ICFTU 時代から伝統的に地理的区分によるものであり、社会的、宗教的、人種的なアイデンティティによるものではない。欧米系の辞書、事典によれば[1]「アラブ」とは、

- セム族に属し、アラビア半島およびそれに隣接する地域に起源を持ち、
- 7 世紀から中東、北アフリカに広がる言語と宗教をもって居住するひとびとのことであり、
- アラブは、幅広い社会言語的なある人種的な理念を表す政治的な意味合いで用いられてきた。

　人種的にはハム族もアラブに含まれるとの解説もあるが、いずれ

---

[1] 　オックスフォード英語辞典、アメリカ・ヘリテージ辞書、ブリタニカ小百科事典

第 2 章　各国労働運動の課題と挑戦

写真 26　HISTADRUT と PGFTU の対話（2005 年、中央左から
シャヘール・サイード PGFTU 書記長、アミン・ペレス HISTADRUT 書記長、
G・ラジャセカラン ICFTU-APRO 会長、テル・アビブ、イスラエル）

にしても「アラブ」とはアラビア語、遊牧民ベドウィンの伝統、イスラムの教え、さらにはギリシャ、ローマ、ビザンチン帝国の学術、文化など多くの要素がまじりあい一体となった意識[2]を持つ人々のことである。この組織区分を適用すれば、この新地域組織には「アラブ」以外は加盟できない、ということになる。これは ITUC が標榜する結社の自由の原則にも抵触しかねないとの指摘も筆者に届いた。

　さらに、HISTADRUT の排除である。バロー書記長による当初の MENA 構想であれば、従来の中東・北アフリカの地域区分に応じてイスラエル、あるいは希望があればトルコも包摂できるものとして組織が形成されたであろう。だが「アラブ」という名称はその可能性を封じることになった。HISTADRUT が、現在の 45 万人の登録組織人員の 20% をイスラエルに居住するアラブ・イスラエル人

---

[2]　村田良平『中東という世界』1981

176

を組合員に持っているという事実をもってしても、である。さらにレバノンはアラブ人が95%、アルメニア人が4%、しかしイスラムとキリスト教の比率が6対4、くわえて議会128議席はキリスト教徒とイスラム教徒に同数に配分されるという複雑な内情をかかえている。政情混乱のため現在、加盟組織はないが、将来こうしたレバノンのような国からの加盟はどうなるのであろうか。

本部は排除の論理を選択した、というほかはない。しかも、このプロセスについて本部はHISTADRUTへの説明、調整を行わなかった。ITUCは参加と合意にもとづく民主主義を推進する組織ではなかったのか。筆者はこのような本部の手続きに強い異議を申し立てた。写真26は、ICFTU-APROがテル・アビブ（イスラエル）において運営委員会を開催したときのHISTADRUT（イスラエル）とPGFTU（パレスチナ）両書記長の対話の場面である。ITUCの役割とは、このような対話をHISTADRUTとアラブ諸国加盟組織との間に広げることではなかったろうか。

ITUC執行委員会の追認（第11回執行員会、2013年10月）

2013年10月9~11日の第11回ITUC執行委員会に、議題「アラブ」が上程された。ITUC執行委員会の議案書では、「嵐のようなアラブ地域の状況に対応し、そして非民主的、弾圧的な政府を支持する組織[3]の攻撃的かつ破壊的な政策と行動に対抗し、ITUC（に加盟する）独立組織が、ITUCの基準と原則にのっとりITUCの中に公式な（サブリージョナルな）組織を作ろうという意思が形成されてきた」という状況分析が示され、そのうえでITUC加盟組織はアラブ地域の労働者を代表することをリードし、社会正義、良好なガバナンス、基本的権利の尊重等を含む民主的な転換に寄与するため、社会経済的な組織（structure）を設立することを支持する、として、

---

[3]　この表現の中に、この地域組織設立がICATU（アラブ労働組合連合）とITUCの対立構図の中で構想されていることがあらわれている。

第 2 章　各国労働運動の課題と挑戦

「アラブ・サブリージョン」を 2014 年下半期に設立し、そのために必要な規約改正を行うことを決定した。

この本部提案は、「アラブの春」支援の強い意志をもって行われたものである。執行委員会では、「アラブの春」支援に異議を唱えることなどはありえず、アフリカ地域組織から、アラブ労働組合連盟設立が「アフリカを分断する」との発言があったほかは、執行委員の多くから「アラブ、がんばれ」という国際連帯の声援が相次いだ。

ところで筆者は、ITUC 執行委員会の前に AP 地域選出の執行委員に、さきにのべた規約と HISTADRUT 排除の問題を提起しておいたが、こうした筆者の行動がのちに思わぬ余波を招いた。

アラブ労働組合連盟の結成

その後の調整のなかで、2 地域組織にわたる小地域の結成には本部規約に「本部執行委員会は、2 またはそれ以上の地域にわたり小地域を設立することができる」というトップダウンの条項を新設することになった。これであれば両地域組織に「サブ・リージョン」の設置についての規約を設けることなく、本部の規約によってアラブ小地域を設置できる。残るは、この本部規約の改正を 2014 年 5 月に予定されていた第 3 回 ITUC 大会に間に合わせることと、それに向けた細則の検討を機関決定に向けたむけた時間表にそって進めることだった。

具体的には、このサブ・リージョンに参加する組織の資格について、ITUC の執行委員会では「既存の加盟関係に影響しない」ことだけが確認されたが、これでは曖昧にすぎる。筆者は、ITUC の加盟が「本部に加盟し、そののち地域組織に加盟する」という厳格な規定があることを適用し「ITUC、地域組織の順で加盟する組織がアラブ・サブリージョンに加盟することができる」とすべきことを再三にわたり確認を求めた。これが明確でなければ、「ITUC と

第6節　アラブ労働組合連盟の結成──アラブの春へのサポートと中東和平の推進へ

アラブ・サブリージョンに入っていれば、地域組織に入る必要がない」という議論を誘発し、その次には両地域組織の加盟組織をもってアラブ・サブリージョンを構成するという組織規律が崩れ、ひいてはアラブ・サブリージョンのアジア太平洋地域組織、アフリカ地域組織からの分離に道をひらく可能性があったからである。「アフリカの分断」という先の執行委員会の発言はこうした懸念によるものであった。

　さらにアラブ・サブリージョンにおける ITUC アフリカ、ITUC-AP 両地域書記長の地位の問題について、ITUC 執行委員会の決定では「両地域組織の書記長はアラブ・サブリージョンの会議に招待される」としか規定していなかった。出席しても権限がなければ意味がない。そこで筆者は、地域組織執行委員会とアラブ・サブリージョンの執行機関との関係を有機的にするために「両地域書記長を職務執行委員としてアラブ・サブリージョンの執行機関に加える」ことを求めた。アフリカ地域書記長はこれを歓迎し、本部もこの修正を受け入れた。

　以上の手続きについては、2013 年 11 月 21 日の調整会議で合意に達し、AP の執行機関への報告了承の手順を確認しつつ、第 3 回 ITUC ベルリン大会（2014 年 5 月 18~23 日）での決定をめざす手続きに乗せることができた。具体的には、これら所要事項については、ITUC 大会前に開かれた ITUC-AP の運営委員会と ITUC 執行委員会の事後承認を得、ITUC 大会においてアラブ・サブリージョンの設立に向かう規約改正の手続きを完了することができた。

　新組織の名称は、アラブ労働組合連盟（Arab Trade Union Confederation = ATUC）と定められた。当初の MENA 構想からアラブを前面に出したグループの創設である。

第2章　各国労働運動の課題と挑戦

アラブ労働組合連盟結成大会（シャヘール・サイード副会長・PGFTU書記長）

写真27　アラブ労働組合連盟結成大会（2014年、アンマン、ヨルダン）

エピローグ

　ベルリン大会ですべての手続きを終え、2014年10月1～2日の両日、アンマンでATUCの結成大会が開催された（写真27）。ITUC-APからは冒頭のリストからKTUF（クエート）が離脱し、この間に加盟組織となったオマーン労働組合総連盟（GFOTU、1万9千人）が加わって5カ国5組織80万7千人、アフリカからは7カ国12組織（推定59万3千人）、合計140万人である[4]。代議員54含め220人の規模で開催された大会は、アラブが自前の組織を持つことができたという熱気に包まれた。

　大会では、「ともに、より良い未来に向けて」という政策文書を

---

[4]　アルジェリア一般労働組合（UGTA＝256万人）とクエート労働組合連盟（KTUF＝3万5000人）は参加を見送った、これはATUCがICATUと対立する構図のなかで結成されたためとみることができる（注3参照）。

採択し、経済開発の遅れ、社会状況の悪化、政治改革の遅れ、労働組合基本権についての自覚がないことを確認し、アラブに自由にして民主主義にもとづく労働運動を確立するために組織化、組織強化、女性青年運動の推進、労働組合の内部民主主義の前進、社会対話の増進、組織競合による紛争防止、国際連帯の強化等にまい進することなどを宣言した。どれもが、アラブ社会の重要な課題である。大会選出の役員は、会長がアッバーシ・ハッシーネ（チュニジア労働総同盟 =UGTT）、第1副会長はシャヘール・サイード（PGFTU=パレスチナ）、第2副会長は女性のカトーン・アリ・アラディ（バーレーン労働組合総連盟 = GBFTU）、執行書記長はムスタファ・トゥリリ（UGTT = チュニジア）である。およそ1年という短期間に、本部、地域の規約上の隘路を切り抜け、アラブ TUC は結成の準備を終えたわけである。

アラブの春とノーベル平和賞

　チュニジアでは、ジャスミン革命の後、2013 年に政治、宗教抗争における対話を促進するためにチュニジア国民対話カルテットが結成された。チュニジア労働総同盟（UGTT）、チュニジア商工職工協会、チュニジア人権擁護連盟、チュニジア法律家協会である。カルテットは、政権の平和的な移行に貢献し、中東・北アフリカの平和と民主主義の増進に貢献したとして、2015 年にノーベル平和賞を受けた。アッバーシ・ハッシーネ UGTT 会長は、労働組合指導者として初の受賞である。同年の第 15 回 ITUC 執行委員会は UGTT の受賞にたいし、総意で祝意を贈った。

　ところでアラブには、スンニ派、シーア派をはじめとする多くのイスラム宗教派が入り組み、また部族社会のなごりも色濃く残っている。資金援助をする支援団体（ドナー）も多いが、それぞれの

組織は独自のアラブ政策とパートナーを持っており、そのなかで、ITUC の目指す自由にして民主的、独立の組織運動を統一的に展開するにはかなりの困難を伴うことは想像に難くない。船出から巡航レベルに達するには時間がかかる。

それにしても、アラブ TUC の設立の時期に不幸であったことは、特に 2014 年 7 月から 8 月にパレスチナ問題が火を噴き、ガザ戦争が起きてしまったことだ。それであればこそ、アラブ TUC の結成大会の開会式で ITUC の代表が「ITUC はイスラエルを弾劾する」という言葉であいさつを始めたのだろうが、中東問題はそのように断罪してすむような単純なものではない。筆者は、この提案がバロー書記長からなされてから、一貫して新組織はアラブの春の推進、そして中東和平に貢献すべきものということを主張してきた。

結果として本部主導で設置されたアラブ TUC は HISTADRUT を排除した。これは後戻りができない。しかしそうではあっても、アラブ TUC がその活動を本格化していく過程で中東・北アフリカ地域の民主化、安定と発展、そしてなによりも中東和平に貢献していくことが強く望まれる。

さて、先にのべた余波のことである。アラブ TUC 結成過程で筆者が本部との調整の過程で、アラブという地域区分の問題も含め、規約の順守、加盟手続きの原則、両地域組織のアラブ TUC にたいする有機的関連などを強く主張していたことが、アラブ TUC 結成に反対していると取られたためであろうが、2015 年に行われた第 3 回 ITUC-AP 大会の書記長選挙では、中東の加盟組織から筆者への推薦がなかった[5]。

筆者は、組織運営については、規約、本部と地域の方針の調和、とくに地域に根差した特殊性やニーズ、組織人員のバランス、マジョリティの所在等に配慮してきたが、こうした筆者の組織運営に対し一部組織から「鈴木は緊張を作りだす」あるいは「理不尽に反対

---

[5]　正確に言えば、ヨルダンの GFJTU は当初、筆者を推薦したが、そののち、それを取り消すことなく対立候補も推薦した。

ばかりしている」という意外な批判を受けたこともあった。しかし規約は組織の憲法であり、組織運営の原則や政策は長い活動のなかで地域大会や執行委員会の討議と合意のもとに築きあげられたものだ。その重視は当然のことだ。特定グループの声に耳を傾け、その場の事情に応じて執行委員会の審議や了解なく、独断的に書記長が進めてしまうことは行動規範違反になる。緊急事態への対処はもとより別であるが。

ITUC-AP 書記長は地域大会で選挙されており、地域の運営には執行委員会の監督のもとに全責任を負っている。地域と本部には見解の違いがまま発生する。当然、最終的には ITUC 執行委員会の決定がすべてであり、地域書記長はその決定を遂行する規約上の義務がある。そして規約上、地域書記長は本部書記次長であり、本部書記長の指揮下におかれる。しかし、最終決定に至る過程では本部と地域の書記長間で、さらに本部と地域の執行委員会で議論を尽くす必要がある。

結果的には、新組織の結成というきわめて政治性の高い事案についての作業が、地域書記長の上位にある本部書記長の決定を事務的に処理することで進められ、本部執行委員会も地域執行委員会も結成の必要性や新組織の構造、手続き等について事前に審議することはなかった。しかし筆者は、可能な限り規約で定められた職務にそってアラブ TUC の結成を ITUC 規約との整合性をはかるべく調整にあたってきた。こうしたことは本部書記長のイエスマンでは到底できなかったことだ。

かえりみれば、中東加盟組織からの推薦がなかったということは、筆者のさまざまな議論や主張が関係組織に届いていたことの確認にはなった。これは組織の透明性という意味で好ましいことである。ただしこうしたことが、第 3 回 ITUC-AP 大会の書記長選挙において筆者に対するネガティブ・キャンペーンの材料となってしまい、執行委員会と規約、手続きの尊重という筆者の真意が理解されなかったという点では遺憾ではあったが。

第**3**章 連帯を国際化しよう

プロローグ

　「この本部提案はダメだ。潰そう」

　2004 年 10 月 12 日、ニューデリーで第 77 回 ICFTU-APRO 執行
委員会が開催された。会議出席のために到着した笹森清連合会長が
筆者に発した開口一番の言葉だ。同年 12 月 5~10 日に開催が予定
されていた第 18 回 ICFTU 宮崎大会に本部は「連帯を国際化しよう」
という提案をする予定になっていた。そこには地域組織の地位の変
更に関する提案が盛り込まれていた。

　本章は、この本部提案の経緯と地域での議論、そして ICFTU が
この提案を撤回した経緯をテーマとする。

【ICFTU、ITUC 関連年表】（第 3、4 章関連）

1945 年：第 2 次世界大戦終結、世界労働組合連盟（WFTU）結成、国連発足
1946 年 3 月：チャーチル英国首相、鉄のカーテン演説
1949 年：世界労働組合連盟分裂、国際自由労連結成（日本から加藤閲男国鉄
　　　　労組委員長、森口仲造全日労議長、滝田実全繊同盟会長、原口幸隆全
　　　　鉱委員長、荒木正三郎日教組委員長が参加）
1951 年：ICFTU アジア地域組織（ARO）結成（書記局はインド）

185

第 3 章　連帯を国際化しよう

1965 年：V. S. マツール ARO 書記長就任

1968 年：国際キリスト教労連、国際労連（WCL）と改称

1969 年：P. P. ナラヤナン（マレーシア）ARO 会長就任

1976 年：デヴァン・ナイア（シンガポール）ARO 会長就任

1982 年：ジョン・バンダーベーケン ICFTU 書記長就任、宇佐美忠信 ARO 会長就任

1984 年：ICFTU-ARO、アジア太平洋地域組織（ICFTU-APRO）と改称

1989 年：ICFTU-APRO、書記局をシンガポールに移転・和泉孝書記長就任、ゴペシュワール（インド）APRO 会長就任、連合結成、ベルリンの壁撤去開始、

1992 年：エンゾ・フリーゾ ICFTU 書記長就任

1994 年：ケン・ダグラス（ニュージーランド）APRO 会長就任

1995 年：ビル・ジョーダン ICFTU 書記長就任

1996 年：第 16 回 ICFTU ブリュッセル大会

1999 年：鈴木則之 ICFTU-APRO 書記長就任、シャラン・バロー（オーストラリア）APRO 会長就任

2000 年：第 17 回 ICFTU ダーバン大会

2002 年：ガイ・ライダー ICFTU 書記長就任

2003 年：ETUC 第 10 回プラハ大会

2004 年：第 77 回 ICFTU-APRO ニューデリー執行委員会、第 18 回 ICFTU 宮崎大会

2005 年：ラジャセカラン（マレーシア）APRO 会長就任

2006 年：ITUC 結成、ガイ・ライダー ITUC 書記長就任

2007 年：ITUC- アジア太平洋地域組織（ITUC-AP）結成、ラジャセカラン（マレーシア）AP 会長就任、鈴木則之 AP 書記長就任

2010 年：シャラン・バロー ITUC 書記長就任

2011 年：サンジバ・レディ（インド）ITUC-AP 会長就任

2015 年：フェリックス・アンソニー（フィージー）AP 会長就任

2017 年：吉田昌哉 ITUC-AP 書記長就任

「連帯を国際化しよう」

　2004年12月に宮崎で第18回ICFTU大会が開催されようとしていた。その大会に提出予定の本部提案が組織討議のために全組織に配布されたのは2004年9月ごろであった。筆者のもとに「本部は地域大会を廃止しようとしている。これは地域組織取り潰しだ」という連絡が相次いだ。2004年6月の第120回ICFTU執行委員会では、大会提出決議が15本提出予定であり、そのうち14の個別テーマについての決議は、大会作業委員会の議論を経て大会に提出されること、そして大会テーマである「連帯を国際化しよう——未来のために国際労働運動を構築しよう」については、ガイ・ライダー書記長に起草を一任し、それを大会文書として討議に付す、ということになっていた。

　この大会議案は3部構成となっていた。第1部は、グローバライゼーションについての情勢分析、第2部は、それに対するICFTU内部の組織体制の変革、そして第3部は国際労連（WCL）との合同である。なお第3部については、次の第4章で概説する。

　ライダー書記長は、議案序文で次のように組織改革の重要性を力説した。

　　「全世界の労働組合は経済の国際化で前例のない挑戦を受けている。この報告では現在とは截然と異なる国際労働運動のためのビジョンを提示する。それは、変化であり、運動の首尾一貫性であり、民主主義と多元的共存を尊重する連帯である。大会論議の焦点は、労働組合国際主義の構造、機能、本質である。前回ダーバン大会、それに続く組織強化のためのミレニアム・レビュー[1]

---

[1]　ミレニアム・レビューとは、第17回ICFTUダーバン大会（2000年）で決定された組織再検討のプロジェクト。ICFTUのプレゼンスの強化、効果的組織形態、多国籍企業対策、国際機関との交渉力の強化、男女平等と青年の参加推進などが議論された。

で、われわれの運動を再び創造し、焦点をさだめエネルギーを注ぐこと、そしてより強く、より効果的、かつより首尾一貫することの必要性を確認した。進歩はした。しかし道半ばである。それゆえ、大会では国際労働運動が連帯を国際化するためにとるべきステップを考察しなければならない。本報告は、ICFTU と地域組織の行動様式の根本的変革、GUFs や他の国際組織との協力のあり方について提案するものである。宮崎大会は、真の変革という歴史的必要性にこたえる機会であり、またその責任がある。各国組織は、直面している現象や問題が国際的側面を持っていることをよく理解している。われわれが、各国加盟組織が国際活動にかかわることができるようにビジョン、サービス、組織的方法を提供するとき、われわれはグローバライゼーションの潮流を変えることができる」

これに続く第1部は「世界を変革する」という 11 ページの論文である。そこでは組織強化、改革の必要性が縷縷のべられているが、要するに、グローバライゼーションによって各国レベルの課題も国際レベルの課題も同じ方向に収斂していくので、各国レベルと国際レベルの行動のギャップを埋めるために組織改革を行い、新しい労働組合国際主義のために行動しよう、そのために決意をもって宮崎で議論しようということに尽きる。

ここで注目すべき点は、ICFTU と加盟組合の関係でグローバライゼーションへの対応を進めようという論調になっていることである。グローバライゼーションへの対応を強化しようという趣旨はもっともである。しかしライダー書記長の視野から地域組織が消えている。これが第2部で具体的に提案される。地域大会の選挙を廃止し、地域書記長を本部の機構の中に繰り入れるという、事実上の地域組織取り潰しである。

具体的な議論はどうか。第2部の標題は「連帯を機能させる」である。そこではまず、ICFTU の自省がのべられる。

- ICFTU は、公的場面であまり目立たない。有力 NGO と比べてどうか。
- ICFTU の活動は組合員の大多数に知られていない。
- その結果でもあるが、財政が不十分で行動と影響力に限界がある。
- ICFTU は歴史の変化に自らを適応させていない。冷戦という地政学的な対決の中で生まれ、たたかいに加わったが、それも終わった。そして当初の存在意義を失ったが、あらたなものを創造できていない。
- 効果的な大衆参加、加盟組織の積極的参加がない中で、内なる民主主義と意思決定が硬直化し官僚的となった。コミュニケーションのラインが拡散し、職場の現実から距離がある。このため ICFTU は本来取り組むべき課題から離れてしまい、ICFTU が有しているはずのインパクトについての自覚が弱くなっている。
- ICFTU は、国際組織の一つでしかなく、原資と努力が拡散されるリスクがある。全体的統一性と運動のインパクトが損なわれている。

　深刻な自省が述べられた。2002 年に就任したライダー ICFTU 書記長みずからの経験にもとづく組織の欠陥が赤裸々に描かれている。ICFTU-APRO 書記局で活動していた筆者もこうした組織の課題を自覚していた。
　このような問題意識に沿いつつ、ライダー書記長は ICFTU のマネージメントの改善、執行委員会運営の改善、各国向け・国際向け原資の振り分けの点検、16（!）にものぼる各種委員会の整理、IT の活用、各国組織と ICFTU の恒常的な連結による加盟組織の参加、大会決定事項の実施の方法、等々、多くの課題をあげている。こうした組織点検による運動の効率化は、常につづけていかなければならないことである。そして次に地域組織が検討の俎上にのぼる。

第3章　連帯を国際化しよう

地域組織弾劾

　ライダー書記長は言う。

　　「現在、本部予算の 17% が地域に使用されている。1991 年に
　は 8% であった。国際連帯資金[2]のうち 70% が地域に供与されて
　いる。これは 1996 年の第 16 回 ICFTU 大会決定（囲み参照）にも
　とづき、原資を地域に厚く振り分けたものだ。しかし、そのこと
　によって地域組織には責任も生ずる。
　　本部と地域組織の関係において、世界政策を地域において執行
　するという一体性が確保されていない。報告もおざなりである。
　加盟問題においては、本部と地域の間につねに緊張が生ずる。地
　域組織の活動計画は、一般的に本部の活動計画とは別のものだ。
　ICFTU の共通のゴールを実現するために連帯した努力が必要だ。
　労働組合のインターナショナリズムを実現するために、目的、能
　力、ガバナンス、対応力を強化する必要がある。地域組織には執
　行委員会があるが、年に一度会合するだけである」

　アジア太平洋地域組織は 1951 年に結成され、組織も運動も自分
たちのものだという意識が指導者のなかに強く息づいている。アフ
リカと汎米州（南北アメリカ）の地域書記長は、1996 年決議にのべ
られているように、政治経済の混乱、組織乱立のなかで文字通り
現実と格闘している。それぞれに政治的、社会的に難しい状況があ
るが、そのような個別事情は考慮されていない。要するに、ICFTU
は 1996 年に地域組織重視を決めたにもかかわらず、また地域への
資金も大幅に増額したにもかかわらず、本部の運動と整合性を欠
き、労働組合インターナショナリズムを推進するには失格だ、と言

---

[2]　本部、地域、加盟組合が行うさまざまな活動の原資の一部としてICFTUは加
　盟組織に対し、国際連帯資金として加盟費の1%に相当する金額の拠出を求め
　た。この要請は現在もつづいている。

190

わんばかりである。

　こうした手厳しい批判に ICFTU-APRO の指導部はたまらない思いであったはずである。筆者も、このような本部書記長の地域組織弾劾を受けて「地域事情を理解していない」と、いたたまれない思いであった。

第 16 回 ICFTU ブリュッセル大会（1996 年）決議
地域組織強化

・ICFTU の地域における行動の機関（arm）として地域組織の役割と能力は強化されなければならない。地域固有の状況に対応するために、加盟組織に近い立場にある地域組織は、本部を代表して行動する有利なポジションにある。

・具体的には、プロジェクト、教育、社会経済的アクション、財政総務の権限とリソースを地域に移す。同時に、世界的課題について、本部規約の原則にそう政策の一貫性を保持すること、ならびに本部書記長と執行委員会が全般的な調整機能を持つことの重要性を考慮する。

・ICFTU の政策と戦略の形成について、本部と地域組織、ITSs とのコミュニケーションと調整を改善する。

・ICFTU 地域組織の強化プロセスには、それぞれのペースとパターンがある。アジア太平洋地域組織については、その加盟組織と構造は長期にわたり安定し、財政基盤は強化されている。他方、アフリカ地域組織は、近年における一党全体主義諸政権の崩壊後、突破口が開け、1994 年にアフリカに事務所を設置することができた。ORIT（汎米州地域組織）は、基盤は強固だが 1990 年代初頭に主要数組織の加盟問題があり、困難な時期を乗り越え、あらたな組織力を得た。

第 3 章　連帯を国際化しよう

地域大会を廃止する

　こうした地域組織にたいする認識と評価にもとづき、ライダー書記長は「ICFTU 本部と地域組織はそれぞれ箱のように区分されすぎており、ICFTU の目標を追求するためのグローバルな行動を妨げている」と結論づけ、ICFTU の全世界的効率性を高め、地域組織が ICFTU の政策を実施する役割と効率性を改善するため、地域組織の抜本改組を提案する、という。この章の標題は「単一のグローバル運動のなかの地域組織」であり、その骨子は、次のようなものだ。

　　「本部と地域の運営方法を根本から変更する。地域大会を廃止し、地域書記長を地域執行書記長とする。地域執行書記長は地域執行委員会の推挙で本部任命とする。地域執行書記長を本部副書記長として、本部マネージメントチームと一体となった組織運営を目指す。活動計画を、執行書記長をまじえ本部マネージメントチームが策定する。本部大会時に地域集会を開催し、執行委員会を構成する。執行委員会は本部の計画の進捗を監督する」

　この方針には、地域組織から現在認められている一定の裁量権や政治的意思決定権を取り除き、地域組織を本部機構の中に取り入れ、各種プロジェクトの実施機関とするような方向が見て取れる。運営委員会の廃止は、地域における政治課題に対する機動的な対応を不可能にする。この大掛かりな組織改変について、当時の地域組織の体制とライダー書記長提案を表 1 で比べてみよう。

192

表1　現行地域組織とライダー提案

ICFTU地域組織再編の方向	
ICFTU現行（2004年）	ライダー書記長提案
地域大会	
4年に1回開催する。地域の最高意思決定機関	大会を廃止し、ICFTU大会時に開かれる地域総会とする。
地域執行委員会	
地域大会で選出される。ICFTUとICFTU-APRO大会で定められた一般政策にしたがい地域における大会に次ぐ決議機関であり、少なくとも年1回開かれる	ICFTU大会にあわせ地域総会を開催し、選出する。会議は年1回開かれる。
運営委員会	
次の執行委員会までの緊急重要案件について適宜開催される。	廃止する。
書記長のポジション	
書記長を地域大会で選出。地域組織の代表者。	執行書記長と変更、執行委員会が推薦し本部執行委員会が承認する。本部の副書記長とする。
会　長	
執行委員会が選出し、執行機関を主宰する。	地域集会が選出する。
企画会議	
本部書記長と地域書記長の会議（Directorate＝非公式、規約外）が開催され、時々の各地域における重要な政治課題について意見交換を行う。	大会後、ICFTU本部のマネージメントチームが大会決定の実施について地域執行書記長をまじえ本部地域の連結した活動計画を作成し、それを地域執行委員会が洗練し実施を監督する。
各種委員会	
執行委員会のもとに適宜設置できる。	本部に設置する各種委員会を地域にも設置する。

第3章　連帯を国際化しよう

財　政	
毎年、本部執行委員会に地域の監査を経た会計報告を提出。	連結決算をふくむ会計、監査方針を作成する。
地域活動報告	
毎年1回本部執行委員会に提出。	記載なし。
地域書記長の本部執行委員会での地位	
本部執行委員会で執行部の一員として待遇。	副書記長格だがマネージメントチーム内のポジションは不明。
地域の規約上の位置	
本部規約に定められた ICFTU の目的を地域において追求し、大会決定を実施する。	記載なし。

　ことは重大である。現行の地域大会、すなわち地域の自律性を担保する最も枢要な選挙という民主主義のシステムを廃止するという提案だ。具体的には、本部大会中に地域組織の総会を開催して執行委員会を「選挙する」、そして地域総会はその時に限り開催する、ということである。この「選挙」は地域から ICFTU 大会に出席している比較的少数の代議員だけで行われることになる。

　つぎにこうして「選挙」される執行委員会が地域の執行書記長を任命し、本部執行委員会の承認を受ける、という提案が続く。現行では、地域書記長は地域大会で選挙されており、このことが地域書記長に地域における政治的ポジションを与えている。これをはく奪し、そのうえで執行書記長として本部のマネージメントに一体化する提案である。執行書記長とは、業務執行者として決定を執行するポジションのことであり、決定権は持たない。しかも地域執行委員会は、本部の計画の執行を監督する機能にとどめられており、意思決定権を与えられていない。さらに提案は「地域運営委員会のような執行小機関は廃止する」と念を押している。

　ライダー書記長はのべる。

「アフリカ、アジア太平洋地域、汎アメリカの地域大会は2005年に予定されているが、それを最終として廃止する。地域規約、本部規約によって地域組織に認められている役割は、本部方針を実施することであり政策を策定することではない。この現行規定は、そもそも地域大会の必要性や価値を疑わしく思わせるものだ。地域から選出される執行委員への期待と役割が強化され改善されれば、また地域からの執行委員がICFTU執行機関に実質的な提案を行い、責任をもてば、現在は地域大会に与えられている企画と監督がさらに効果的に実施されるということを意味する」

ライダー書記長はさらに続ける。

「こうした地域組織編制の変更の理由、そしてその価値は、どの程度、首尾一貫した効果的な労働組合インターナショナリズムを推進しようとするかにかかっている。これは、各地域組織と本部の調整にとどまらず地域間の調整も含まれる。ICFTUは、もはや各地域組織を横断する活動計画の真の統合という必要性から避けているわけにはいかない。本（宮崎）大会でたとえば特定企業の組織化活動、輸出加工地域、地域の貿易協定、労働組合開発協力などについて世界レベルでの優先課題が承認されれば、本部書記長はこうした目標を追求する責任をもち、また地域書記長は可能な限り、そして地域活動計画に統合されたものとして、それらの実現に最大限努力する責任を負うことになる。このことは、ICFTUと地域組織による共同企画という全く新しいアプローチを必要とする。現在のやりかたがどれほど効果的であると思われようとも、また関係者がどれほど適切なコミュニケーションを保とうと努力しているとしても、現在のように別々な、あるいは同時並行的な企画のあり方は、眼前の課題に対して適切なものではない」

要するにライダー書記長提案は、本部書記長に権限を集中し、地

第3章　連帯を国際化しよう

域書記長を本部の機構に統合し、組織全体を中央集権的に再編制しようとするものであった。しかも、提案文書のどこにも触れられていない財政自主権の問題もある。地域組織は本部の計画を実施するものとなるから、予算は当然、本部が一括管理することになる。膨大かつ多岐にわたる予算項目の立案、執行、決算、監査を中央で一括することが、はたして地域の機動力を高めるものだろうか。

　本部提案は、これまでの ICFTU-APRO の組織構造を根本から覆すものであった。組織内が騒然としたのも当然のことだ。はたして連帯のグローバル化への対応のためには、国際労働運動を中央集権化しなければならないのだろうか。当時も今も、筆者の意見は、否である。それは現状維持という保守的な立場からではない。グローバル化の負の側面は途上国にとりわけ顕著であり、地域の声をさらに重視し、地域、職場と労働者の生活の実態に根ざした運動を同時に進めるべきである。本部の意思決定機関である執行委員会には途上国の参加が少ない。それをくみ上げているのが地域執行委員会だ。そのようにして ICFTU 全体の枠組みのなかで、地域の意見は意思決定の過程で尊重されている。自主性を発揮させ、運動を強化していくことが連帯のグローバル化の軸になければならない。本部提案は逆の道を行こうとするかのようであった。

　ICFTU の地域組織は、本部の大会決定にそって組織的活動、財政的・運営の透明性確保、組合員への説明責任などを恒常的に果たしている。財政も含めた本部執行委員会への報告も遺漏なく送り、質疑をうけ承認されるという仕組みのなかで本部の活動との一体性が確保されている。地域執行委員会の権限のもとで書記長を監督し、組織と運動の点検と改革を推進し、地域における連帯のグローバル化の拠点として十分な機能を果たす、というのがあるべき組織のすがたであろう。

　グローバルな課題に共同で取り組もうという提案には誰にも異存がないはずだ。しかし問題は、そうした運動や活動を本部直轄でグローバルに展開するために、地域組織から民主的装置としての大会

196

を取り除き、中央集権的に組織を改編することが適当かどうか、そうしたことがさまざまな事情や特性を抱えた地域において、はたして真に ICFTU 運動を効率的に推進することになるであろうか、また地域書記長から政治的パワーを取り去り、執行書記長という業務執行者とすることが適当かどうか、ということであった。実権を持つ地域書記長が本部と地域の組織・政策調整に果たしている役割については、第 2 章で縷縷のべてきたとおりである。

　ライダー書記長提案は一見合理的、と見えるかもしれない。紙の上で組織図を書けばその通りでもあろう。しかしアジア太平洋地域だけでも約 29 カ国、38 組織を、しかも内部対立や政治・社会の条件がさまざまに異なる集団を本部直轄でリードするというプランは、実務からかなり離れた机上の論理であると断じざるを得なかった。これを、アフリカと汎米州地域組織をふくめ、一括して実施しようというものだった。ちなみにヨーロッパにはこの当時、地域組織も地域委員会もなかった。ヨーロッパはこうした中央集権化構想には含まれてはいなかった。

「第 18 回 ICFTU 宮崎大会を返上する」

　ニューデリーでの執行委員会前夜、有志が集まり翌日の対応を検討した。議論は「地域組織取り潰し」反対の議論で沸騰した。笹森連合会長は再度「皆で潰そう」という決意と「私が最初に発言する」とのべた。本部書記長の面前で、本部の議案に反対することにはためらいをもつのが普通だ。このため連合会長が真っ先に発言することで、こうした心理的抑制を取り外すことができる。このことで反対意見をもつ執行委員は心理的負担を感じないで発言できる。

　執行委員会議長はバロー会長。第 1 日目の午後、議題 8 で論議が開始された。多くの発言希望者から会長が指名した第一発言者は、ラジャセカラン MTUC 書記長（マレーシア）。「断固反対」。ついで笹森連合会長。筆者のメモから当時を再現する。

第 3 章　連帯を国際化しよう

> 「提案は、納得もできないし、理解もできない。第 2 章の地域
> 組織に関する部分は受け入れることができない。連帯の力を生か
> す、というが、そうはならない。運動を強化するために ICFTU
> 宮崎大会を招致した。これを返上する」

宮崎大会は 2 カ月後にせまっている。笹森連合会長は、その返上
を ICFTU-APRO 執行委員全員を前にしてライダー書記長に公然と
申し出た。執行委員会がこの発言に息をのんだ。ライダー書記長の
顔は蒼白になった。
　笹森連合会長はさらに続ける。

> 「背景と認識のところで本部は組織の問題について地域組織に責
> 任を転嫁している。これでは地域書記長は立つ瀬がなかろう。労
> 働運動の認識がだめだ。本部のデスクは遠いところにある。職場
> が原点である。本部は地域の苦しみがわかるか。運動には、地域
> の独自性、主体性、自律性が必要だ。これを捨てろということか。
> それは連帯、地域の活性化に逆行する。効率化のために大切なも
> のを失うな。書記局が運動に君臨してはならない。中央コントロ
> ール強化は、民主的ではなく、独裁運動である。組織の多様性を
> 大切にすべきである。撤回し、修正せよ。大会成功のためだ」

笹森連合会長の火の出るような反対論を受けて、他の執行委員か
らも笹森発言への賛意と本部提案への強い反対が相次いだ。「この
提案は想像を絶する結末を招く」「ヨーロッパ中心主義[3]にアジア太

---

[3] 　アジアの労働運動指導者がときおり「ユーロ・セントリック＝ヨーロッパ中
心主義」と本部の運動を評価することがある。これは執行委員会の決定が組
織人員の多いヨーロッパの意向に傾くという構造的なもののほかに、長い労
働運動の歴史と高い労働基準のある欧州よりもアジアが遅れているという、
多くは黙示的なアジアに対する批判的な見方が底流にある。本章の地域組織
改編についてヨーロッパは除外されており、また次章にのべるWCLとの合同

198

平洋地域組織を巻き込むな」「欧州の利益を守るものだ」「地域の独立を守れ」等々、ついには、「このままでは ICFTU を脱退する」との意見も出た。これに対しバロー会長は賛成の立場で討論、「本部提案には問題なし。ノーは言わず、書記長の自主性に任せよう」。

　議論は、インド政府の労働大臣を待たせながらレセプションの開始時刻をはるかに過ぎた夜 8 時になっても終わらなかった。ICFTU-APRO は 1951 年の結成以来、コンセンサスベースで組織を運営し、政策や運動方針について多数決をとったことがなかった。しかしこの議案へのコンセンサスはない。時間切れのため地域組織始まって以来はじめての、採決という手段で地域組織の意思を決定することになった。結果は 23 対 5。圧倒的多数で地域組織の構造と運営に関する本部書記長提案は否決された。

　これをうけライダー書記長は「6 月の ICFTU 執行委員会の委任を受け、大会文書を作成した。これをもとにアフリカ、アメリカにも説明する。ヨーロッパ中心主義という批判は当たらない。労働組合は、変化を受け入れ、限りある原資の使い方を考えなければならない。地域組織の役割と責任は将来、今よりも大きくなる。大会で議論する。これが民主的手続きだ」と総括し、引きつづき提案を推進していく意思をあきらかにした。

　ライダー書記長の提案は、筆者の経験からすればライダー書記長が独断で提出したものではなく、おそらくは主要組織との慎重な非公式調整があり、ICFTU としての合意が得られるであろうとの見通しのもとに公表した筈だ。したがって ICFTU-APRO が地域組織に関係する部分に反対決議をしても、手続き的には本部執行委員会の審議に持ち込むという手続きは当然のことだ。しかし宮崎大会返上がかかっている。この重みを ICFTU 執行委員会がどのようにとりあつかうかが問われた。

　反対論の渦巻いた翌朝、再度、笹森連合会長が提案した。

　についても「ETUCの構造をICFTUに持ち込んだもの」という議論があり、これもユーロ・セントリックと評された。

第3章　連帯を国際化しよう

　「宮崎大会では、原則についての議論にとどめ、地域組織の規
　約上の地位や構造、大会や執行委員会の機能、コミュニケーショ
　ンや意思決定プロセスの改善、ICFTU の政策に基づく連帯、調和
　した行動等については、WCL との合併後に先送りすべきである」

この笹森提案が採択され、本部に送られた。

トップダウンか、地域重視か

　本部にとって事態は深刻である。第一に、本部書記長提案が地域
執行委員会によって否決されてしまったことだ。前例のない事態だ。
第二に「宮崎大会返上」という笹森連合会長の発言が生きている。
　実務的に組織運営にあたっていた筆者は、ICFTU 書記長による
地域取り潰しの提案は運動を停滞させることになる、と深刻な懸念
を持っていた。中央への運動、活動の一元化によって、一見、効率
的な運動ができるように思えるかもしれない。しかし提案のように
大会を廃止し、地域書記長を本部執行機関の一部にすることによっ
て、地域「執行」書記長は、実際には本部の事務局員のもとで活動
することになる。しかし、地域から遠い本部と、直接的コンタクト
によって調整を進めている地域書記局では情報の質と量が違う。い
わく言い難い地域事情は、地域の書記長でなければ適切に消化し判
断することはできない。
　さらに本部には、地域事情、各国対策について、有力組織やドナ
ーからさまざまな政策的提言が非公式に届けられる。こうしたこと
に対して本部は、そのような組織やドナーから財政支援を受けてい
るという事情もあり、にわかには抗しがたいという事情もある。こ
れは政策決定におけるブラックボックスといってもよいものであ
る。そこに政治的な意思決定権をもつ地域執行委員会と地域書記長
のチェック・バランスが必要になる。そうでなければ、ICFTU の

200

運営には、ごく少数の大加盟組織と ICFTU に活動資金を供与するドナーが（ブラックボックスのなかで）大きな影響をふるうことになってしまいかねない。

さらに、「加盟問題では本部と地域の意見が異なり、緊張が生ずる」とライダー書記長はのべる。ICFTU の加盟は、一国の労使関係にかかわる政治的な性格をもち、当該国の労働運動の状況と労使関係に関して本部と地域では、状況の判断に違いが発生するのは当然のことだ。さきのインドネシアやカンボジアの加盟問題審査のプロセスがその例だ。地域組織が地域事情にもとづいて時には異論を述べるのは当然であり、それにたいし「緊張をつくる」と形容することは、ICFTU 加盟のもつ政治的意味合いと合理的な処理の仕方——既存組合との調整と共同行動メカニズムつくり——を軽視してはいないか。新加盟問題は、当該国の労使関係のあり方に強いインパクトを与える。それだけに地域組織の見解は十分に尊重されなければならず、本部書記長の判断のみによるトップダウンで進めてよいような単純な問題ではない。

実際問題として、地域書記長が選挙されていなければ、プロジェクトの実施や加盟問題にいたる数多くの課題について、本部書記長に意見を具申することすら困難になりかねない。

筆者は、ライダー書記長と個別に懇談し、率直に、腹蔵なく懸念と反対を表明したが、書記長は「変化が必要だ、地域書記長の役割は今となにも変わらない」と繰り返すばかりであった。たとえば、であるが、ライダー書記長提案では、出張許可も本部書記長の権限になる公算が大であった。予算執行については提案の中に含まれていなかったが、これも本部書記局管理となって地域組織の財政は金縛り的になったであろう。地域組織は公式なものだけでも年間 100 以上の活動や会議がある。地域書記長は、毎週 1 回以上の出張がある。公式、非公式な調整も数かぎりない。これらすべてについて、いかにすれば本部書記長が適時適切に地域「執行」書記長の行動と財政を管理監督できるであろうか。

第3章　連帯を国際化しよう

　一例をあげれば、2013 年にインドネシアの最賃大衆行動が襲撃を受けたことがあった。KSPI から週末に連帯声明の発信と記者会見をしたいとの救援要請があった。重傷者 2 名へのお見舞いも必要だった。即決でインドネシアに急行した。このような時に本部書記長に「週明けに行ってよろしいですか」などと出張許可のお伺いをたてるような悠長な話は許されない。救援見舞金も本部の国際連帯資金に数週間もかかる申請などしている時間はなかった。これはほんの一例である。こうしたことでは運動に足枷がかけられ、地域組織は前のめりに倒れてしまうであろう。

　ここは重要な点なので、やや詳しく実務的に組織運営の実情を解説すれば、国際労働組合組織は、規約によって組織の代表者（ITUC と ITUC-AP は書記長）が執行機関の監督のもとに日常的な政策、財政、人事の全般にわたってすべての責任を負って組織を運営する。そこで活動の内容、スタッフの出張、金銭の支出の内容等、すべては書記長のサインで進むことになる。したがって、かりに本部書記長にすべての権限が集中されれば——そしてそうでなければ ICFTU の政治的、組織的一体性は保てない——「最賃大衆行動に対する襲撃」への対応は、「地域組織による事態の説明と対策の上申、出張許可と旅費の申請、本部書記長の決裁」という手順をふむ。これが「足枷がかけられ、組織は前のめりに倒れてしまう」ということである。とくにこうした事態がヨーロッパの夏の休暇期間、冬のクリスマス休暇におこってしまえば、事務手続きは「万事休す」である。ちなみに 2004 年 12 月 26 日（ヨーロッパのクリスマス休暇中）、シンガポール時間午前 8 時 58 分にスマトラ島沖地震が発生し、大津波がインドネシア、インド、タイ、マレーシアを襲った。当日、筆者はインドネシアにいたが、即座に事務所に連絡し、関係組織に連絡して事態を把握し、とりあえずの救援措置、地域での募金キャンペーンの準備をする、という初動対応を午前中には終わっていた。

　要するに、運動は原理原則を重んじつつ、現場の実態、自主性

写真 28　第 18 回 ICFTU 宮崎大会（演説する笹森清連合会長。2004 年、宮崎、日本）

（地域組織）を大切にしなければならないということに尽きる。地域組織の持っている政治的ポジション、調整力、情報を尊重しなければ組織は効率的に機能しない。ICFTU-APRO は、1951 年に結成されて以来、アジア太平洋地域の自前の組織であることを自負し、運営も着実かつ堅実に行われていた。こうしたことを否定し去ることは、ICFTU-APRO 執行委員会がいかにしても受け入れることができないことであった。おそらくライダー書記長は、WCL との統合の前に ICFTU 側の組織を整備しておきたかったに違いないが、その提案は結局、机上の空論であり「角を矯めて牛を殺す」ものでしかないと判断せざるをえないものだった。

　アフリカと汎米州地域組織においても、この提案に反対の議論があった。しかし、反対決議までには至らず、意見の表明に終わっていた。これでは弱い。宮崎大会返上をかけたライダー書記長提案の否決は、組織的にきわめて重かった。

　一方、ICFTU-APRO と ICFTU の間でこのような政治的事件が起きているとき、宮崎 ICFTU 大会の準備は連合によって粛々と進め

第 3 章　連帯を国際化しよう

られていた。

　その後、裏舞台での政治的展開があったのであろうが、2004 年 11 月 15 日、チリのサンチアゴで APLN 会議が開かれていた時、出席していた草野忠義連合事務局長が「ガイ、宮崎大会に小泉首相が来ることになった」と話しかけたとき、筆者はライダー書記長が深い安堵の念を表情に出したことを印象深く記憶している。連合の「宮崎大会返上」をよほど深刻にうけていた証拠である。写真 28 は宮崎大会。

　最終的には、本部書記長提案は、書記長の権威にたいするダメージをさけるために修正せず、そのまま大会に提出し、ICFTU 執行委員会が「大会ほか、現行規約の構造は維持し、かつ地域書記長は本部副書記長に任ずる」と修正を提案することで決着をみた。ICFTU-APRO 決議を本部の執行委員会が受け入れたことになる。この組織構造は ICFTU と WCL が合同して設立された ITUC にそのまま受け継がれていく。

エピローグ

　さて、宮崎大会の決定を受けて ICFTU は 5 つの重点プログラム、8 つの中核プログラムを決定した（囲み参照）。それらは国連、ILO など、ICFTU が統一行動を進める分野と、各国の優先課題を ICFTU がサポートしていく分野にわけられるが、後者はいずれも ICFTU の大綱方針のもとで地域組織が自主的な調整力を発揮することで、機動的かつ効果的に推進できるものばかりである。この課題の一覧をみれば、地域書記長を業務執行だけの執行書記長に位置づけ、現在、地域書記長が果たしている政治的役割をはく奪してしまう理由はどこにも見当たらない。それこそ「角を矯めて牛を殺す」ことになりかねなかった。

　ここで留意しなければならないことは、グローバルな課題は、そのすべてが必ずしも各国レベルの優先課題ではないことだ。たとえば、児童労働、自由貿易地域（労働組合法を適用除外とした産業団地）

等は、そのような問題がない国もある。したがって、ICFTU がグローバルキャンペーンをする場合の対象国・組織は選択的であるべきであり、逆に、受けるナショナルセンターも、それぞれの優先課題があるため、同様に本部の活動要請に対しては選択的でしかありえない。こうした運動課題の各国別の整理と具体的な推進こそ、地域組織がその本領を発揮できるところである。いうまでもないが、それぞれの課題について取り組み方は千差万別である。これを本部直轄にすれば、方針は硬直的、一方的になり、国際労働運動は現場から離れてしまうことになってしまう。

ICFTU 宮崎大会決定のフォローアップ
（第 123 回執行委員会、2005 年 6 月 21、22 日）

5 重点プログラム
1. グローバライゼーションに取り組む政治的プロジェクト
2. 貧困撲滅世界行動
3. 自由貿易地域
4. 中国
5. 移民労働

8 中核プログラム
1. グローバライゼーション、ディーセントワーク、児童労働
2. 男女平等、青年、差別
3. 人権・労働基本権
4. 組織化とビジネスの社会的責任
5. 国連と平和

6. ILO
7. 労働安全衛生と HIV・AIDS への取り組み
8. 財政：国際連帯資金と労働組合開発協力

第 3 章　連帯を国際化しよう

　　地域組織の地位については、ICFTU 結成の当時から議論されて
きたことである。1949 年 ICFTU 結成大会における規約委員会の報
告は、次のようにのべていた。

　　「ICFTU が、地域に対しその組織範囲における高度の自治権を
　与えるということが究極の意図である。しかし、地域の機関は、
　本部に直接の責任を持たなければならない。結論的には、地域機
　関によって行使される機能については、本部の委任を受けたもの
　であり、地域の自主性のみによって展開されるものではない」

「連帯を国際化しよう」という本部提案は、このような地域組織
の地位、つまり権限の配分とオートノミー（自主権）の程度につい
ての歴史的議論に「中央集権的な本部統合」の方向で決着をつけよ
うとしたものであった。
　ライダー書記長提案のような中央集権的運営になれば、地域組織
は自主性を失い、本部と地域の関係は上意下達になってしまったで
あろう。そのような ICFTU 書記長提案に対して、ICFTU-APRO は
明確にノーを表明したわけである。こうした組織の根幹にかかわる
ような問題については、それまで本部書記長提案が ICFTU 執行委
員会の修正を受けたことはないといわれていた。その意味では前
例のない「事件」でもあったが、こうして地域の結集力を発揮し、
ICFTU-APRO が結成以来受け継いできた自主権、地域組織のオー
ナーシップを守りぬいたという意味で、ニューデリー執行委員会
での議論と本部提案否決は、ICFTU-APRO の DNA が持っていた底
力によるものであり、そのことは単に ICFTU-APRO だけではなく、
アフリカ、汎米州両地域組織、さらに国際労働運動全体の強化にと
って重要なものであった。

【補 論】本部・地域の政策、組織運営の課題について

　本章にのべた地域組織の役割については、すでに第2章でも触れてきたが、さらに組織運営のあり方について、地域のイニシアチブが果たしてきた事例を紹介したい。

　1990年代に和泉孝 ICFTU-APRO 書記長がベトナム労働総同盟（VGCL）との関与政策にのりだした時のことである。ICFTU-APRO の政策会合に VGCL を招聘した折、エンゾ・フリーゾ ICFTU 書記長ならびにある有力加盟組織から、VGCL との関係を続けるならば ICFTU-APRO への財政支援を停止するということまで交えながら、和泉書記長の出身組織である連合を巻き込んで強い批判が加えられたことがあった。その理由は、共産圏との組織について一対一の交流以外は認めないという ICFTU の決定違反ということだった。和泉書記長が事前に ICFTU にこのことを連絡したかどうかは検証できない。しかし、この当時はすでに中国との関与政策が開始されており、ICFTU 書記長としては一刀両断的な批判ではなく、和泉書記長が VGCL と関与政策を開始するについての地域の戦略を問うべきであった。

　当時、和泉 ICFTU-APRO 書記長は独断で VGCL との関係構築、強化を進めたわけではない。たとえば1997年4月に開催された第1回 ICFTU-APRO 運営委員会に VGCL との交流について報告し、ICFTU-APRO との関係樹立について評価を受け、それを次に開かれた第69回 ICFTU-APRO 執行委員会（1997年10月）で承認をうけたという記録が残っている。そしてこのことは手続き上、本部の執行委員会に報告することになっている。つまり地域書記長が個人的に VGCL との関係を切り開いていったのではなく、地域の執行委員会の承認をうけ、地域の組織方針として進められていったのである。

　仮にこの章で取りあげた「地域組織の改編」が実施されていたならば、ベトナムとの交流は本部書記長から ICFTU-APRO 書記長に

207

第3章　連帯を国際化しよう

連絡があった時点で「終結」となったであろう。それはまた、重要な政治課題について、地域が主体的にイニシアチブをとる芽を摘んでしまうことでもある。今では ITUC 本部も、どの加盟組織も VGCL とは交流や共同活動を行い、GUFs も VGCL に加盟するそれぞれの産業別組織と関係を強化してきている。地域組織の判断が正しかった、という実例である。

　また、ラオス労働組合連盟（LFTU）と ICFTU-APRO の「出会い」は、おなじく和泉 ICFTU-APRO 書記長が、タイの加盟組織とタイ・ラオス国境のノーンカーイで会合を開いたときに、実情視察のために国境をこえてラオス・ビエンチャンに入った折、LFTU の本部を「発見」し、挨拶をするために突然訪れた時のことである。筆者もこうした関係を引き継いで LFTU の指導部と交流をつづけ、2010 年からは歴史的に関係の深い隣国の VGCL を交え、ITUC-AP/VGCL/LFTU3 組織による調整会議を開いてきた。さらにこうした VGCL と LFTU との関係樹立は、両組織が ASEAN 労働組合協議会に加盟する基礎をつくった。

　1980 年代にジョン・バンダーベーケン ICFTU 書記長がパキスタンを訪れ、3 加盟組織に統一を呼びかけたことがある。それから約 10 年後の 1994 年、和泉 ICFTU-APRO 書記長のリーダーシップの下で、分裂し競合関係にあった ICFTU 加盟 3 組織（APTUC・PNFTU・APFOL）の指導者がアボダバードで「10 年後に統一を目指す」と宣言し、2005 年にパキスタン労働者連盟（PWF）を結成した。それに至る 10 年間、地域組織は JILAF の支援を受けつつ、信頼醸成を含めた統一のプロセスを支援し続けた。

　アフガニスタンとの関係も、1999 年にシンガポールで開いたアフガニスタン、カザフスタン、タジキスタン、ウズベキスタンとの調整会議から始まった。アフガニスタンの治安情勢が悪化しコンタクトは途絶えていたが、パシュトン語の通じるパキスタン労働者連盟（PWF）の支援をえて、アフガニスタンで活動を進めていた数組織をイスラマバードに招聘し、2011 年、2012 年に調整会議を開催

208

し、さらに ITUC-AP を代表して 2013 年にザフール・アワン PWF 書記長を派遣、アフガニスタン全国労働者組合（NUAWE）が加盟基準を満たしていると ITUC に報告し、ITUC 加盟を果たした。当初、ITUC 本部は準加盟が相当、と判断したが、これは、紙のレポートには書ききれない現地組合幹部の指導力、堅固な組織事情などを把握しないまま下した「誤診」である。

　1999 年、パキスタンでクーデターが発生し、戒厳令のもとで加盟組織・全パキスタン労働組合連盟（APFTU）傘下の水資源電力開発公社（WAPDA）労組（15 万人）の組合権が停止され、多数の軍人が公社内に配置されたことがあった。組合が軍に抑え込まれるという緊急事態だ。2000 年 2 月、クルシード・アーメド APFTU 書記長・WAPDA 労組書記長から、軍人社長との面会約束ができたから来てほしい、という連絡が筆者にとどいた。即決でパキスタン・ラホールに出向いたことは言うまでもない。当日、軍人社長は経営の非効率を労働者の責任と言い張ったが、高圧電力部門で労働災害が多発している実情は経営の質の程度をものがたる、と切り結ぶような議論もしてきた。

　以上のほかにも、スマトラ島沖地震による津波（2004 年）、パキスタン大地震（2005 年）の際、連合から貴重なカンパが ITUC-AP に送られたが、いずれもアチェ（インドネシア）での職業プロジェクトや組合会館の再建、チェンナイ（インド）でのインフォーマル・セクター組織化を組み入れた職業訓練、地震で壊滅状態になったバラコート（パキスタン）における震災遺児のための小学校の建設と運営（2007 年開校、200 人規模、8 学年、スタッフ 14 人）など、ILO や資金拠出組織もふくめきめ細かい連携によって被災地復興と組織化に役立てた。これらすべての膨大な作業、しかも言語が英語ばかりではない、という事情も加われば、地域から離れた本部書記局内で起案決裁を繰り返すような仕組みの中で、プロジェクトの作業が効率的、迅速に進められるとはとうてい思えない。

　「国際化を進めよう」構想とは、つきつめれば地域書記長の政治

第3章　連帯を国際化しよう

的な力を取り除き、地域組織を本部書記局に「統合」し、国際組織の管理・運営を本部が一括して行うことであった。それでは地域組織のもつ情報量と分析能力は十分に生かされず、さらには上申・認可につきものの「官僚主義の介在」、加えて時々の政治的、財政的な状況次第で本部の政策や対策に振幅が発生することもあり、以上のべたような長期的、かつ政治的なプロジェクトの遂行、大地震もふくめた緊急事態への対応などには大きな障害が発生し、運動や活動、対策が遅滞したであろう。

第4章 ICFTUからITUCへ

プロローグ

　「議長、ICFTUの解散時にその加盟組織であった147国211ナショナルセンターは、ITUCの共同創立者となることを宣言します。旧ICFTU全組織は、ITUCに参加するすべての組合にたいし、あたらしい総連合が効果的でパワフルな組織となるため、統一と連帯の精神で行動することを要請します。それは、こんにちの経済国際化のもとで働く人びとが必要としているものでありま

写真29　ITUC結成大会（2006年、ウイーン、オーストリア）

211

す。私ども全211組織は、国際化した経済の課題に対応し、ディーセント・ワークと社会正義をすべての人々にかち取ることができる新しい労働組合国際主義のために行動することを誓いました」

　これは、2006年11月1日、オーストリア・ウイーンでひらかれたITUCの創立大会の冒頭、その前日に解散したICFTUのガイ・ライダー書記長が、創立大会議長リロイ・トロットマン（ILO理事会労働側議長）のもとで行った演説である（写真29）。1949年に創立されたICFTUと1968年に組織を再確立したWCLがともに前日に解散し、それまでの運動がITUCに引きつがれていく歴史的な場面であった。

　ICFTUは、2004年12月に開催された第18回宮崎大会で新しい国際組織の結成を決定した。その前後から、筆者はITUCの新しいアジア太平洋地域組織結成のためICFTU-APROの指導者とともに作業を続けていた。ライダー書記長がのべたとおり、カギとなる課題は、「統一と連帯の精神で行動すること」を新たな地域組織の中に根付かせ、効果的でパワフルな運動の基盤をつくることであった。本章は、2つの国際組織が統合していく過程で、地域組織がどのように形成されていったかをテーマとする。

ICFTU と WCL：統合前史

　WCL（国際労連）の前身は、国際基督教労働組合連盟（International Federation of Christian Trade Unions = IFCTU）である。1920年に欧州のキリスト教民主同盟系政党と連携する組合が結成した。1949年のICFTU結成大会では、このIFCTUを招待するかどうかについて議論があり、また1950年のIFCTUの方針は「ICFTUとの共同行動の方法について検討する用意があるが、ただしそれは統一ではない」というものであった。1968年にIFCTUが"単一宗教からの離

脱”をとげて WCL に組織名を変更したのち、ICFTU は「国際組織の分立は意味がなく、単一の国際自由労働組合が可能」との見解を持った。しかし WCL にすれば、それは実態として ICFTU への吸収を意味するため拒否感が強く、受け入れることはできなかった。

ICFTU は、統一に積極的であったが、WCL のポジションは 60年間、基本的には変化がなかった。たとえば 2000 年の第 17 回 ICFTU ダーバン大会に招かれたウイリー・タイス WCL 書記長は「幅広い連帯」の必要性をのべたものの、単一国際組織に性急に進むべきではない、との留保を表明した。その後、同ダーバン大会で決定された組織の見直しと活性化に関するミレニアム・レビューを受けて、2001 年に ICFTU は WCL にたいしてジョイント・フォーラムの結成を呼びかけた。しかしこれは実現しなかった。

実質的な統合の開始は 2003 年 5 月にプラハで開かれた欧州労働組合連盟（ETUC）の第 10 回大会である。ETUC には双方の加盟組合が所属している。ライダー書記長はその演説の中で「30 年の ETUC の歴史が統合のメリットを十分に示しており、多元主義（プルーラリズム）と多様性が統一された単一の国際組織の中で花開くことができる」、「TUAC でも ICFTU・WCL の加盟組織が十分に共同行動できる多数の事例がある」とのべ、国際労働運動の統一の基盤がすでにできているという認識を示した。さらに「経済の国際化がすべての地域においてさまざまな問題を引き起こしている。こうした状況の下で、ヨーロッパの組織が連帯を選択したことと同じ理由によって、全世界レベルでも統合の推進が迫られている」と続け、具体的には第 18 回 ICFTU 宮崎大会（2004 年）、その 1 年後の WCL 大会の期間に統一に向けた作業を開始し、「世界の労働者にとって明らかに正しい行動となる扉を開こう」と、統一に向けた作業について ICFTU の見解を明らかにした。

こうしたライダー書記長の演説の背景には、長年にわたる非公式な接触、対話、交渉の積み重ねがあってのことである。機も熟したという時点で行われたこのプラハ演説を起点として、統合を具体化

第 4 章　ICFTU から ITUC へ

するための組織決定に向けて作業は急展開する。ライダー書記長の
演説を受けて WCL は、2003 年 10 月の世界執行委員会、翌 2004 年
のモロッコ会議において統合に向けた正式なポジションを定めた。
他方、ICFTU サイドも 2003 年 12 月の執行委員会での承認を受け、
具体的には 2004 年にはエミリオ・ガバリオ前 ETUC 書記長を仲介
者として、両組織の書記局は「新国際労働組合組織のための基本的
原則」をまとめあげた。そのなかにのべられたキーポイントは、先
にライダー書記長がプラハ演説でふれた「多元主義（プルーラリズ
ム）と多様性」をどのように新組織の中に位置づけるか、というこ
とであった。換言すれば、それは WCL 運動に内在する精神的ルー
ツと理想の独自性が失われるのではないかという懸念を払しょく
し、そのことを規約の中にどのように担保するか、という課題を意
味した。

新国際労働組合組織のための基本的原則

　新組織は、全世界の労働運動を代表する統合された、多元主義の
組織であることを目指す。新組織は、さまざまな起源と固有の組織
形態を尊重し、民主的で、自由にして、独立する組織の加盟を認め
る。

　新組織は、その立場を決め活動するにあたっては、政府、政治、
経済あるいは宗教、その他いかなるものの外的影響から独立すべき
である。

　新組織は、人間の労働が、資本とそのほかの経済活動のすべての
要素よりも高い価値をもつことを確信する。

　新組織は、自由、社会正義、連帯という価値を高く掲げる。労働
運動の歴史は、これらの価値に支えられ、たたかいつづけ、そして
働く男女には尊厳があるのだと主張し、その基本的権利を職場と社
会で認めさせてきた。

　新組織は、こうした価値を促進するためには、労働組合運動が以

下に掲げるゴールを実現すべく、社会の変革と効果的な動員ができるものでなければならないことを確信する。

- 世界の発展は、持続可能で、公正でかつ連帯を基礎としなければならない。その目的は、貧困の除去、環境の保全、公共財へのアクセスの確保、そしてすべての人のためにディーセントな雇用を創出することである。
- すべての人々に、自己決定権、みずからの選んだ政府のもとで民主主義のもとで生きる権利、すべての圧制、搾取、差別にたいし保護を受ける権利を確保する。
- 全世界において社会的権利を含む人権の完全な尊重を要求する。
- 職場、そして人生のすべての面における男女平等を増進する。
- すべての人々にとっての正義と安全保障の原則にもとづき、平和の創造と維持に貢献する。
- 紛争解決のために戦争に訴えることを拒否し、紛争解決のための合法的また不可欠な機関である国際連合の役割を強化する。
- グローバライゼーションの新たなガバナンスのために努力する。多国籍機関の改革、民主化、統一的行動によって、グローバライゼーションをより公正で、人間的で、連帯をベースとした経済社会秩序へと導かねばならない。

新組織は、特に以下の諸点について加盟組織の要請にこたえる。

- すべての場所と状況において、働く男女の権利と利益を守る。
- 国際機関に対する労働運動の代表制とそのインパクトを、とくに恒常的な諮問資格を確立することによって増強する。
- ILO の役割を強化し、国際労働基準の普遍的適用を確保する。
- 全世界において民主的かつ自由な労働組合の発展を支援する。これには、労働組合協力の調整も含まれる。
- 結社の自由、自由な交渉、ストライキ権、およびこれらの権利を回復するために必要な組織的国際連帯活動に対する弾圧を非難する。
- 人種主義、排外主義、移民労働者の権利の排除とたたかう。
- 児童労働、強制労働の廃絶のためにたたかう。

第 4 章　ICFTU から ITUC へ

- 労働組合運動の目的を促進するために国際経営者団体との社会対話
  を進展させる。
- 多国籍企業にたいする労働組合の活動調整を進め、サポートする。
- 労働組合の要求を追求するために必要なキャンペーン、国際統一行
  動日、その他国際的イベントを組織する。
- さまざまな雇用形態の増加にかんがみて労働運動の代表制を広める
  努力をサポートする。
- 女性の組合への完全な統合、そして男女平等を労働組合の指導部と
  すべての活動分野において増進する。
- 青年労働者のディーセントな雇用と労働組合における正式な参加の
  権利を増進する。
- 市民団体と、共有する目的を追求するために連携と協力をはかる。

　この「新国際労働組合組織のための基本的原則」は、やがて
ITUC の規約と政策に具体化されていく。その核心的原則は、この
文書の冒頭にのべられている。

　　「新組織は、全世界の労働運動を代表する統合された多元主義
　の組織であることを目指す。新組織は、さまざまな起源と固有の
　組織形態を尊重し、民主的で、自由にして、独立の組織を加盟さ
　せる」

　この原則がそれから 2 年間の ICFTU と WCL の統合を導いてい
くことになった。

【統合の課題 1】　自由、民主、独立と多元主義

　ICFTU の組織原理「自由、民主、独立」の原則は明快であり、
それにより加盟の基準、行動の原則が律せられている。ICFTU 規

約 2000 年版冒頭は、「ICFTU は、全世界の自由にして民主的な労働組合に組織されている労働者を結びつけるために存在する」。ICFTU 規約の 2004 年版では、「ICFTU は、自由にして、民主的、独立かつ代表的労働組合のもとに組織されている世界の働く女性、男性を連帯のなかに統合する。その目的は、正義と公正な世界という共通するビジョンをいかなるところであれ追求するため、労働者の解放を実現し、尊厳を確保し、労働者すべての生活の質を改善することである」。表現の仕方にはその時々の情勢や重点課題が反映されるが、ICFTU の自由、民主、独立という労働組合の組織原則は一貫している。

一方、WCL とそのアジア地域組織であるアジア労働組合友愛会（Brotherhood Asian Trade Unions = BATU）の綱領冒頭には次の宣言がある。「われわれは、人間と宇宙が唯一神によって創造されたとの信念に基づく精神的基本理念、あるいはそれ以外の基本理念の存在を信ずる。それらによってわれわれは、自由、尊厳、正義と連帯のもとに団結している人間の共同体をつくろうという、共通した努力に導かれるのである」。

WCL はその起源をキリスト教に求めており、1920 年からさまざまな組織と共同行動を重ねてきたという運動の歴史もあり、そう簡単に精神的起源の記憶は組織から消えない。この点は、ヨーロッパでは問題とされないであろうが、イスラム、ヒンドゥー、仏教その他多くの宗教が強い社会的影響力を持っている国々で活動しているICFTU-APRO 側においては、WCL/BATU は、規約や実態はどうあれキリスト教と強く結びついた労働組合組織であるという理解が一般的であった。

こうした WCL と ICFTU の組織感覚の違いを新組織の規約のなかにどのように盛り込むかが第一の課題であった。実は、第 18 回ICFTU 宮崎大会（2004 年）で行われた規約の改正にそのまえぶれとみられる箇所がある。ICFTU 規約の 11 項目にわたる「目的」の冒頭は次のように「多元主義」を宣言する。「ICFTU はパワフルな、

第 4 章　ICFTU から ITUC へ

連帯した、多元主義であり、代表的かつ民主的国際労働組合組織の維持と発展を目的とする。ICFTU は、自由で、民主的な労働組合で構成され、いかなる外的圧力にも独立であり、全世界レベル、地域、小地域、ナショナルレベルでの労働者の権利と利益を効果的に守り増進することにより、労働の尊厳を高める」。ここに ICFTU の規約の歴史上、おそらくはじめて「多元主義」という概念が規約の中に登場した。規約起草のベースにもなった ICFTU 宮崎大会決議「連帯を国際化しよう——未来のためにグローバルな労働運動を構築する」の第 3 部「統一へ」のなかに、新組織が「内部の多元主義と民主主義にもとづいて」創設される、と表明されており、多元主義を取り入れた規約改正は宮崎大会決定にもとづいて行われたものだと解釈できる。

　多元主義とは、二つ、またはそれ以上の国家、グループ、原則、権威の源泉等が共存する条件やシステムをいう（オックスフォード英語辞典）。筆者は、規約討議のなかで「多元主義」について確認を求めたが、ライダー書記長によれば、「多元主義」とは民主主義のことだという説明であった。多元主義の導入によって ICFTU は WCL との統合に向けて規約の間口を事前に広げたと解釈できるが、それはまた、組織内フラクションともいうべき旧グループの存続をみとめつつ統合を可能にするための政治的妥協の産物ともいえることでもあった。

　新組織の名称は 2016 年 6 月に開催された第 125 回 ICFTU 執行委員会で ITUC とすることが決定された。その規約は、先にのべた「新国際労働組合組織のための基本的原則」をもとにさまざまな論議のプロセスを踏んで合意に達したが、多元主義は ITUC の規約と一体である「原則の宣言」に明示された。

　宣言は「社会正義、自由、民主主義、平和と公正のため労働組合の努力を通じてたたかってきた今日までの幾世代にわたる働く女性、男性の犠牲と勝ち得た成果を称賛する。ITUC は、労働者の解放と、すべての人間の尊厳と権利が確保され、それぞれが自己の福

利と職場と社会において可能性を実現することを追求できる世界を目指すためにたたかい前進させることを誓う」で始まり、社会改革の決意を縷々のべたのち、次のように結論づける。

「単一（Unitary）かつ多元主義——ITUC は、民主的、独立そして代表的な労働組合センターの加盟に扉を開いている。ITUC は、加盟組織の自律性と組織形成の源泉（インスピレーション）と組織形態の多様性を尊重する。ITUC の規則は内部民主主義、加盟組織の最大限の参加、ならびに ITUC の執行機関と対外代表については その多元主義的な性格を尊重することを保障すべきものとする」

ITUC 規約はここに「単一かつ多元主義」の概念を導入した。これは国際労働組合設立の原理として基本的人権、労働組合権ばかりではなく、組織形成の源泉（インスピレーション）の多様性を認めることによって、WCL の規約冒頭にのべられた宗教的な組織原理にスペースを与え、具体的には WCL 側に執行委員会と対外代表における一定数のポスト配分を保障することであった。

WCL サイドはこれを組織的に担保するため、2005 年 11 月 21~23 日の第 26 回大会で世界社会大会（World Social Assembly = WSA）の結成を確認し、その欧州における有力組織であるベルギー・キリスト教労働組合連盟（CSC-ACV）、オランダ・キリスト教労働組合全国連盟（CNV）、そして CSC-ACV を中心とするベルギーの NGO である世界社会運動（World Social Movement=WSM）が社会開発連合（Coalition of Social Development）という組織を結成し、WCL 系の組織に資金を援助し、また WSA も 4 年に一度会合すると決定した。これらは、ICFTU がもっている国際連帯資金をグローバルでプールして連帯活動の財政的支援にあたるというマルチの仕組とは別の資金を確保し、そのことによって WCL 系組織のフラクションの維持を可能にするともいえる仕組みであった。これは、のちにのべるICFTU/WCL 政治合意（2006 年）第 4 項「活動原資の統合」から逸

第 4 章　ICFTU から ITUC へ

脱するものでもあった。

　規約は、組織の構造と運営の基本を定める組織の憲法である。2005 年 9 月 25 日にまとめられた第 1 次案は、その後ただちに全加盟組織に提示され、同年 12 月の第 124 回 ICFTU 執行委員会の討議に付されることになった。ICFTU-APRO は、2004 年から 2006 年まで 6 回の運営委員会、年次執行委員会において討議を続けた。焦点は多元主義（プルーラリズム）の扱いであった。これには根強い反対論が最後まで続いた。アジア太平洋地域でこの複数主義を規約起草の過程でどのように消化したかは次節でふれる。これは「ITUC の執行機関と対外代表についてはその多元主義的な性格を尊重する」をどのように組織構造に表すかということであった。

【統合の課題 2】　加盟資格、執行機関、対外代表

　多元主義の組織構造とは、執行機関、決議機関、対外ポストの配分をどうするか、ということである。これを概説するために新組織の設立のプロセス、加盟組織の確定、執行部の構成の順で検討する。

　2006 年 6 月の第 125 回 ICFTU 執行委員会において、ICFTU と WCL の政治合意が最終的に承認された（資料 8 参照）。それは統合された多元主義（Unified and Pluralistic）を柱として新組織を立ち上げようとするものであった。具体的には、新組織 ITUC は両組織を解散し、その全組合に加盟の資格を認め、両組織から加盟の意思確認を行ったうえで加盟を確認するという手順である。これまで ICFTU にも WCL にも属さない自由、民主、独立、代表的という基準を満たす独立組合にも門戸を開いた。さらにこの政治合意では、前節でのべたように、ICFTU と WCL 双方の労働組合開発援助資金の使途を調整することによって効果的に原資を配分すること、さらに地域組織統合の手順も示された。

　ICFTU と WCL は、両組織の全加盟組合に ITUC への参加資格を認めることとしたが、組合員数や組織実態が確かではない組織が

220

WCL 側にあり、このため ICFTU と WCL は加盟予定組織の実態を点検する作業を進めることになった。両組織の加盟審査基準には相違があり、新組織の規約に ICFTU から引き継がれた「自由、民主、独立、代表性」という基準をもとに個別に審査することは、統合後の執行委員会の構成や組織運営に欠かせなかったからである。組織実態の希薄な「ペーパーユニオン」に ITUC の執行委員となる資格はない。ヨーロッパを除くアフリカ、アメリカでも同様の作業が行われたが、2006 年 9 月 25 日に全地域組織書記局に送られた WCL 加盟組織一覧のうち、アジア太平洋地域については 18 組織のうち 8 組織を加盟組織として認め 3 組織を準加盟とし、7 組織を除外するとの結論に達した。

こうして確定した結成時点（2006 年）のそれぞれの組織現勢は表 2 のとおりである。これで ICFTU と WCL の勢力比が明らかになった。ICFTU、WCL、独立グループの人員比率は、実人員では 49：3：1、加盟費支払い人員比では 34：3：1 であった。

なお、組織現勢は、加盟組織からの申告による組織実勢、支払い人員は加盟組織が加盟費支払いの基礎として届ける数値の二通りがある。途上国の組織についていえば、前者についてはサバ読み（組織実勢の過大申告）、後者については逆サバ読み（加盟費支払い人員の過少申告）も往々にしてみられ、そのため、客観的な組織力は、申告された組織現勢と支払い人員の両面から推し量る以外にない。

表 2　合併時の ICFTU、WCL の組織現勢（2006 年）

	組織数	組織現勢	加盟費支払い人員
ICFTU	211	153,717,607	106,964,000
WCL	90	9,504,956	9,078,058
独立	8	3,114,975	3,114,975
二重加盟	2	832,000	832,000
合計	307	165,535,538	118,355,033

※ 統合大会に向けた作業のなかで人員数の誤差が発生した。

第 4 章　ICFTU から ITUC へ

ITUC 執行委員会・大会代議員構成

　「多元主義的な性格を尊重」しながら執行委員会の議席の配分
をどうするか、ということが次の課題であった。2005 年 6 月の第
125 回 ICFTU 執行委員会において、新組織の執行委員会は ICFTU、
WCL、独立グループの 3 選挙区で構成し、ICFTU が 50 議席（既存
議席数より 3 議席増、うち 2 議席はヨーロッパ、1 議席はアジア・太平洋
地域に配分）、WCL が 15 議席、独立が 3 議席、空席 2 とし、この選
挙区区分は第 1 期中とし、第 2 期以降は、各地域で調整することと
した。なお空席 2 は第 2 回大会（2010 年）のときにヨーロッパに配
分された（表 3 参照）。

　ICFTU と WCL の組織現勢比では 16：1 であるが、執行委員会の
議席比では 3.3：1 となり、WCL は組織人員比を大きくこえる執行
委員会議席を得た。地域別配分は表のとおりである。アジア太平洋
地域には 3 議席増が割り当てられた。なお、先にのべたように ILO
理事会の議席も交渉の対象となり、アジア太平洋地域から WCL 系
組織のインドネシア福祉労働組合総連合（KSBSI）が ITUC 結成前
の 2005 年にはすでに労働側副理事に選出されていた。

表 3　ICFTU/ITUC 執行委員数地域別比較

地域区分	ICFTU	増加分	ITUC
アジア太平洋	12	3	15
ヨーロッパ	17	9	24 (+2)
アメリカ	12	6	18
アフリカ	6	5	11
合　計	47	23	70

※ ITUC 結成前後の比較（2006 年）ヨーロッパの +2 は 2010 年第 2 回大会から。

※議席の増加分数により旧 WCL がヨーロッパとアメリカに組織的厚みを持っていたこと
が明らかである。

　アジア太平洋地域組織にたいする ITUC 執行委員 3 議席増分の配

分について解説すれば、統合の際にアジア太平洋地域に配分された
3 議席増を WCL 側に 3 ではなく 2 とし、ICFTU 側に 1 とした理由
は、WCL グループには、東アジア、中東、太平洋に加盟組織がほ
とんどなかったこと、また WCL 加盟組織実態からみて WCL には
東南アジア、南アジアの組織に各 1 議席を割りあて、残り 1 議席を
ICFTU の実質組合員数が多い南アジアに配分することが適当であ
るとの判断によっている。

　この結果、ITUC 執行委員会正委員の配分は、以下のようになっ
た。

　統合前は東アジア 4：東南アジア 2：南アジア 1：中東 3：太平洋 2。
　統合後は東アジア 4：東南アジア 3：南アジア 3：中東 3：太平洋 2。
　ちなみに、2017 年時点の各選挙区別加盟費支払人員の概数（単位万
　人）は、東アジア 840：東南アジア 240：南アジア 920：中東 180：
　太平洋 160
であり、これにより筆者にとって懸案であった南アジアと他地域の
執行委員数のバランスが、人員比率から見ればなお不十分ではあっ
たが、補正されることになった。さらにこの補正によって正委員、
第 1 代理、第 2 代理のラインで構成される執行委員会を選出する手
続きを各選挙区の自治的調整に任せることができるようになった。
それまでは、南アジアに正委員が 1 議席しかなく、このため東南ア
ジアの 2 ないし 3 正委員のもとに南アジアから第 1 代理、第 2 代理
が配置されていた。筆者が書記長職を引き継いだ 1999 年以来の変
則的編制が、このときにようやく解決をみた。

　次は大会代議員の構成である。大会は、組織の最高決議機関であ
り、その代議員構成は加盟組織間のパワーバランスを反映する。こ
こで ITUC の規約は中小組織の多い WCL に厚く議席を配分する配
慮を示した。具体的には、ICFTU の規約においては加盟費支払い
人員 10 万人まで代議員 1 名であったが、ITUC の規約ではこの上
限を 5 万人まで引き下げた。この措置によって WCL には組織人員
にくらべて多くの代議員が配分されることになった。

223

第 4 章　ICFTU から ITUC へ

　ITUC 大会では書記長、執行委員が選出され、執行委員会が会長、会長代理、書記次長を選出する。その顔触れは、ICFTU 側から会長、書記長、1 会長代理、1 書記次長、WCL 側からは 1 会長代理、1 書記次長であった。この「たすき掛け人事」は、統合後 10 年たった 2017 年時点でもみられた。それは規約冒頭の多元主義の実践といえる。それほど人事に対する規約の縛りは厳格であり、いうならば規約によって ICFTU と WCL のフラクションが解消されにくいメカニズムが保障されていた。

　ところで、このような選挙あるいは代表制にかんする規約のなかに多元主義をガードするための特別な規定がある。規約の改正については、一般的事項については規約第 18 条（投票）により代議員の 3 分の 2 が必要とされているが、多元主義を担保する規約冒頭の「原則の宣言」、代議員選出基準（第 10 条）そして投票規定（第 18 条）については 4 分の 3 の多数が必要と規定されている（18 条 b）。これは多元主義ならびに中小組織に厚く配分された代議員選出基準について、つまり WCL の組織事情について特別なプロテクションをかけたことを意味する。

　これでは、ICFTU が WCL にたいして一方的に譲歩するばかりではないか、という印象が強い。しかし大会の投票については、大会登録人員による組織一括投票ができる規定が設けられている。この投票様式は、組織の代表者が当該組織の加盟費支払い人員数を一括投票する仕組みである。具体的には、ITUC の書記長の選挙は、この組合員数投票によって行うと定められており（大会議事規則第 9 条 c）、またその他の一般議案についても大会登録組合員数の 25% 以上を代表する代議員団の要請があれば、組合員数投票ができることになっている（規約 18 条 c）。これによって ICFTU 側は書記長選挙ならびに重要であるとみなされた議案の採決については、組織人員の投票によって圧倒的な決定権を潜在的に確保している。ちなみに第 3 回 ITUC ベルリン大会（2014 年）、第 3 回 ITUC-AP コチ大会（2015 年）における書記長選挙では、この組織人員投票が実施され

た。

　以上みたように、ICFTU は WCL にたいして原則の宣言や執行委員会議席数、大会代議員の選出基準等について多くの点で譲歩したが、最終段階（第 125 回 ICFTU 執行委員会、2006 年 6 月）で ICFTU のもつ WCL に対して保持すべき組織人員をベースにした優位性を担保する仕組み、これこそが統合交渉における究極のポイントであり、ICFTU の譲れない一線であった。

アジア太平洋地域での統合：多元主義の克服

　ミレニアム・レビューから第 18 回 ICFTU 宮崎大会、そして 2006 年の ITUC 結成大会にいたるプロセスには、アジア太平洋地域から選出されていた 12 人の ICFTU の執行委員も、その論議に深く関与しており、地域においても同時並行的に統合に向けた非公式な意見交換、協議が続いていた。これをベースにして、アジア太平洋地域では宮崎大会から具体的に開始された新組織規約の検討に参加し、やがて組織的統一のための具体的な手順に進んでいった。

　筆者も国際レベルでの統合にかかわりながら、地域執行委員会、地域運営委員会での議論をうけながら地域での統合の準備を進めていった。その過程における ICFTU-APRO 指導部の最大の関心事項は、統一は理念も構造も真の統一でなければならないということ、ならびに ICFTU-APRO が結成されて以来守り抜いてきた「地域のアイデンティティおよびオートノミー（自主権）」と「連帯の DNA」を統合の過程でどのように継承させていくか、ということにあった。

多元主義の問題

　第 18 回 ICFTU 宮崎大会後、地域での合司プロセスは 2005 年 6 月 8 日にジュネーブにおいて筆者がネシエ・ルセロ BATU 事務局

第 4 章　ICFTU から ITUC へ

長と会談した時点から開始された。両組織で各 3 名の役員による
交渉チームを編成することで合意し、その後、ICFTU-APRO はラ
ジャセカラン会長（マレーシア労働組合会議 =MTUC 書記長）、ジョ
ン・デ・ペイヴァ運営委員会委員長（シンガポール全国労働組合会議
=SNTUC 会長）、筆者（書記長）の 3 名が、BATU 側のネシエ・ルセ
ロ事務局長、ショーケット・アリ副事務局長（全パキスタン労働組合
会議 =APTUC 書記長）、レクソン・シラバン財政担当（インドネシア
福祉労働組合総連合 =KSBSI 会長）と協議を続けることになった。筆
者は起草が進む ITUC 規約をベースとして民主的な組織原則を新地
域組織のなかに生かしていくことを基本方針として協議、交渉に参
加し、また交渉の準備を進めた。

　2005 年 6 月には、新 ITUC に参加を希望する非加盟組織と全地
域書記長との初顔合わせがあり、アジア太平洋地域では、本部が推
薦するネパール労働組合総連盟（Gefont）が参加した[1]。また ICFTU
と WCL 間で合意した地域組織統合にむけた以下のパラメータが
2005 年に開催された第 123 回 ICFTU 執行委員会で決定され、地域
に示された。

- 単一の地域組織を設立する。
- 経済、政治統合のプロセスに応じたサブリージョンの設立を検
  討する。
- グローバル・レベルの運動に影響を及ぼす問題についてそれぞ
  れの地域組織において新組織のアプローチと政策を反映するた
  めに地域組織のオートノミーと地域のニーズのあいだに適切な
  バランスを確保する。

---

[1]　ICFTU はインドの未加盟組合の中から、インド労働組合センター（CITU）
に加盟を呼びかけた。この組織は WFTU に加盟し、労働省統計によれば組
織 269 万人。結局、インド共産党（マルクス主義派）の意向により、加盟を見
送った。なお、非加盟組織の選定については地域書記長への協議なしに、完
全に本部主導で行われた。

- 選挙された指導部による民主的な組織構造とする。
- 地域組織の書記長は本部の書記次長となり、決議機関の職務委員とする[2]。
- 地域組織は、独自の加盟費を徴収できる。
- 本部加盟組織のみが地域組織に加盟できる。

ICFTU-APRO では、2005 年 10 月 26 〜 27 日にクアラルンプールの第 81 回執行委員会で総合的に経過が説明され、それをもとに執行機関としての論議が始められた。執行委員会には ICFTU の大会決議、ICFTU-APRO と BATU の規約、組織人員比較表、そして APRO 執行委員会前日の 10 月 25 日にまとめられたばかりの ITUC 規約ドラフトが配付された。出席したライダー書記長が統合の経過を詳細に説明したのち、筆者は、こののち地域での課題になる加盟費支払い人員、財政、規約、政策、書記局の 5 点について論点を提示し、この執行委員会までに BATU 側から得られた組織情報——組織人員（76 万人[3]）、保有資金（2 万 6 千ドル[4]）、「アジア労働組合連帯」という BATU 加盟組織でつくられる後継組織について報告した。このとき BATU の組織全体像が財政を含め ICFTU-APRO 執行委員会に対してはじめて開示された[5]。

---

[2]　この条項にのべられた副書記長（Assistant General Secretary、AGS）は ITUC 規約では書記次長（Deputy General Secretary、DGS）と一格上の職名となった。なお本部執行委員任命の DGS は複数（少なくも 1 名は女性、第 2 回大会で書記長、DGS の少なくとも 1 名が女性と変更）、執行委員会での投票権はなく本部書記局のなかであくまでも書記長の統率下で業務を遂行する。

[3]　この時点で WCL から申告されたアジア地域の組織人員は 270 万人で、BATU の申告人員数と相当のずれがあった。

[4]　BATU は加盟費の徴収を 2005 年から開始した（2006 年 7 月 12 日の準備会議）。

[5]　WCL/BATU の産業別組織は ITFs(International Trade Federations) とよばれた。8 産業（事務職、教員、運輸、公務、食品、農業、繊維衣料、林産木材）189,796 人で、BATU に加盟している。活動についてはドナーの支援を受けている。GUFs にとって BATU の ITFs は存在を確認できない組織のようであった。

第 4 章　ICFTU から ITUC へ

　執行委員会の討論では、各国 BATU 加盟組織人員数についてマレーシア、インド、香港、ネパール、フィリピン、スリランカ、バングラデシュ、パキスタンの執行委員がその信憑性について、きわめて強い異議を唱えた。各組織は、それぞれの国で WCL/BATU の加盟組織の実態を十分承知しており、それだけにそうした ICFTU/ICFTU-APRO 側と WCL/BATU 側のパワーバランスの実態をふまえ、規約の起草、執行委員会の構成、財政の確立等の課題を解決しながら地域において統合を円滑、かつ急速に進めていくことが求められた[6]。

　ICFTU と WCL の合意「既存のパワーバランスを忘れることなく、本部、地域で統合した多元的（Unified and Pluralistic）な組織であることが反映される必要がある」は、組合員数をもとに具体化される。ベースは加盟人員以外にはない。当然、ICFTU-APRO が BATU 加盟組織の実態を確認する作業を進めることになった。ちなみに、BATU の人員は当初、270 万人、2005 年には 761,796 人、2006 年には 110 万人、2006 年 10 月には 142 万 6 千人と上下したが、結成大会時には 8 組織 90 万人の組織人員数を確認した。ICFTU-APRO は一貫して 38 組織 1,772 万人であった。

新地域組織規約の起草

　2005 年 9 月に ITUC の規約第 1 草稿が示される前に、ICFTU-APRO と BATU の交渉チームの間では、ICFTU-APRO の規約をベ

---

[6]　この組合員数の確定は難航した。例えば、KSBSI（インドネシア）の申告数は 42 万 6,000 人。しかし KSPI から送られた労働省の統計によれば、KSBSI が 277,806 人、KSPI は 793,874 人。CFTUI（インド）は 11 万 202 人を申告。しかし HMS からの調査結果は 12 人（!）。ICL（インド）の申告は 15 万人、しかし INTUC と HMS からはこの組織の存在が確認できないと報告を受けた。JOU（香港）について HKCTU からは、HKCTU の一部（!）であったが、組織実態が不明という回答がきた。NCPE（タイ）は 15 万人を申告したが、この組織は農村プロジェクトの対象村の人口を組合員数とみなしていた。

ースとして BATU 規約の規定を加えながら新地域組織規約を起草する、と合意していた。そのため地域規約案を BATU に送付したものの、両地域組織のあいだには本部と地域組織の関係、加盟手順のちがい、大会代議員の配分、選挙された役員の任務、加盟費の水準、国際産業別組織との関係などについて大きな差異があり[7]、ICFTU-APRO の規約を新地域組織の規約のベースとすれば、それら一つひとつの項目について結成大会までの時間的制約のなかで複雑な交渉が必要となる。しかしそれは現実的ではないとの共通認識に至り、2006 年中ごろにはすでに内容がつめられていた ITUC の規約構造をそのまま地域組織に適用[8]することで双方が合意し、次にのべるような課題を議論しながら ITUC-AP 結成大会直前に合意するに至った。

　第一に、多元主義についてである。2005 年の 9 月に ITUC の規約草案が提示され、2006 年の 8 月に規約草案が確定するまでの間、ICFTU-APRO では運営委員会を 3 度開催し、討議を深めた。本部規約案には「組織の多元主義が執行委員会ほか対外役職の配分を保障する」との条項があり、これを地域にそのまま適用すれば、WCL フラクションが存続し、地域と各国における真の統合が阻害される、という懸念があった。これを受け入れない、ということが ICFTU-APRO の執行委員会、運営委員会の統一見解であり、本部に対し削除するよう意見を送った。

　本部の規約をベースにすれば、この宣言も拘束力のある規約本文

---

[7]　主な相違点についてICFTUとBATUの違いを対比させると、組織の代表者は［書記長］：［会長］、加盟は［本部承認ののち地域加盟］：［地域加盟から本部加盟］、大会代議員は［最低10万人で1名］：［1万人で1名］、一般会計は［本部とリンク］：［財政上のリンクなし］、国際産業別運動については［GUFsとはパートナーシップ］：［ITFs（国際産業別組織）はBATUに加盟］、等である。

[8]　たとえば、執行委員会、運営委員会、女性・青年委員会の構造と運営方法、大会、執行委員会等の運営規則、大会代議員の配分方法、等はITUCの構造をそのまま地域で写し取った。

第 4 章　ICFTU から ITUC へ

に含まれてしまう。これを避けるために ICFTU-APRO は、ITUC 規約の「原則の宣言」を地域規約本体から切り離し、かつ多元主義の部分を削除することで BATU と合意した。具体的には本部規約の冒頭「原則の宣言」のなかにのべられた「統一的で多元的な ITUC は、民主的で独立した代表的なナショナルセンターの加盟に門戸を開いており、その自主性と多様な設立理念、組織形態は尊重される。ITUC の諸規則は、組織内部の民主主義と加盟組織による全面的な参加を保障しており、また執行機関の構成と外部機関への代表は、それ自体の持つ多元的性格を尊重することを保障する」という部分から、ITUC-AP は下線部分を削除した。このようにすることによって、統一にともない両グループが執行委員会に併存し続ける根拠規定、あるいは ILO など対外的ポスト選定の際のグループ別の固定的な配分基準を排除した。

　次は男女平等の原則についてである。ITUC 規約では、第 19 条で、「執行委員会は、男女平等を積極的に推進するという目的を考慮し、執行委員会の女性比率について各大会前に 30% を起点として段階的に漸進的目標を定める」と定められていた。しかし ICFTU-APRO チームは、地域の現状にてらして規定を緩和し、「男女平等の目的を考慮し、50% までの漸進的目標のもとに各選挙区に女性枠 1 名を設ける」という内容で BATU と暫定合意に達した。

　しかし、これにたいしては ICFTU-APRO 女性委員会から強い異論が出され、結局、本部と同等の規定とすることになった。ちなみに、規約上の常設委員会である女性委員会委員長は ITUC-AP の副会長、運営委員、執行委員に就任する。またおなじく青年委員会も ITUC-AP 結成時に常設委員会として整備された。委員の年齢上限を 35 歳とし、5 選挙区から正委員 2 名ずつ選任、男女同数とし、青年委員長は、副会長、運営委員、執行委員に就任することとした。

　地域特有の条項とは、たとえば財産は解散の場合 ITUC に帰属する、専従副書記長を置かない、会長の選挙区持ち回りを規定しな

い、大会代議員に欠席者の代理投票[9]を認める、等々であった。

　なお ICFTU-APRO は新組織の規約起草段階で GUFs と意見を交換し、大会、執行委員会に発言権をもって参加できるような規定をもうけ、本部規約と同等の条項を組みこんだ。

　次の課題は、執行委員会の構成であった。ベースはあくまでも加盟費支払い人員である。2007 年の確定人員は、

- ICFTU-APRO：29 カ国、38 組織、17,720,000 人
- BATU：8 カ国、8 組織、900,000 人
- 独立組織：2 カ国、2 組織 414,000 人

であり、ICFTU-APRO の執行委員数 31 を基準にすれば、BATU は 5%、2 議席以下になる。これを提示したが、当然、合意は不可能である。そこで ICFTU-APRO 側は以下の 6 項目を提案した。

1. ICFTU-APRO の議席 28 に BATU の運営委員 6 名を加え、かつ、独立グループに 1 議席を与え、計 35 議席とする。これは、両者の執行委員会をそのまま合併し、そこに独立グループから 1 議席を加える。
2. 職務執行委員として非専従書記次長を BATU から任命する。
3. 女性委員会から選ばれる女性執行委員特別枠 3 名から委員長のみ 1 名とし、青年委員会委員長とともに職務執行委員とする。
4. 女性特別枠を 2 議席減らし、その代償として各選挙区に 1 名女性枠、合計 5 議席を設け、女性委員長をくわえ 6 議席として、実質的に女性枠を増加する（これは、女性の参加を女性委員会枠ではなく、選挙区から選挙を経て執行委員になるという仕組みを作ったことを意味する）。
5. 書記長を職務執行委員とする。

9　1 代議員につき欠席代議員 1 名の代理投票権を認める。これは財政的に出席できない代議員の代わりに権利を行使する仕組みである。

第 4 章　ICFTU から ITUC へ

6. 副会長（Vice President）より格上の会長代理（Deputy President）2 名
　　（男女各 1）を BATU 枠の執行委員から選挙する。

　これにより、新地域組織執行委員会の総定数は旧 ICFTU-APRO
の 28 から 41 に増員された。

　ただし、これは第 1 期限りの暫定措置とし、第 2 期からは、書記
次長を廃止し、BATU6 議席と独立 1 議席をそれぞれの選挙区で減
員することとした。これは BATU から執行委員に就任した組織が、
同じ国、選挙区において ICFTU 組織との関係で著しく弱小であっ
たり、また選挙区によっては過員になったりすることによってパワ
ーバランスを保つことができなくなるということが理由であった。

　第 1 期の執行委員会は組織力のことなるグループが混在せざる
を得ない [10]。これは避けてとおれない妥協である。しかしそのため
に生ずるパワーのアンバランスを将来、是正できる道を確保して
おくため「宣言」から拘束力をもつ「多元主義」を除き、さらに 1
期限りを条件として新地域組織の執行委員会を ICFTU-APRO の執
行委員会と BATU の運営委員会を合同させることによって構成し、
さらに会長代理 2 名と書記次長を BATU から選出することによっ
て統合を円滑に進めることとした。そして設立大会後の 4 年間は
ICFTU 枠・BATU 枠で執行委員のポストを得たとしても、1 期 4 年
の後に BATU 分の議席が削減されることを規約によってあらかじ
め定めておくことになったわけである。多元主義が拘束力のある規
約の一部となっていたならば、このような仕組みに合意することは
できなかったであろう。

---

[10]　具体的な事例をあげれば、労働省によるインドネシア2組織の組織人員は、
　　WCL/BATU系のKSBIが27万8千人、ICFTU系のKSPIは79万4千人であっ
　　た。ICFTUとWCLの政治合意により、KSBSI・WCLは本部執行委員とILO
　　の労働側副理事を得た。組織人員が大きなKSPIにとって、これは不公平で受
　　け入れられない。執行委員の選挙や対外役職の任命については組織実人員を
　　基礎とする原則を植え付けておくことによって、非合理な組織運営の根を断
　　っておく必要があった。

執行委員のポストは、各国の労使関係において重要なステータスをもつ。それは国際労働運動の中で圧倒的勢力をもつ ITUC の政治的、組織的な力によるものだ。このため、増員減員はきわめて慎重にしなければならない。たとえば、ある選挙区で増員を提案すれば、他の選挙区からも同様な主張が声高に行われ、収拾がつかなくなる。執行委員の減員はほぼ不可能である。そこで ICFTU-APRO チームは、統合の機会に各地域間の執行委員数の不均衡を調整し、女性の枠を増加するという方向を打ち出すことによって全体としてバランスのとれた合意に達することができた。このような措置の結果、第 1 期以降、それぞれの国と選挙区内でパワーバランスを明らかにしつつ、各国・各選挙区において旧 APRO/BATU 加盟組織があたらしい ITUC-AP 規約にもとづいて活動することが可能となる基盤がととのえられた。

　以上のプロセスについて ICFTU-APRO と BATU は、2006 年 10 月 29 日に政治合意を結んだ。それは、ITUC 結成大会において「地域組織結成に関する決議」として承認された。

ICFTU-APRO/BATU 合意

ICFTU-APRO と BATU は、

・ITUC が 2006 年ウイーンで結成されることを歓迎する。これが地域において労働運動の地平を拡大し、連帯を増進するからである。

・自由、独立、民主的労働組合主義を掲げる。

・新執行委員会の構成にあたっては、加盟費支払い人員、財政力の証拠をもとにパワーバランスを確認する。

・執行委員会と指導部の構成については、第 1 期に関して特別な措置をとる。

上記により、両組織は ITUC 規約とその決定により、2007 年 10 月 31 日までに新地域組織を設立する。BATU は、新地域組織に加盟の意思をもつ非加盟組織とも協力し、政策を策定し、財政構造を樹立する。

第 4 章　ICFTU から ITUC へ

> 経過期間の調整のため、両組織のトップ 3 人によるチームを組織する。新組織決定前に、ICFTU-APRO と BATU は、問題となっている加盟組織の組織人員を交換する。それは、両組織の決議機関で証明され、確認され、了承されなければならない。この統合を促進するために、ICFTU-APRO と BATU は、執行機関、地域、各国で行われている組合プログラムに、自費参加としてそれぞれを招聘する [11]。
> この新組織結成は、この統合という事業の成功を脅かすような過去の分裂と分派活動の延長については、いかなる形であっても排除する。対抗する分裂した政策、財政、あるいは新組織と並行する、あるいは競合する組織にかかわる行動は取ってはならない。

　余話であるが、2006 年の 6 月、ILO 総会に出席しているおり、ある ILO の高官が「アジア太平洋地域は統合のプロセスが遅れていると聞いているが」と懸念を寄せてきたことがある。しかし、時間はかかっても加盟人員が確定しなければパワーバランスを確認しようがない。1+1=2 の単純合同ならば簡単である。だが連帯のレベルを 1+1=1、つまり「ひとつの原則ひとつの組織」にするのが真の統合であり、そのために組織人員の確定、執行委員のポスト配分等に時間を費やしていたことをその ILO 高官はとらえていなかった。たしかに筆者は ILO から他地域では統合のイベントが多く開かれているとは聞いてはいたが、会合の数と統合の実質的な進捗とは別物である。ICFTU-APRO と BATU が 1+1=1 への合意、つまり組織人員の確定と規約の策定をふまえ、二つの旧組織の併存をさけ、文字通りひとつの組織になるということに合意したのち、ICFTU-APRO と BATU は他の地域組織に先駆けて新地域組織の結成大会

---

[11]　この合意に基づき、2006年12月から2007年8月までの間、ICFTU-APROからBATUにはインフォーマルセクター、労働法改正、移民労働、地域女性大会、ソーシャルセーフティネット、輸出加工区、青年活動家養成講座に、BATUからICFTU-APROには女性活動企画会議に相互に招待した。

を開催することができた。

　なお新地域組織の名称をめぐっては、ICFTU-APRO 側は当初 ITUC-APRO を主張しつづけたが合意に達せず、最終的に ICFTU-APRO 側が ITUC-Asia Pacific（ITUC-AP）を提案し、BATU と合意した。

ITUC アジア太平洋地域組織の結成

　ITUC アジア太平洋地域組織の結成大会は、インドの加盟 3 組織、INTUC、HMS、SEWA の 3 組織の招待で、バンガロールで開催された。舞台裏では ICFTU-APRO 書記局 11 人が、文字どおりの不眠不休で多岐にわたる膨大な事務を処理していた。

　一連の会議は次のとおりである。

- 第 85 回 ICFTU-APRO 最終執行委員会（ICFTU-APRO 解散大会議題承認、ITUC-AP 結成参加組合の確認、大会諸議案の承認）
- 第 19 回 ICFTU-APRO 解散大会
- ITUC-AP 大会資格審査委員会（代議員の確定、執行委員、会計監査選挙手続き）
- 大会運営委員会（プログラムの確定、規約の承認）
- 大会幹部会設置（両組織代表による大会の監督のため ICFTU-APRO18 人、BATU6 人で構成）
- ITUC-AP 結成大会（規約にもとづく組織の確立、政策の採択、執行委員・会計監査・書記長の選挙）
- 大会期間中、執行委員会設置のための各選挙区別調整会議、ITUC-AP 女性委員会・青年委員会の編成と各暫定第 1 回委員会の開催（各委員長の選挙）
- 第 1 回執行委員会（女性委員会、青年委員会の編成と委員長選挙の確認、会長、会長代理、副会長の選挙、活動計画、予算の承認）
- 第 1 回運営委員会（委員長選挙）

第 4 章　ICFTU から ITUC へ

• 第 1 回財政国際連帯資金委員会（委員長選挙）

　こうした一連の会議を 2007 年 9 月 4 日から 6 日の 3 日間のあい
だに、新旧規約と ICFTU/WCL、ICFTU-APRO・BATU 間の政治合
意に沿いながら進めなければならなかった。使用した議案書は 70
種類以上、しかもそれが連続して互いに関係しているものばかりで
あった。ラジャセカラン会長からは「手続きを間違ったらもう一
回、全部やりなおし」と冗談ともつかぬ激励もあった。これは、組
織の憲法である規約とは、そのように厳格に守らなければならない
ものだ、という教えである。

　ICFTU-APRO の解散大会は、「アジア太平洋における労働組合の
大きな連帯に向けて進もう」をテーマとして代議員、傍聴者のテー
ブル一面に ICFTU-APRO の青いミニフラッグを置き、1951 年以来
の活動を振り返り、これまでの運動の前進を確認した（写真 30）。

　大会では、カトマンズ大会からの活動報告、会計報告を承認し、
解散手続きに移った。ラジャセカラン ICFTU-APRO 会長演説に引
き続き、トンダマン CWC 書記長（スリランカ）、トーマス・タンパ
ン HMS 会長（インド）、髙木剛連合会長（日本）、ロス・ウィルソン
NZCTU 会長（ニュージーランド）が次々と将来を展望しつつ過去の
運動を振り返った。和泉孝 ICFTU-APRO 前書記長、ケン・ダグラ
ス元 ICFTU-APRO 会長、宇佐美忠信元 ICFTU-APRO 会長からも温
かいメッセージをいただいた。

　そして解散の時、9 月 4 日午後 5 時を迎えた。ラジャセカラン会
長は、歴代の会長 13 名、書記長 6 名の氏名を厳粛に読み上げ、そ
の功績を代議員一同の総意をもって、感謝の念とともにたたえた。
大きな拍手が起こった。代議員一同、さまざまな感慨が胸に去来し
た瞬間である。

　いささかノスタルジックな雰囲気が議場にあふれたが、それを明
るく払うようにラジャセカラン会長はつづけた。筆者に向かって
「ここの鈴木書記長は 1999 年に就任し、彼はいま ICFTU-APRO を

236

写真30 ICFTU-APRO第19回解散大会（2007年、バンガロール、インド）

解散するためにここにいます。念のため申し上げますが、ICFTU-APROを解散するのは会長の私ではありません、鈴木君です（笑い）」。ついでラジャセカラン会長は解散大会決議の提案者を促したが、手を上げるものがいない。会長「誰もいませんか？」と催促、そして爆笑、という一幕もあった[12]。

ラジャセカラン会長に促されたTUCP（フィリピン）のセドリック・バグタス代議員が朗読（資料9）、半世紀をこえる歴史の荒波のなかでのたたかい、連帯行動を回顧し、先人の功績をたたえる決議は満場一致で可決され、代議員それぞれの思いを残しつつICFTU-APROはその56年の幕を閉じた。そして統一大会にむけて力強い歩みを始めた。

---

[12] この笑いの裏にはICFTU解散大会の日にポピュラーになったジョークがある。ITUC結成大会前日、手順にのっとりWCLが午前中に解散したのち、同日の午後に予定されていたICFTUの解散前にガイ・ライダー書記長に対してある人物が「もし午後にICFTUが解散しなかったらどうなるか？」と問いかけたのである。

第 4 章　ICFTU から ITUC へ

エピローグ

翌 9 月 5 日、会議場は昨日のブルーから生まれ変わったように朱色の ITUC-AP の小旗を机上に置き、ITUC-Asia Pacific は 29 カ国 48 組織 18,628,883 人をもって結成された。

「自由、民主、独立の労働組合主義を掲げ、社会正義のためのたたかいを続けるというわれわれのかたい決意を確認し、アジア太平洋地域の ITUC 加盟組織は、ここに ITUC-Asia Pacific の設立を宣言する」（ITUC-AP バンガロール宣言から）。

大会はライダー ITUC 書記長の立ち会いで、25 カ国 43 組織 150 人の代議員、代議員顧問 58 人、ゲスト 68 人、合計 276 人[13]、事務局（ICFTU-APRO 書記局）11 人、インド加盟組織からのサポーター 5 人、通訳 4 人、大会共同書記長としてルセロ前 BATU 事務局長と筆者、そのほかインド・バンガロールの組合から 100 名を超える傍聴者が参加した。かつてない規模の大会である。それは、新しい地域組織に対する希望と期待の表明でもあった（写真 31）。

採択されたアクションプログラムは「アジア太平洋地域における統一行動」をテーマとした。以後、この精神を引き継ぎ、第 2 回（2011 年）、第 3 回の大会（2015 年）では「統一 —— 前進への道」を大会のテーマとした。

2000 年のミレニアム・レビュー、2004 年の第 18 回 ICFTU 宮崎大会を経て、ここにようやくアジア太平洋地域において地域組織の統合を果たすことができた。さきにのべたように、BATU との間では限られた時間の中で規約と人員の問題で厳しい交渉をせざるをえ

---

[13]　大会に提出された名簿によれば、ICFTU-APRO 側は、25 カ国33組織124代議員、代議員顧問30、ゲスト43、合計197人、BATU側は、8カ国8組織19代議員、代議員顧問28、ゲスト25、合計72人、独立系：2カ国2組織7代議員、合計7人。

写真31 ITUC-AP結成大会（2007年、バンガロール、インド）

なかった。しかしそれは、結成後の組織関係に規律を与え、安定的な組織運営を確保するためには、どうしても避けて通れない関門であった。ICFTU-APRO側は「多元主義」にこだわりすぎたかもしれない。それは「統一と多元主義」は、統一と多元主義を同列に置き、フラクションの継続を許しかねないという判断によったからである。事実、財政的支援をWCLグループに与えつづける組織も結成され、活動もつづいた。

顧みれば、ICFTU-APRO側がめざした統合の方向は、「統一と多元主義」ではなく「多様性の中の統一（Unity in Diversity）」をめざしたものであったといえよう。ナショナルセンターは、労働法、社会保障法、税制等を含む各国の政策制度の改善と労使関係の調整に重要な役割を担っている。それには、さまざまなDNAをもつ組織の連帯・団結と統一が欠かせない。「多様性の中の統一」が求められる理由がここにある。

ITUC-APの設立によって、堅牢かつ透明性の高い言語による規約で組織規律を整えることができた。具体的には、人員比をベースにした執行機関の構成の原則、選挙区間にあった執行委員数のアン

第 4 章　ICFTU から ITUC へ

バランスの是正、女性と青年の参画、GUFs と OECD-TUAC との有機的連携が確立され、こうしたことによりさまざまな様相を持つ各国各組織の運動を、ITUC の組織原理と政策をもとに一つの方向に整えるベースをつくることができた。

　統一をはたした ITUC と地域組織の次の課題は、より深い統一へ向けた組織融和と連帯行動を、地域と各国の中でどのように進めるか、ということである。「顔合わせ」が結成大会で完了した。次はやはり「心あわせ」、そして「力合わせ」である。

終 章 | 連帯と統一 —— 前進への道

　アジア太平洋地域は地域的に広大で、政治、経済、文化、歴史を
もつ多種多様な、個性ある国々がひしめき合っている。労働組合
は、そうした土壌からあたかも生えてくるように成長してくる。そ
して、それぞれの指導者の下に営々と運動を前進させてきた。か
つて岡倉天心は「アジアは一つ」とのべた。しかし、「アジアは一
つひとつ」である。ICFTU/ITUC のアジア太平洋地域組織は、その
ような組織運動の多様性と特殊性に対応しながら、地域に根差し、
ICFTU/ITUC の運動を地域で進めてきた。

　本部と地域組織のあいだには、時として状況判断に差異が生ず
る。それは各国に距離的に近いという地域組織の特性と、原理原則
を掲げる本部とのあいだに生ずる必然的な対応の差である。もとよ
り ICFTU/ITUC の規約に掲げられた原則と大会執行委員会の決定や
政策は地域での運動を展開するための指針であり、そしてそれらに
は妥協がない。しかし、本部の決定や政策を実施していくについて
は、地域組織の経験とそれにもとづく判断が重視されなければなら
ない。例として 5 カ国の活動を概観したが、その過程では ICFTU/
ITUC の運動のパワーの大きさ、そしてその重要さが明らかになっ
ていると同時に、運動を推進していく上では結局、地域組織の運動
論が現実的であったということを示している。そのような例にはこ
と欠かない。いずれの場合も筆者は、過去の経緯に学び、指導者に
耳をかたむけ、信頼醸成をすすめ、そして ICFTU/ITUC の運動を根
付かせるための組織方針をつくっていくことにつとめた。それを一
言でいえば、「多様性のなかの統一」の追求であった。

　アラブ労働組合連盟の結成では、その「多様性のなかの統一」が

終　章　連帯と統一——前進への道

とおらず、トルコとイスラエルの加盟組織は排除された。これが
ITUC の組織原則と整合性をもつか、また「アラブの春」と中東和
平に貢献することになるかについは、今後の運動の展開にかかって
いる。

　こうして本書の議論は第 3 章の「連帯を国際化しよう」に進ん
だ。それは地域組織のあり方についての本質的議論、すなわち
ICFTU-APRO が結成以来、受け継いできた DNA——地域組織のオ
ーナーシップ——が本部執行委員会によって受け入れられたという
歴史的な論争であった。

　第 4 章で概観した ICFTU の解散と ITUC の結成は、国際労働運
動がグローバル経済に挑むために進められた。連帯と統一は、労働
組合にとって至上命題である。そこでは、グローバルレベルでの連
帯と統一を地域においてどのように実現するか、ということが地域
組織にあたえられた課題であった。

　具体的には、アジア太平洋地域組織の統一を、ICFTU-APRO ＋
BATU ＝ ITUC-AP（1 ＋ 1 ＝ 1）というフォーミュラで実現することが
ICFTU-APRO 執行委員会が期待した統合のあり方であった。その
ために、組織人員にもとづく組合民主主義の原則を組織内に徹底す
ることが必要であった。

　統合ののち ITUC と地域組織の結成の精神は、各国レベルに波及
しなければならない。国際的に統一したものの各国では分裂、分
断、抗争が絶えないということでは国際組織と地域組織の統合は完
結しない。運動を推し進める根源的な力は連帯と統一によってしか
生まれないからである。

　本稿で折に触れのべたが、本部と地域組織の関係は、つねに運
動の効果的推進という観点から規律していかなければならない。
ITUC 規約 27 条に次のようにかかれている。

　　「地域組織は、地域のことに関する政策や活動について決定す
る自律権をもつが、他方、各地域組織においては、ITUC の優先

課題や政策を増進する責任を負う」

　この条項は、1949 年の ICFTU 結成以来つづいてきた本部と地域の関係についての現時点の姿である。焦点はつねに「ITUC の優先課題や政策を実行する」ときに、優先課題の設定や実行する際に本部と地域の役割をどのように調整するか、ということである。あくまでもバランスの問題であるが、筆者の結論は、地域組織のもつ加盟組織への距離、現地事情についての情報量というメリットを十分に発揮させるために、上意下達ではなく、本部は大綱方針を定め、具体的活動についての決定権を地域にゆだねること、すなわち労働組合がもっているグラスルートからの運動を尊重するという原則により、国際労働運動は地域においてもっとも効率的に推進できると信じてきた。
　本部と地域組織のあいだに役割分担について硬直的な線を引くことなどはできない。実際には、本部書記長が地域執行委員会の議論、それを受けて行動する地域書記長の見解、知見、経験、判断力をどのように尊重するかで運動の方向と効果は決まっていく。それだけに、地域書記長に政治的パワーを与えておくことがグローバルな運動のバランスを担保し、また各国運動への政治的影響力を強化することにつながる。そうではなく、強引なトップダウンや地域組織バイパスは地域組織の政治性を減殺する。近年、顕著になっている本部直轄によるプロジェクト・パートナー組織の選定は、結果的に各国における運動を分断してしまう。
　要するに、本部が大綱方針を示してグローバルの運動を統率し、地域が地域事情に応じてそれを推進するというバランスの問題である。どちらが強くとも運動は停滞しかねない。有機的な構造をもつITUC と地域組織の執行委員会、運営委員会での議論を十分に行い、女性委員会、青年委員会、財政委員会などの機能を活かしつつ、加盟組織の意見や地域事情を参酌しながら規約に掲げられた組織の目標を実現するため最善の道を追求していくということに尽きる。

終　章　連帯と統一——前進への道

　言うまでもないことだが、アジア太平洋地域の各国は、政治、経済、社会、文化そして労使関係など多くの面でそれぞれに特色をもち、各国ごとに抱える課題もさまざまであり、そのため運動や活動の方法も画一的ではありえない。そこで運動を世界レベルで率いる本部と、多様性に富む現実と格闘している地域組織とは、当然のことながら、立場の違いから運動の展開について見解の相違もしばしば発生する。それは本書で随所に現れた。しかし地域組織は、各国ナショナルセンターとは距離的にも、精神的にも、そして何より重要なことだが、人的にも近く、各国、地域事情について、長い歴史的な組織記憶や組織運営・運動の方法も含め、おびただしい組織、人事情報を拾集し蓄積している。これは何にもかえがたいメリットであり資産である。筆者は、こうした地域組織の持つ特性を ITUC のグローバルな運動の展開に効率的に生かすことが運動の発展に貢献すると信じながら組織運営に携わってきたが、それは地域に高度の自主権を求めることではない。あくまでもグローバルな運動を展開するうえで、地域組織の立ち位置と機能を適切に評価し、また尊重すべきだということである。

　そもそも本部規約には、本部執行委員会に対して地域組織の活動・財政報告義務がある。地域組織では書記長が地域執行委員会の指揮監督を受けている。しかも地域から選出されている本部の執行委員は地域の運営委員である。このような規約構造になっているとき、地域書記長が「独走」することは現実問題としてありえない。

　アジア太平洋地域には 100 年を優にこえる労働運動の歴史がある。筆者は 1999 年から 2017 年まで地域労働運動の事務局で運動に参加した。そのなかで本部との論争も数多くあったが、運動の推進にとって地域組織の重要性を強く感じながら業務にあたってきた。ライナー・ホフマン・ドイツ労働総同盟（DGB）会長が第 3 回 ITUC ベルリン大会冒頭演説で「われわれの運動にとって重要なものは、リーダー、政策、そして地域組織である」と述べたが、まことに正鵠をえた言葉であったことを改めてかみしめている。写真

244

ガイ・ライダー ITUC 書記長とともに（2008 年、北京、中国）

ビル・ジョーダン ICFTU 書記長とともに（2000 年、北京、中国）

写真 32 シャラン・バロー ITUC 書記長（中央）とともに
（2014 年、ジャカルタ、インドネシア）

32 は筆者が在職中にともに活動した本部書記長である。

　在任中、数多くの出来事があり、一つひとつがドラマであり、厳しい状況のなかで加盟組織は懸命の努力を続けながら運動を進めてきた。本稿にのべられたことは、そのごく一部にすぎない。それらをふくめ、すべては国際労働運動の大きな流れのなかに刻まれ、やがて評価されることになる。

終　章　連帯と統一 —— 前進への道

【補　論】　それから、そして、これから

　　組織をリードするのは人であり、規約は憲法のように指導者に行動の枠組みを与える。しかし組織にはおのずからリーダー特有の運営方法があらわれる。組織のカラーとでもいうべきものである。筆者は 1999 年から 3 人の ICFTU/ITUC 書記長のもとで地域において業務の遂行にあたってきた。すでに概観してきたように、ICFTU/ITUC が地域組織、加盟組合、ITSs（GUFs）や開発協力団体（ドナー）とともに進めてきた活動、運動については、すべての関係者が運動の前進についてそれぞれの見識にもとづいて行動し、そのなかには合意もあれば論争もあり、非同意、あるいはせめぎあいもあった。世界最大の労働組合組織を率いる本部書記長は、全体の組織合意を形成しつつ、3 書記長それぞれに特徴ある真摯な組織運営方針のもとで運動を推進してきた。

　　そのなかで本部と地域組織との関係についていえば、とりわけ 2010 年にシャラン・バロー書記長が就任してから質的に大きな転換があったことがいわれ、筆者もそれを実感していた。現在の規約の基幹的部分は ITUC 結成時の規約と同等であるが、第 3 章で概観した「連帯を国際化しよう」で否決された中央集権的組織運営を行っている、という評価である。要は、地域組織のもつ運動の調整機能と地域、各国において運動を積み上げていく役割が十分に発揮しえていない、ということである。

　　ICFTU-APRO/ITUC-AP の組織運営について筆者は、複数加盟組織が一国にある場合「各組織はオートノミー（自主権）を持つが、地域組織の一般用務にかかわる連絡に関しては、書記局からは分け隔てなく関係組織すべてに連絡し、プロジェクトや各種会合については共同開催、共同参加、あるいは調整のうえ代表参加」という原則を堅持してきた。しかし本部は時として、一国に複数の加盟組織がある場合、特定の組織を通じて行動することがあった。たとえば、プロジェクトを一つの組織を対象に実行する、幹部の訪問につ

246

いて1組織のみに手配を要請する等、組織運営上、摩擦を発生させたことも少なくなかった。

　実例をあげれば、「労働者の力を築こう」というITUC第2回バンクーバー大会（2010年）方針に基づく2012-2013年ITUC優先課題のなかに「強制労働：ネパール・湾岸諸国・プロジェクト」があった。これにもとづき、カタールなど「湾岸諸国6カ国に組織化委員会を立ち上げ2000人の組織化をめざす」ために必要予算がネパールの3加盟組織のうち特定の1組織だけに配分され、またこの件については地域組織には協議がなかった。湾岸諸国で移民労働のための活動を同様に進めていた他の組織から強い反発があったことは当然である。

　また本部書記長が一般的課題について加盟組織国を訪問することは、その国の労使関係や政治的課題に重要な意味をもつ。したがって、その国に複数の組織がある場合には、共同で受け入れることが最も効果的になる。しかし、たとえば2012年5月にバロー書記長が、2加盟組織があるインドネシアと3加盟組織があるネパールをそれぞれ「労働問題グローバル・ヒアリング」と「ITUCグリーン・ジョブ政策発表」のために訪問した時、当初の手配は本部が直接、ITUC-AP事務局にも知らせることなく、それぞれ特定の一組織だけに依頼することによって進められた。これでは加盟組合相互に疑心暗鬼と不信感を増幅させてしまい、書記長訪問の効果は十分に発揮しえない。そこで、このことを察知した筆者は、関係者すべてに事実を確認したうえで、手配一切を収容し、それぞれの国の加盟全組織共同でバロー書記長の関係する会議、政府首脳との会見等を準備するよう手配替えをした。かなりの数のeメールをやり取りしたが、このようなことは本部から地域組織に「開催要項」を一枚送っておけば、加盟組織すべての参加を確保し、政府、経営者団体、GUFs等もふくめ、簡単に、しかも関係組織に歪みをもたらすことなくできたことだ。

　特定の組織をプロジェクト・パートナーと選定したり、単一組織

終　章　連帯と統一 —— 前進への道

と連絡をとって政策を推進したりしようとすることは、結果的に一国のITUC運動を分断してしまう。このようなことが2010年以降インド、バングラデシュ、フィリピンなどの諸国でも起きてきた。ときおり「ITUCは国際レベルでは統一を果たしたが、国内運動を分断している」という批判が筆者によせられたが、それにはこうした背景がある。

　加盟組織との関係については、課題と状況によるという側面もあるが、ITUCないし地域組織が一般的な課題について行動する場合、複数組織が存在する国においては、それらの国の運動の主体である加盟組織の共同行動を促すことがITUCの運動を効果的にすすめるためにもっとも適した方法であると筆者は考えてきた。逆に「主役は本部、加盟組織は本部政策の実行組織」と考えるならば、加盟組合や地域組織との協議は不要となろう。ただそうしたことによって各国、地域の運動が効果的に展開でき、結果としてITUC運動が前進するかどうかは検証を要する。

　さらに筆者が在任した2010年から2016年までの間、バロー書記長は地域の執行委員会には代理を出席させ、本人が出席したことはなかった。ITUC-AP地域大会は第2回（2011年）、第3回（2015年）開催したが、バロー書記長が出席したのは第2回大会に50分弱、大会会場に滞在しただけであった。地域執行委員会や大会における本部書記長の出席は、運動に活力をあたえ、本部方針の徹底、ならびに地域事情についての意見交換等、さまざまなメリットがある。ジョーダン、ライダー両書記長が、執行委員会、大会の出席を欠かしたことがなかったことと対照的であるとの指摘がなされるゆえんである。

　バロー書記長はまた「コーポレート・グリード（貪欲）」というスローガン——企業のもつ利益優先の行動と労働者搾取を強調しこれと対決するという方針——をもって全世界の運動を率いてきた。これは、おそらくは強大なサプライチェーンへの対抗であろうし、またそのために運動の集中と効率化が必要という、バロー書記長独

自の見識や判断によるものであろうが、企業活動を「貪欲」と割り切って運動全体の方向や労使関係のあり方を一律に整理することについては、これからの評価にまたなければならない。

ところで筆者が2017年3月末にITUC-APの書記長職を辞する前後に、主要加盟組織のあいだで、執行委員会の役割を重視すべきである、あるいは加盟組織との協議を十分に行うべきである、さらに地域組織の役割を重視すべきである、という観点からITUCの組織運営について、批判的な議論がつづけられてきた。これは、本書でのべてきた加盟組織との協議や現地事情の重視、つまり労働組合の組織運動の原則であるグラスルート尊重という問題意識と強くかさなるものであった。

およそ2年の論議を経て、ドイツ労働総同盟（DGB）、カナダ労働組合会議（CLC）、ベルギー労働組合同盟（FGTB）等が、これまでの組織運営について批判的な評価を行い、その結論を「ITUCの将来—ルールを守り、現在の運営を変えよ」という表題で公表した。これはITUCのあるべき姿——規約の順守、執行機関の重視、運動方針の適切な決定と実施、地域組織の充実など——を提案したものであり、第24回ITUC運営委員会（2018年3月28日）での議論のベースにもなった（資料10参照、一部節立てと内容を最終2版にもとづき調整・整理した）。

これからITUCがどのような運動を展開するか、そして地域組織がそのなかでどのような役割を果たしていくかは、加盟組織が、それぞれの運動を基盤に執行委員会、大会で決定していくことである。それが組合民主主義であり、この文書の核となる主張である。筆者は、この文書が、やがてITUC運動を振り返るときに重要な意味をもつことになると考えている。

あとがき

　ジュネーブにある ILO（国際労働事務局）ビルの一階回廊に長い青絨毯が敷かれています（写真33）。ILO が創設された 1919 年から今日までの年が白抜きで書かれているだけのものです。国際労働運動の長さ、そしてそれぞれの年におきた出来事を思いおこさせるものです。そのなかで、1949 年に結成された ICFTU は、民主主義と社会正義を追求する世界最大の組織として、国際労働基準の形成、実施、推進に重要な役割を果たしてきました。

　歴史を見れば、アジアには列強による植民地支配があり、その後、第二次世界大戦と戦後の混乱、植民地支配からの独立、東西冷戦とその崩壊、グローバライゼーションの開始など、激しい歴史の荒波がありました。ICFTU/ITUC の加盟組合は、そうした厳しい社

写真 33　国際労働運動そして ILO のあゆみ（ILO, ジュネーブ）

251

会、経済、政治的現実と向きあいながら組織をつくり、前進してきました。わたくしは、そのアジア太平洋地域の書記局で、1999年から2017年まで「パンと自由と平和」を求める運動に参加し、卓越したリーダーシップをもつ各国の指導者の方々と共に活動するという貴重な機会に恵まれました。

アジア太平洋地域組織は、数多くの指導者による貢献により今日の姿を築きあげました。日本からは、地域組織の会長として和田春生（1966~1968）、滝田実（1968~1969）、宇佐美忠信（1982~1989）、そして書記長として堀井悦郎（1964~1965）、和泉孝（1989~1999）の各氏が組織を指導されました。なかでも滝田・宇佐美両氏からは「組織は信頼」ということを、和泉孝氏からは地域の自主性、自律性とアジア太平洋地域ならびに各国運動のもつ力を、身をもって教えていただきました。日本に限らず、数多くの方々から親身な指導と助言をいただき、また連合、国際労働財団、そしてわたくしの出身組織であるUAゼンセン（旧ゼンセン同盟、UIゼンセン同盟）からは適時適切なサポートを受けつづけました。ここに、この間の組織的支援、公私にわたるご厚情に衷心からお礼申し上げます。

本稿は、逢見連合事務局長（当時）のお勧めがあってまとめたものです。しかし活動の分野はあまりにも広く、そして課題もさまざまであったため、それでは通常、報告されることがない長期的プロジェクトや組織運営の課題について、地域組織の運動の原則がうかびあがる事例をあげながら概観することといたしました。内容には込み入った事柄が多く、どこまで書けるかということにためらいもありましたが、国際労働運動に携わる方々、関心のある方々に参考にしていただくために事実は残しておいたほうが良い、と思うに至りました。説明が入り組み、晦渋であることは筆者の至らなさとしてお許しいただきたいと思います

5カ国・1地域事情と2つの組織問題をとりあげましたが、そのほかにも多くの報告すべき事例があります。また、「資金を追えば組織がわかる」といわれますが、財政構造については、本書では触

れませんでした。これらについては、本書で触れることのできなかったさまざまな出来事やそれらの解釈もふくめ、別の機会に譲りたいと念じています。

　帰任後、活動を振り返りながら事実の確認をすすめました。この過程では、高木郁朗日本女子大学名誉教授を中心として、逢見直人連合会長代行、首藤若菜立教大学教授、戸室健作千葉商科大学専任講師、木村裕士教育文化協会専務理事（前連合副事務局長・前 ITUC-AP 会計監査）には、たび重ね多くの助言をいただき、また稲上毅東京大学名誉教授、中村圭介法政大学教授には構想段階で貴重なご意見をいただきました。連合から私の活動を支えていただいた中嶋滋（元 ILO 理事）・新井力・生澤千裕・市川佳子・吉田昌哉（現 ITUC-AP 書記長代行）・元林稔博歴代連合総合国際局長、阿部忠信元ゼンセン新聞編集長、郷野晶子 UA ゼンセン副会長・ILO 理事、同中野英恵国際局長・菊池美保広報局長そのほか多くの方々にもご意見をいただきました。さらに出版にあたっては、連合本部、教育文化協会、総評会館からご支援をいただきました。ここに深くお礼申し上げます。

　本書は、歴史書ではありません。まだ歴史としての評価が定まってはいない事柄についての報告です。また現時点では公表をひかえるべきことも多いという制約もあります。視野の狭さ、あるいは思わざる事実誤認や判断のずれについては、あらかじめお詫び申し上げ、お許しいただきながら、ご意見など賜ればありがたく思います。

　2018 年 12 月

鈴 木 則 之

【参考資料】

第14回連合定期大会メッセージ（2015年10月6日）

　連合第14回大会のご盛会をお祝いし、国際労働組合総連合アジア太平洋地域組織（ITUC-Asia Pacific）34カ国58組織を代表し、本大会にご出席の加盟組織リーダーの皆さま方とともに、こころからの連帯のご挨拶を申し上げます。

　アジア太平洋地域の労働運動は、過去、何度も大きな波を乗り越えながら発展してきました。古くは、ILOが結成される1919年以前に活動を開始した組織もあります。私たちの加盟組織の多くは、第二次世界大戦後の荒廃から立ち直る過程で結成され、植民地からの独立闘争を経、また東西冷戦のなかで共産系WFTUとの競合を続け、そしてソ連崩壊後のグローバライゼーション、アジア経済危機、リーマンショックという激動の時代を乗り越えながら、一般的に厳しい労使関係、困難な政治社会状況のもとで民主的労働運動の旗を掲げ、組合員、そして働く労働者全体の権益擁護のために、運動を続け、今日に至っております。

　私は、第7回連合大会（2001年）で次のように申し上げました。

　「アジア太平洋地域はグローバリゼーションのもたらす激動の真っ只中にあります。その規模と広がりは日本における構造調整の規模を大きく越えるものがあるといっても過言ではありません。各国産業間の競争の激化とサバイバル、いっそうの自由化と規制緩和圧力、産業構造と労働市場の劇的な変化、貧富の差の拡大等々。そのもとで労働組合の原理原則を高らかに謳ったILOフィラデルフィア宣言とは逆の現実が発生しています。すなわち、労働は商品であり、結社の自由は持続する発展の障害であ

【参考資料】

り、一部の貧困は全体の繁栄にとって危険なものではない」

このようなトレンドは強まるばかりで、とどまるところを知りません。であればこそ、組織率の向上により直接的な労働分配率を向上させ、また、政治的動員力を高めて、政策制度を抜本的に改善すること、すなわち、なによりも労働基本権の確立、そして雇用労働法制、社会保障、税制、財政金融政策等、各分野にたいする影響力を強め、総合的な労働分配率を高めていくことに組織の総力を挙げていくことが求められます。

アジア太平洋地域においては、異なった労働法制や労使関係のなかで、伝統的な社会的価値観に根ざし、生まれも育ちもちがう多様なDNAをもつ組織が、それぞれ高い見識と指導力を持つリーダーに率いられ、多彩な運動を展開しています。アジアは一つではなく、一つひとつです。私どもの地域組織の役割は、ITUCの掲げる自由、民主、独立の原理原則を基盤に、そうした各国の特殊性やニーズに十分に配慮しながら、多様な運動をサポート、統合し、ITUCの目標、「社会正義」「パンと自由と平和」を実現していくことにあります。活動の精神と実際は、宮沢賢治の詩「雨にも負けず」そのものです。

ITUCは先のベルリン大会で、「Building Workers' Power ——労働者の力の構築」を決議し、これを受けてわが地域組織は、さる8月の大会で「組織化、連帯と統一、そして前進」というスローガンを掲げ、むこう4年間の運動の方針を決定しました。組織化はもとより、わけても連帯、統一こそ地域組織の運動の核心にならなければならないと信じます。

わが地域組織は、国際自由労連と国際労連の合併により2007年に結成され、以来、実質組織人員は3000万人から実に6000万人に増加しました。これは伝統的な組織化分野のみならず、非正規、特にインフォーマルセクターといわれる家内工業労働者の組織化がインドを中心に劇的に進んだ賜物です。加盟組織の底力を心強く思う

ところです。

　各国の運動は、文字通りのたたかいです。そうした私どもの活動に対し、連合から寄せられる惜しみないご支援に心からの感謝を申し上げ、連合が、その組織力をいかんなく発揮し、アジア太平洋地域の労働基準を牽引しつつ、ますます前進されることを期待いたします。

国際労働組合総連合
アジア太平洋地域組織
　書記長　鈴　木　則　之

【参考資料】

［資料1］

第 77 回 ICFTU-APRO 執行委員会決議

第 77 回 ICFTU-APRO 執行委員会（2004 年 10 月 13、14 日開催）は、以下のとおり決議する。

- ネパールにおいて 1 万人余が犠牲になったマオイストの反乱により引き起こされた暴力により、情勢が悪化しつつあることに深刻な懸念を表明する。
- 治安部隊ならびにマオイストによる深刻な人権侵害を非難する。
- 労働者が現在の混乱の最悪の犠牲者であり、治安部隊とマオイストによる暴力の受け皿となっていることに失望する。
- 特に、民主的労働組合の活動家がマオイストによって特定され、暴力の標的になり、数百人が犠牲になり、また身代金のために誘拐されていることを憂慮する。
- 激しさを加える労働者の権利に対する猛烈な攻撃——特に公務員の労働基本権の否定、そしてたたかう労働者にたいする暴力——を、憂慮をもって指摘する。
- 政府が NTUC に加盟する組合の承認を取り消そうとしていること、政府寄り組合を承認しようとしていることを憂慮する。
- マオイストが企業を強制的に閉鎖に追い込み、数千の労働者が失業し生活の糧を失ったことを非難する。
- 国王が引き続き権力を行使していること、そしてネパールに民主主義を回復させようとする民主的市民諸団体との対話を疑い、そしてそれを拒否していることを遺憾とする。
- マオイストとの即時休戦、双方の発砲停止と対話の開始、国連が積極的役割を果たしてマオイストを政治プロセスに導くことを要請する。

- 国王に対し、ネパールに民主主義を回復させるよう労働組合を含む社会のパートナー間の有意義な対話を開始するよう要求する。
- 公務員、銀行、金融機関を含む労働者の基本権遵守を要求する。
- ILOにたいし、労働者の権利の侵害ならびに労働者の塗炭の苦しみを調査するため、代表団を派遣するよう要請する。

[資料 2]

第 81 回 ICFTU-APRO 執行委員会決議

第 81 回 ICFTU-APRO クアラルンプール執行委員会（2005 年 10 月 26~28 日開催）は、以下のとおり決議する。

- われわれは、2005 年 2 月 1 日の国王による直接統治権の宣言、非常事態宣言、結社の自由を含む市民的自由の停止、労働組合の停止を非難した。これを再確認する。
- 数多くの政治、労働組合指導者の拘禁を遺憾とする。
- 政府、治安部隊、マオイストによる目に余る暴力がやむことなく続いていることを懸念する。
- なかでもマオイストが、民主主義を固く信じている労働組合員と政党を暴力で攻撃し、数百の労働組合員を残虐に殺害し、また身代金のために誘拐していることを特に憂慮する。
- 労働者と労働組合権に対する攻撃と否定が増加していることを非難する。出版と情報の自由を制限する最近の出版政令を非難する。
- 政府が労働法を改定し、労働者の基本権と雇用保障を、とりわけ経済特区において削減しようとしていることを懸念する。
- 国王が、国際世論に背を向け、非常大権を行使し、民主主義復活をかたくなに拒否していることに抗議する。

【参考資料】

- ネパールの労働者、NTUCにたいし、民主主義、人権、とくに労働者の権利を回復しようと勇敢に戦っていることに連帯する。
- NTUCの組織化をサポートする。
- 国王に対し、民主主義回復のため労働組合を含む社会パートナーと有意義な対話を開始することを主張する。
- 公務員、銀行、金融機関を含む労働組合と労働者の権利を完全に順守することを要求する。
- 国連と国際社会に対し、マオイストを交渉のテーブルにつけさせるよう支援することを要請する。
- ILOに対し、労働組合基本権の問題と労働者に対する残虐行為について、事実を調査するミッションの派遣を要請する。

［資料3］

ネパールの平和構築に向けた労働組合の積極的関与宣言

　2006年11月21日の包括的和平協定の署名、および現在の政治、社会経済システムを転換させていくとの公約によって、11年におよぶ争乱が終結し、ネパールはあらたな平和と繁栄の時代にはいる。この歴史的時点において、ネパールに平和と民主主義を復活させるために中心的な役割を果たしてきたANTUF、DECONT、GEFONT、NTUCは、和平協定を歓迎し、国の改造とネパールにおける平和構築のプロセスに賛同し、以下のとおり政策の採択を宣言する。

1. 永続する平和と社会の改革に、建設的にそして誠実に協力しあう。
2. ILOのディーセントワーク・アジェンダを推進する。
3. ネパール経済と雇用増進計画のために内国、外国の投資により貧困を削減する。

4. ILO が規定する基幹的条約、なかんずく ILO87 号（結社の自由）、98 号条約（団結権・団体交渉権）の批准と実施を推進する。

5. 新ネパール建設の過程で、労働の世界に（労働力構成）比率に応じた女性の参加を確保し、女性差別を排除し、男女平等を支援する。

6. 全国すべての段階において、健全な労使関係の確立、社会対話の増進のために協働する。

7. 社会正義にもとづき、すべての人に社会保障の採択を目指す。

8. 以上の目標を達成するため、法内組合と対話をつづける。

9. 労働組合はこの国の完全な民主主義と平和の一部であり、それらすべての組合を統合する単一労働組合の考えを推進する。

10. 変化する政治状況のなかで、すべての労働組合間において、「労働における基本的原則と権利」に基づいて"共通アジェンダ"を考案し合意する。

普遍的かつ永続する平和は社会正義にもとづいてのみ打ち立てられることを想起し、国の再建と平和を築くプロセスに労働組合の責任、その基本的役割と最大限の関与を認識し、この宣言に署名する。

2006 年 12 月 2 日

ANTUF 会長　シャリクラム・ジャムカッテル

DECONT 会長代行　キーラ・ナット・ダハール

NTUC 会長　ラックスマン・バハドゥール・バスネット

Gefont 会長　ムクンダ・ネウパネ

【参考資料】

［資料4］

第1回 FTUB 大会宣言

1. 第1回 FTUB 大会は、2009年3月22〜24日に成功裡に開催された。

2. FTUB の地方、全国、産業別組織、国際代表、その他の労働組合オブザーバーの参加を得た。

3. 大会は、ビルマの民主主義、人権、労働者の権利のために生命、自由を失った英雄男女にたいし満腔の敬意を表し、社会正義、民主主義、人権と労働組合権の尊重のためにたたかうことを誓う。

4. 大会は、アウンサン・スーチー女史、少数民族、労働組合リーダーを含むすべての政治犯の即時釈放を要求し、そのために活動する。

5. 大会は、長期間にわたる軍政による殺人、拷問、レイプ、脅迫などの物理的攻撃による弾圧、さらに2007年のサフラン革命弾圧、そしてその後に行われた2010年の総選挙を視野に入れた大量逮捕を糾弾する。

6. 大会は、2010年総選挙に反対し、非難する。それは、軍のパワーと偽りの国民投票によって採択された憲法を、将来にわたって確認することになる。すべての民主勢力と少数民族組織の参加もない。すべての政治犯の釈放と、その参加による憲法の改正なくして民主的制度の進歩はない。現在の動きは、これを根底から否定するものである。

7. 大会は、ビルマの国内外の人々、労働者の厳しい状況を議論した。それは、数十年の間、組織的にすべての人権、労働組合権を侵犯してきた軍政のたえざる圧制のなせる業である。

8. 大会は、真の民主主義なくして、そして国連の人権憲章とILO の基本的労働基準の完全な尊重なくして、ビルマのすべ

ての人々がディーセント・ワークと社会正義を享受すること
は不可能である、と宣言する。

9. 大会は、頻発する強制労働、児童兵士、地方政府と軍による
レイプと虐待、土地と穀物の接収、ILO 実情調査委員会の勧
告に対する違反、強制労働の犯人の無処罰により、すべての
経済分野で労働者が厳しい搾取をうけていること、さらに結
社の自由と労使交渉の権利、職場における強制労働、児童労
働、差別禁止等の ILO 基本条約の違反を想起する。

10. 大会は、軍政がこの国を飢えと貧困に陥れたことを糾弾する。
他方、豊かな資源と主要経済の成果が軍事政権によって搾取
されている。

11. 大会は、(軍事政権が) 対話と 1990 年選挙の承認を要請する国
連総会決議をつうじて民主主義を復活させるための緊急な国
際活動を行っていないことを糾弾する。

12. 大会は、強制労働に対する国際的な支援を要請する。ILO の
実情調査委員会によれば、強制労働は人間性に対する犯罪で
あり、大会は、国際司法裁判所、国際刑事裁判所等、国際機
関の介入を要請する。

13. 大会は、ビルマが民主主義へと移行していくための国際的な
意思の強化を要請し、民主主義にむけた効果的な対話を開始
するため、軍事政権にすべての政治犯を解放させるため、武
器禁輸等、包括的かつ多極的な、焦点を定めた制裁が必要で
あるということについて、潘基文国連事務総長の最高度の関
与ならびに国連安全保障理事国の支援を要請する。

14. 大会は、ビルマにおける反強制労働、結社の自由、すべての
人へのディーセント・ワークの促進において ILO がはたす主
要な役割を認め、ILO 第 29 号条約の継続する違反について国
際司法裁判所の見解を求めること等、さらなる役割を要請す
る。

15. 大会は、ビルマ全土にわたりディーセント・ワークと結社の

【参考資料】

自由の増進のために、労働組合とその組織化のちからを強化することが緊急であること、またそれが困難であることを強調する。

16. 大会は、FTUB の内部組織を強化することを誓う。それがこの国における民主主義、持続する発展、社会正義、組織化の自由を促進するために重要な手段だからである。

17. 大会は、ビルマ労働組合がビルマにおいて組織化し、労働者の権利、社会正義を増進させるという歴史的使命を遂行するために国際労働組合の強力な支援を要請する。

18. 大会は、ビルマへの投資禁止を要請する。そして企業による順守のために国際労働運動の支援を要請する。

19. 大会は、FTUB の規約、組織構造、加盟費、それに関する手続と戦略を議論し、採択した。それは、すべての少数民族をふくむビルマ全土において労働組合の存在を拡張するための基盤として、民主的、自由、独立、透明性ある構造と運営を強化するためである。

20. 大会は、少数民族の組合をすべて包含することが必要であることを強調する。大会は、男女平等の価値を強調し、いかなる差別にたいしてもたたかうこと、そして FTUB のあらゆる決定機関に女性の完全な参加を確保し、職場における男女平等ならびに正義、尊厳そして安全という状況の中で同一賃金を促進することを誓う。

21. 大会は、性、人種、宗教、性の傾向、政治的見解、年齢、身体障がいにもとづく差別とたたかうことを誓う。

22. 大会は、完全な生産的雇用、ディーセント・ワークのために、結社の自由と交渉の自由のためにたたかいつづけることを誓う。

23. 大会は、国際労働運動の正式な構成員となるために、ITUC への加盟を決定した。

24. 大会は、FTUB 内の独立、連帯、そして民主主義を促進する
    ことを誓う。

2009 年 3 月 24 日

第 1 回 FTUB 大会

[資料 5]

CTUM ヤンゴン宣言

　本日、20 年以上の果敢な亡命時代のたたかいと、2011 年からの
旺盛な組織化キャンペーンの後、われわれ、FTUB の加盟組織は新
規約を採択することによって、すべての規約上の、そして組織的な
資産をミャンマー労働組合総連合（CTUM）に継承させるという歴
史的場面に到達した。

　1988 年の全土にわたる民主主義の大衆運動ののち、政党はさま
ざまな条件や規制のもとで存在を許されたが、労働組合は完全に禁
止された。2010 年、わが国の民主化をうけ、2011 年の労働者組織
法、2012 年の労働組織規則により、労働者の組織化が可能となっ
た。現時点で、労働組合結成の自由は、ミャンマーにおいて実現し
た。

　それゆえ労働組合を守り、そして自由にして独立した労働組合の
結成のために、激しく、そして絶え間なく努力したたかうことは、
われわれの主要な責任であり、また最も重要な義務である。

　団結の自由は労働者と労働組合の基本的な、また本質的な権利で
あり、組織化と団体交渉の権利は、自由な労働組合が労働者とその
要求を代表して経営者と政府と交渉することにとって重要なことで
ある。

　われわれは、すべての基本的権利のために断固、たたかわなけれ
ばならない。結社の自由を実行するにあたり、民主主義は手段であ

【参考資料】

る。それゆえわれわれは、この国に民主主義を回復し、前進させることを強く約束する。

　民主主義の原則のもとで、思想の自由、表現の自由、結社の自由は、労働者の生活に影響をあたえる諸条件のなかに、そして労働者と経営のあいだに、経営者とひとびとの相互関係のなかに、そして国家との関係のなかに具体化されなければならない。これらを信じ、CTUM は、以下のように、個人の権利を主張する。

a. 充実した、質の高い生活を送るための社会正義と機会均等
b. 労働の権利と職業選択の自由、雇用の保障と収入の確保
c. すべての職業における社会生活と健康についての適切な保護
d. 労働組合設立の自由と、自由に参加し相互に協力する自由
e. 貧富の格差を是正するため公正かつ平等な機会を創出すること
f. 国の生産性と所得の公正な分配

われわれは、

a. 世界中の労働者の利益を保護し、増進させ、ディーセント・ワークをめざして努力するために存在する。
b. 労働者の権利を擁護し、反労働勢力による破壊、侵入、征服をねらう反組合行動を食い止めるために存在する。
c. 国家発展のために、民主主義、基本的人権、民主的指導部を守り、維持し、推進する。
d. 労働組合の国際連帯を構築する。
e. 完全雇用の確立のために、すべての職業で人種、性、国籍、年齢、信条、HIV-AIDS 感染ゆえの差別を廃絶するために、そして労働条件の改善のために、さらに全国のひとびとの生活条件の向上のために奮闘する。
f. 労働の自由の制度を保護、維持、拡大し、いずれの場所においても強制労働を根絶する。
g. 女性と青年の労働組合の参加と統合を確保する。

h. 労働者のための社会保障。

i. ミャンマーにおいて自由にして独立する労働組合をさらに設立し、維持し発展させる。

j. ミャンマー労働組合全体のために発言し、行動する。自由、独立、かつ民主的原則を尊重する労働組合を組織することにより、労働者の利益のために行動する。

k. 国の発展のために社会対話と建設的、健全な労使関係を築く。

　われわれは、民主主義を高く掲げる組織として、政府、州の機関、政党、宗教団体、経営者団体その他いかなる団体からも独立する。

　この歴史的な岐路に立ち、われわれは FTUB の成長のために惜しみない支援を送ってくださった方がたに満腔の感謝をささげ、ここに CTUM の規約を採択することにより、FTUB の後継組織としての CTUM が規約上ならびに組織的な連続性をもつことを宣言し、活動を開始する。

祖国における CTUM 第 1 回大会

2014 年 11 月 29 ～ 30 日

[資料 6]

ITUC カンボジア加盟組織協議会声明　2013 年 1 月

CCTU、CLC、CCU の代表者は以下、声明する。

- ITUC と ITUC-AP にたいし深い感謝を表明する。ITUC と ITUC-AP は、カンボジアにおけるわれわれの数十年にわたる社会正義を目指すたたかいを評価し、最も代表的な国際労働組合組織に加盟を受け入れた。

- パリ協定の前、そしてその後のカンボジア人民の困難と苦しみを思い起こす。外国からの投資が過去 20 年間、時折の波動はあ

【参考資料】

るにしても、急速な経済発展に貢献した。

- ソーシャルパートナーが、特に労働者が熱心な、厳しい労働によって 20 年間におけるカンボジアの急速な経済発展に貢献したことを特筆する。
- カンボジアにおいて、労働組合を設立し発展させることについて、勇敢な労働組合活動家による勇気ある闘争とその自己犠牲を認める。
- しかし、働く男女労働者を代表し勇気ある行動をとった労働組合活動家の犠牲を痛恨事とする。
- 収入格差の拡大、すなわち直接間接的分配の不公正、そしてそれによる貧困と差別が解消されないことを深く憂慮する。
- 労働政策、労働法、雇用法の欠陥が社会情勢を不平等へと悪化させていることに警鐘が鳴らされている。
- とりわけ労働者の基本権、結社の自由と団体交渉の権利が当然のように否定されていること、労働組合法の実施についての統治に欠陥があること、そしてカンボジアの労使関係に根本的な欠陥があることを指摘する。
- バランスのとれた包括的な成長、そして重要なことであるが ILO のディーセント・ワークを前進させるために、ILO の労働基準に準拠した労働組合の承認と、雇用確保の慣行に根差した建設的労使関係 [1] が本質的に重要であることを政府、経営者団体にアピールする。
- 可能であればいかなる場合でも、ITUC の労働組合主義の原則のもとに共同して活動することを誓約する。
- 以上により、われわれは、ここに ITUC カンボジア協議会を設立

---

[1]　「建設的労使関係は、ILO87 号、98 号条約にしたがい、共通の福利追求のために労働組合の完全な承認と活動の下にのみ、またソーシャルパートナーが報復なしに活動できる安定した政治情勢のもとに築かれる。そのもとで、関係者は、労働基準、企業（ビジネス）の業績、一国の経済、産業、労働市場についての共通理解をもち、関係者間の公正な分配の原則を共有する」（第 3 回 ITUC-AP 大会採択、2015 年）。

268

する。

- 我々は、ITUC、ITUC-AP、GUFs ならびに労働組合支援団体に対し、カンボジアにおける労働組合発展のために与えてくれた友情ある支援に感謝する。
- われわれは、われわれの集団としての力をもって、ITUC の自由で、独立し、民主的な労働組合主義を前進させ、カンボジアにおいて社会的、経済的正義を実現することを決意する。

署　名

CCTU 会長　チュオン・モムトル

CLC 会長　ア・トーン

CCU 会長　ロン・チュン

立会人　ITUC アジア太平洋地域組織書記長　鈴木則之

［資料7］

第2回 ICFTU 中国作業部会による
ICFTU 執行委員会への政策提言（骨子）

- IHLO（香港国際連絡事務所）と中国労働事情通信（China Labour Bulletin）は、リストラに伴う労働不穏状態とそれに対する労働者の利益擁護のための独立活動をサポートし、事態の展開をモニターしている。
- 中国は、結社の自由、団体交渉権という中核的権利を含む人権、宗教、労働者の権利を大規模に侵害している。ILO の監視機構を用い、また UN 等の機関において発言をつづける。労働組合の拘禁者の問題は中でも重要である。
- 総工会は独立組織ではなく、労働者を真正に代表しない。GUFs は、コンタクトからノーコンタクトまで幅広い見解を有している。関与政策をとる GUFs は、労働基本権、拘禁者等の問題を

【参考資料】

提起する批判的対話を持つことを要請する。

- 基本権、団体交渉権、労働争議等に関し、コンタクトあるいは公的発言に対する総工会からの反応についてICFTU書記長への情報提供を要請する。

- 加盟組織、GUFsにたいし、情報提供を要請する。書記局は、そうした活動をもとに中国の情報を得ることになる。IHLOの情報を利用し、コンタクト、関与の前後に情報を共有する。

- 香港の加盟組織は、中国内の唯一の自由労働組合であり、連帯を表明する。

- 多国籍企業等におけるGUFsの活動は、結社の自由等についての労働者教育の機会となる。OECD多国籍企業ガイドラインの使用も模索する。

- 総工会とICFTUは、ILO理事労働側、ASEM、APECでのコンタクト、対話が必要になっている。ICFTUは総工会にたいし、最低限の協力を期待する。

- ICFTUは総工会にたいし、特に基本的労働組合権に関し、ILO理事としての最低限の義務遂行を期待する。

- 中国は、地域・地域間機構において重要な役割を果たしており、ICFTUは中国政府との対話を仲介するよう総工会に期待する。ICFTUは、そのような国際会議への香港加盟組織の参加を促進する。

- 上記により、ICFTUは中国に関する調査の質と量を向上させる。

———・———・———

以上が中国作業部会（China Working Party = CWP）の基本的な立場であり、これが第118回ICFTU執行委員会（2002年）で承認された。これにもとづき、たとえば2004年の1月28日にICFTU書記長は情報提供を加盟組織に要請した。ここでは「対話」が「批判的対話」に変化したこと、ならびに香港を多国間機関会議への参加を促進するという政策に注目したい。前者は、2000年のICFTU決定を批判的に改定したことを意味し、後者は一国二制度という中国

の国策と衝突しかねない重大事項である。

[資料8]

ICFTU/WCL 政治合意（2006年）

1. 新組織は、ICFTU と WCL の加盟組織および非加盟組織の統合によって行う。非加盟組織は既存の組織と同等の立場に立つ。両組織は、その歴史とその代表的な組織力に鑑みて、国際労働運動の統合と再創設の責任を負っていることを自覚する。

2. このため両組織は2つの歴史的な運動の潮流間の統合が、できる限り調和的に行われることを誓う。この新組織結成は、統合という事業の成功を脅かすような過去の分裂と分派活動の延長を、いかなる形であっても排除する。対抗・分裂した政策、財政、あるいは新組織と並行、競合するような組織行動は取ってはならない。

3. 新組織は、統合された多元主義（Unified and Pluralistic）組織である。この設立の精神は、執行機関と執行部の構成に反映される必要がある。現在のパワーバランスを忘れることなく、この原則は、新組織の多元主義を反映し、協調するために世界レベル、地域レベルでも実施される必要がある。この原則は、ILO 等の対外ポストへの推薦にも適用される。

4. ICFTU と WCL は、民主的、独立、代表制ある組織を育成する労働組合協力が、新組織の本来有する目的であることを確信する。したがって全加盟組織にたいし、新組織が開始する多国間の支援連帯プログラムに貢献するよう要請する。

　さらに新組織の優先課題として、二組織間の労働組合協力プロジェクトについても、関係組織との作業を通じ最高度の調整を行う。これは効果的かつ首尾一貫した原資の配分を実現するためである。

【参考資料】

　　ICFTU と WCL は、二国間協力プロジェクトを実施している組織が、新組織の労働組合協力と連帯の領域における多国間の活動における責任を引き受けつつ、新組織の連帯と首尾一貫性を念頭に置くことに同意する。

5. ICFTU と WCL は以下の点について、各地域において合意に達するよう取り計らう。

　① 新地域組織は、非加盟組織を含む。

　② 新組織結成までの経過期間中、労働組合活動について戦線が統一されていることを示すために、双方の地域組織間の協力をはかる。

　③ 統合大会の開催までを統括する条件と進行表。

　以上は ITUC の創立大会までに合意する。

　地域組織の統合までは、ICFTU と WCL 双方は、それぞれの地域組織への財政支援を現状どおり続ける。

　この措置は、2007 年 11 月 1 日以降は停止する。

6. ICFTU と WCL は、国際産業別レベルでの統合を支援する。

　創立大会までにその交渉が終了しない場合には、WCL の産業別組織（ITFs）は、関係 GUFs との調整がない場合、ゲストとして大会に参加する。

7. ICFTU と WCL の加盟組織の大会参加資格は、新規約に定められた代議員数により、また加盟費については全 2006 年分を納入した場合とする。

　非加盟組織も同様であるが、加盟費については人員を申告し、2007 年の支払いを確約した場合とする。

［資料 9］

ICFTU-APRO 解散決議

1. 本大会は、56 年前に結成以来成し遂げてきた ICFTU-APRO の

歴史的な偉業をたたえる。わが ICFTU-APRO は、破壊的な戦争の動揺の衝撃に揺れ動いている世界において、またアジアの国々のなかには植民地のくびきから自由と尊厳が出現しようとしているときに、労働者の権利を擁護し前進させるために結成された。ICFTU-APRO が誕生したときに、世界は、経済的には富裕な国から絶対貧困にあえぐ国々まで、さまざまな地域に絶望的に分断された状態であった。

2. われわれはたたかいの最前線に立ちつづけてきた。労働組合の権利の削減に対して、失業に対して、賃金労働諸条件の悪化に対して、政府、経営者による過酷なそして不公正な労働の規則への追い込みに対して。われわれは、組織を強化し加盟組合が直面している諸問題の性質を理解し、それに対応する力量を高めるための活動に従事し続けてきた。われわれは、より多くの人々を労働組合の戦列に迎えいれることが社会的経済的特権者に対抗する労働組合の大きな役割であるということを信じ、活動のほとんどをそのことに集中してきた。

3. ICFTU-APRO は、世界の中で地域の利益についての代弁者の役割を務めなければならなかったが、それと同様に世界レベルの労働組合政策を、地域の特殊環境と状況に応じて解釈し具体化することを鋭意すすめるという決意を信じ、それを前面にかかげ行動してきた。われわれはアジア太平洋地域の労役に苦しむ人々の労働条件、生活条件を高めてきた。われわれは、その実績をいま、このときに誇りに思う。

4. 無数の人々がわれわれのもとに結集し、断固たる決意をもって自由で民主的な労働組合主義のためにたたかってきた。われわれは ICFTU-APRO の名のもとに犠牲となった人びとに満腔の敬意を捧げる。

5. 第 18 回 ICFTU 大会は、ICFTU に息吹をあたえた価値、原則、目的に基礎をおき、働く男女の利益を前進させるために、あ

【参考資料】

らたな、そして一層効果的な世界的組織の必要性を検討した。かくて宮崎大会は、ICFTU が WCL そして両組織に加盟しない独立組合とともに新組織を設立することを厳粛に誓った。2006 年 11 月 1 日、オーストリアのウイーンにおける ITUC 結成をうけて、ICFTU-APRO の加盟組織はいま、ITUC の新地域組織を結成しようとしている。

6. 本大会は、それゆえ、アジア太平洋地域における労働者の権利と利益を最も効果的に代表することを保障するために、ITUC アジア太平洋地域組織を結成することを支持し、以下を決議する。

- ITUC-AP 規約および議事規則を ITUC-AP 結成の規範として承認する。
- ITUC-AP 結成大会で採択予定の活動計画を承認する。
- ICFTU-APRO の解散に伴う財政措置について承認する[2]。

本大会は、ITUC に加盟するすべての組織にたいし、ITUC-AP が地域における労働者の効果的かつパワフルな組織となるように、統一と連帯の精神で活動することを要請する。

以上をもって、本大会は、国際自由労連アジア太平洋地域組織が解散することを公式に宣言する。

以上

---

[2] ICFTU-APRO 規約によれば、解散によって資産は本部に接収される。本条項は、これを防ぐためにライダー ITUC 書記長の出席のもとで確認した決議をさす。なお ICFTU-APRO 第 84 回執行委員会財政報告書（ICFTU-APRO、2006）によれば、2005 年末のバランスシート上の資産は 2,826,587 シンガポールドル（約 2 億 2600 万円）、国際連帯資金は 2,288,940 シンガポールドル（1 億 8300 万円）であった。なお、財政の統合については、2007 年 11 月に旧 BATU 書記局から ITUC-AP にたいして 33,466 米ドルが送金され完了した。また APRO の書記局員組合とも、解散と新組織発足にともなう地位保全と雇用の継続について協定書をとり交わした。

[資料 10]

DGB/CLC/FGTB 文書
ITUC の将来──ルールを守り現在の運営を変えよ

　この文書は、ITUC が確実に、より民主的で、連帯し、包含的で
効率的になるための諸問題に焦点をあてる。ITUC は、多様性を尊
重し、すべての地域の全加盟組織、最大組合から最小組合まですべ
ての組織から信頼と運動への献身をつくりあげなければならない。

Ⅰ. 内部的民主主義、労働組合民主主義の尊重

1. ITUC は ITUC の能力の領域において加盟組織のニーズと関心
   を（運動に）反映すべきであり、全世界的な連帯の事項につい
   て運動の先頭に立つべきだ。
2. 規約のすべての条項を尊重せよ。
3. 定期機関会議において、すべての選挙されたリーダー（書記長、
   書記次長、会長、会長代理、地域書記長）間に、一層の集団的か
   つ一体となったアプローチがあるべきだ。
4. すべての規約上の機関を尊重せよ。
   ① 運営委員会はバーチャルではなく、実際に会合し、政治的な
   　会議にせよ。
   ② 執行委員会
   　　a. 執行委員会は、意思決定機関でなければならず、書記局に
   　　　 よってとられた決定を通告されたり、あるいは事後的に承
   　　　 認したりするような機関であってはならない。
   　　b. 執行委員会は、特定の問題については適切な情報をもとに
   　　　 議論し、明確な決定を行わなければならない。
   　　c. 特定の課題については、あらかじめ書記局によって準備さ
   　　　 れる質の高い政策文書によって議論が進められるようにさ
   　　　 れなければならない。その文書には、何を決定すべきか、

275

【参考資料】

また財政的な関連事項も含まれなければならない。絶対に避けなければならないことは、概括的な文書や焦点のさだまらない議論である。そのようなところには、さまざまな問題が渾然一体となり、明確で効果的な結論、決定事項がない。

d. 議論は、周到に準備され、加盟組織と協議し、コンセンサスを目指すアプローチをとるべきである。

e. 大きな政策課題についてネットワークや作業委員会を設置することの可能性を模索すべきだ。これらは、政策の質を高め、行動の効果を増進し、中小組織を実質的な討議に参加せしめる機会を与えることになる。

f. 活動計画、プロジェクト、戦略、キャンペーンについて定期的、客観的評価を行うこと。

③ 課題を執行機関に提示する際に時間が不足する場合、加盟組織に協議せよ。地域組織は、これにかんして重要な役割を果たすことができよう。

④ 執行委員会の決定と実施プランについて、明確で完全な、そしてタイムリーに執行委員会に属しない加盟組織（ほとんどのナショナルセンター）すべてに周知すること。非執行委員組合は4年に一度、ITUC大会の時にだけしか意思決定に参加することができないからだ。

⑤ 緊急な事態が発生した場合、書記局のとる決定は、ITUCの政策フレームワークを尊重し、正当化されるべきものであり、透明性が確保され、また説明責任を果たせるものでなければならない。

⑥ 大会文書は全加盟組織による最大限の参加ができるような方法で準備されなければならない。準備のための諸グループなどが大会準備のために設置されなければならない。

5. 財政

労働組合は困難な時期にあり、優先課題の設定とすべての資金の

使途について慎重な配慮をしなければならない。資金が使われるためには、特に規模が大きな案件については（執行機関の）決定がなければならない。定期財政報告は全加盟組織に配布されなければならない。

6. 総務人事（スタッフ組織図）には、明確な職務とそれぞれの関係について明確な説明が必要である。

Ⅱ. 労働組合戦略への回帰 （NGO 的戦略と混同すべからず）

1. 優先課題は、労働組合権と労働基準に置くべきである。

① 全世界における自由で、民主的で、代表制のある労働組合主義のために恒常的にキャンペーンを行う。

② あらたな、そして強力なキャンペーン・ツールと、加盟組織とのネットワーク形成の能力を開発する。それは、労働者・労働組合基本権の深刻な侵害がいついかなるところに起きても、これらを効果的に非難し、対抗措置をとるためである。

③ 圧制下にある労働組合あるいは「リスクにおかれた」組合を支援するため、加盟組織間の協力と連帯のあり方を改善し、すべての加盟組織と ITUC の各部局にケースバイケースで特定の、調整された戦略を立てることを要請する。

④ すべての労働者に、とくに立場の弱いグループにたいして、労使交渉のシステムを通じ完全雇用、ディーセント・ワークそして労働者保護を増進する。

⑤ 人権、労働組合権委員会と年次労働組合基本権報告の重要性を高める。

⑥ 労働組合の真の関心事項に応えるため、規範確立のため国連において三者構成をとる ILO の可能性を十分に活用できるように、ILO 内のグローバルな基準順守のメカニズムを優先すること。

2. ITUC による意見表明や報道は重要だが、それは労働組合の戦

【参考資料】

略に基づく必要がある。労働運動のためのキャンペーンの実
施は、ナショナルセンターや組合員を運動に巻き込むことが
ベースになければ意味がない。

3. グローバルレベルの社会対話は重要である。我々は、単に声
をあげるだけの組織ではない。われわれはソーシャルパート
ナーであり、具体的な提案をつくり、自らの責任を担う用意
がある。

III. ITUC 本部、地域組織、GUF, ナショナルセンターと TUAC のあいだ の協力を改善し、そのしくみを強化すること

1. ITUC は運転席についていて[3]、加盟組合が核となる労働組合の
問題について政府、議会にはたらきかけることを支援すべき
である。

2. 運動における異なったアクター間に信頼と協力を醸成するた
め、役割分担を明確にすること。それぞれの役割、妥当性、
効率性に基づいて、そうした役割分担を認識し尊重すること。
典型例は組織化である。組織化は、それぞれのアクターにと
って極めて重要であるが、それぞれにとって役割は異なって
いる。

3. とくに焦点をあてなければならないことは、規約に準拠した
ITUC 本部と地域組織の作業・役割分担についてである（その
結果として、この役割分担を実現するために予算についての措置も発
生する）。

IV. 市民社会組織（NGO、社会運動組織）との関係と連携は、共通の価 値に基づいていること、相互の能力と異なる性格について、十分に

---

[3] 「運転席についていて」ということは、本文書の作成過程で提起された「ITUC
が加盟組合、地域組織をバイパスして独自に政府、経営者団体、企業等に働き
かけるようなことはしてはならない」という意味である。

278

敬意をはらったものでなければならない。

Ⅴ．国際組織と世界的統治システム

1. ILO
   ① 労働者の基本権は人権である。このアプローチは、基準の設定と監視、労働基準の防衛、増進、発展において十分に活用されなければならない（これは基準監視機構をさらによく使い、監視機構が各国、地域レベルで有している権威を高めることにより、新たな基準をつくり、社会対話と交渉を増進させることだ）。
   ② ILO 内における ITUC と労働側（理事）の立ち位置と活動については、透明性が確保され、責任の所在が明確であり包摂的であるべきであり、また論議がなされなければならない。
   ③ ACTRAV（労働者活動局）との協力とその首尾一貫性。
   ④ ILO での活動と他の領域での活動の間の政策的一貫性。

2. 国際金融機関（世界銀行、国際通貨基金）、WTO、国連、G20 との批判的対話：ITUC とその他の労働運動のあいだに、戦略上の一貫性、相互補完性を考慮し、対話への理解と影響力を構築する。国際経済問題について加盟組織にたいし、優良で、かつ理解できる情報を提供し、またアクセスを可能とする。

3. TUAC との明確な役割分担と協力のもとで、OECD 加盟国をこえて政策論議と情報を提供するという観点にたち、OECD との作業を最大限に利用すべきである。

4. ITUC と地域組織は、地域における各種組織（政府機関等）の決定機関に影響をあたえるための効果的かつ首尾一貫した政策の策定も行う。

以上

【索　引】

人　名

［ア］

アキノ，コラソン　　100

アクサム，ルスタム　　41，52，
　61

アグ，ザフール　　209

吾郷眞一　　97

芦田甚之助　　138，146

アワン，ザフール　　208

イクバル，サイド　　64，67

尉健行　　138，147，149，153

和泉　孝　　45，98，151，207，
　208

岩山保雄　　142

ヴィチア，チー　　112，122

王兆国　　163

岡倉天心　　241

［カ］

ギャネンドラ　　73，77，86

草野忠義　　204

コイララ，G. P.　　71，100

江沢民　　142

古賀伸明　　165

［サ］

サイード，シャヘール　　165

笹森　清　　79，160，185，196

ジョーダン，ビル　　54，148，

150，155

スイニー，ジョン　　160

スーチー，アウンサン　　95，
　105

スドノ，アウグス　　44

スハルト　　44

セカラン，ラジャ　　197，236

［タ］

髙木　剛　　48，51，162

ダグラス，ケン　　151

チュン，ロン　　119

デ・ペイヴァ，ジョン　　165

［ナ］

中嶋　滋　　81，107

［ハ］

パクパハン，ムクタール　　52

バスネット，ラックスマン
　68，81

パッテン，クリス　　149

バロー，シャラン　　67，108，
　157，163，168

バンダーベーケン，ジョン
　45，208

プラチャンダ　　88，91

フリーゾ，エンゾ　　207

フンセン　　123

ベーカー，ジム　　84

280

ホフマン，ライナー　　244

［マ］

マウン・マウン　　95

［ヤ］

山岸　章　　142，144

［ラ］

ライダー，ガイ　　63，68，78，
　　88，101，163，187，212
李建国　　165，166
李卓人（リー・チクヤン）
　　140，148
リティ，ヌオン　　117
ルセロ，ネシエ　　225
レディ，サンジバ　　165

［ワ］

鷲尾悦也　　156，157

事　項

［A］

ABAC　　145
ACFTU　　138
ACTRAV　　84，163
ADB　　3
AFL-CIO　　147，160
ANTUF　　70，83，87
ANTUO　　71
APEC　　145，154，157
APLN　　145，157，161
ATUC　　179

［B］

BATU　　217，226，227，

［C］

CAPE　　133
CCADWU　　119
CCTU　　123
CCU　　123
CITA　　119
CITU　　226，
CLC　　120，126
CLC カナダ　　249
CNPR　　130
CPP　　114
CTUCC　　116
CTUM　　106

［D］

DECONT　　83
DGB　　160，249

［E］

ETUC　　24，213

［F］

FBSI　　44，
FES　　160
FGTB　　249
FNPBI　　66
FSPMI　　64
FSPSI　　47
FSPSI －改革派　　54
FTUB　　96
FTUB- カンン　　99

281

【索　引】

FTUWKC　　112，119，122

[G]

G7 エルマウ宣言　　35
GASUBIINDO　　43，59
Gefont　　70，83，226
GMAC　　123，131
GOBSI　　43
GUFs　　17

[H]

HAK-IS　　172
HISTADRUT　　172
HMS　　71，73

[I]

ICATU　　23
ICFTU　　16
ICFTU-APRO　　17，31
ICFTU-APRO 運営委員会　　158
ICFTU 結成宣言　　22
IFCTU　　212
IHLO　　150
ILO　　18
ILO 理事会　　19
INTUC　　73
ITFs　　227，
ITSs　　17
ITUC　　16，23
ITUC-AP　　17
ITUCb の将来　　249
ITUC － AP 執行委員会　　29
ITUC-CC　　128
ITUC 執行委員会　　24

ITUC - バングラデシュ協議会　　15
ITUC ミャンマー事務所　　107

[J]

JILAF　　48，51，134，208
JTUCC　　76，87，90

[K]

KBIM　　43
KSBSI　　52，63，64，222
KSPI　　52，58，59

[L]

LFTU　　208

[M]

MENA　　171

[N]

NAC　　89
NLD　　95，105
NTUC　　68，70，75，83
NUAWE　　209

[O]

OECD-TUAC　　18，213

[P]

PERC　　24
PGFTU　　172
PWF　　208

[S]

SARBUMUSI　　43，59

SBSI　　47，52
SLORC　　95
SPDC　　95
SPN　　64
SPSI　　44，46
SPTSK　　51，55

[T]

TURK-IS　　172
TWARO　　48，107，14

[U]

UML　　70，

[V]

VGCL　　207

[W]

WCL　　17，52，83，120，212
WFTU　　23
WSM　　219

[あ]

アラブ　　175
アラブの春　　169
オートノミー　　206

[か]

ガザ戦争　　182
加盟資格停止　　135
強制労働　　97
建設的労使関係　　133，268
国際連帯資金　　190
雇用契約法　　137

ゴルカル　　66
コングレス　　70

[さ]

サイクロン・ナルギス　　104
最低賃金　　122，130
サプライチェーン　　34
サフラン革命　　104
サム・レンシー党　　114
スマトラ島沖地震　　202，209
生活賃金　　123
生産性　　133

[た]

多元主義　　214，216，224，229
多様性の中の統一　　70，92，
　　239，241
単一組合　　75，87
中国作業部会　　156
ディーセント・ワーク　　19
天安門事件　　140
ドナー　　19，49

[な]

ノーベル平和賞　　181

[は]

パキスタン大地震　　209
パンチャシラ　　44，46
パンと自由と平和　　21
ビルマ支援会議　　100
フィラデルフィア宣言　　19
香港返還　　148

【索　引】

[ま]

マオイスト　　72

ミレニアム・レビュー　　187,
213

[や]

ユニタリー・システム　　44

ヨーロッパ中心主義　　198

[ら]

ラナプラザ事件　　34

連　合　　37

著 者

鈴木 則之（すずき・のりゆき）

1952 年生れ（福島県白河市）

福島県白河高等学校、東京大学文学部・大学院（西洋史学）

1975 年：民社党渡辺朗衆議院議員事務所

1981 年：ゼンセン同盟（労働政策、産業政策、国際局等）

1989 年：ゼンセン同盟国際局長

1994 年：アジア繊維労連（ITGLWF-TWARO）書記長兼務

1999 年：国際自由労連アジア太平洋地域組織（ICFTU-APRO）書記長

（2004 年：国際自由労連（ICFTU）副書記長）

（2006 年：国際労働組合総連合（ITUC）書記次長）

2007 年：国際労働組合総連合アジア太平洋地域組織（ITUC-AP）書記長

2017 年：ITUC-AP 書記長退任

2018 年

　連合国際アドバイザー

　UA ゼンセン国際顧問

　法政大学大学院客員教授（連帯社会インスティテュート）

　ネパール労働組合会議（NTUC）名誉組合員

連合新書 21

アジア太平洋の労働運動 —— 連帯と前進の記録

2019 年 1 月 25 日　初版第 1 刷発行

著　者　鈴　木　則　之

発行者　大　江　道　雅

発行所　株式会社明石書店

〒 101-0021 東京都千代田区外神田 6-9-5
電話　03（5818）1171
FAX　03（5818）1174
振替　00100-7-24505
http://www.akashi.co.jp

装　丁　明石書店デザイン室
ＤＴＰ　レウム・ノビレ
印刷・製本 モリモト印刷株式会社

（定価はカバーに表示してあります）　　　　ISBN978-4-7503-4779-0

JCOPY　〈（社）出版者著作権管理機構　委託出版物〉
本書の無断複写は著作権法上での例外を除き禁じられています。複写される場合は、
そのつど事前に、（社）出版者著作権管理機構（電話 03-3513-6969、FAX 03-3513-
6979、e-mail: info@jcopy.or.jp）の許諾を得てください。

連合新書

ものがたり
現代労働運動史

【全4巻】
四六判／並製

高木郁朗［著］　（公社）教育文化協会［協力］

世界と日本の激動の中で連合が結成された
1989年から2010年代に至る日本労働運動の
現代史を4分冊で辿るシリーズ。

第1巻　ものがたり **現代労働運動史**
1989〜1993
世界と日本の激動の中で　　　264頁 ◎2300円

第2巻　ものがたり **現代労働運動史**
1993〜2001
失われた10年の中で　　　2019年 刊行予定

第3巻　ものがたり **現代労働運動史**
2001〜2009
規制改革と格差拡大の時代　　　2020年 刊行予定

第4巻　ものがたり **現代労働運動史**
2009〜2013
民主党政権の誕生とその後　　　2021年 刊行予定

〈価格は本体価格です〉